青潮文化論の
地理教育学的研究

戸井田克己 著

古今書院

はしがき

　日本で生活しているとなかなか気づかないことだが、この国は世界に例を見ないほど自然豊かな国である。四方を海に囲まれ、湿潤温暖な気候をもち、しかも変動帯に位置している。恵み豊かな海、美しい山々、実り多き山野、清冽な川、おいしい水、全国各地にわく温泉、電力源としても利用できる風や大地の熱……。恩恵を数えていけばきりがない。ときに台風や地震に見舞われて、大きな災害を受けることはある。だが、被害は日々の恩恵の裏返しであり、恩恵は被害を補ってなお何倍も余りある。

　本書は、そうした恵み多き日本の自然が生み出した我が国の文化（＝先人たちの生きる知恵）の数々と、そのルーツを探り、それを学校の教育実践とかかわらせて考えてみたものである。ふつう、両者のあいだには大きな隔たりがあり、日本文化は日本文化、学校教育は学校教育と、それぞれ別個に研究されている。本書はこれを、ひとりの研究者が結びつけようとする試みでもある。

　日本文化とはなにか、日本人はどこから来たかという問いは、これまで多くの文化論を生み出してきた。本書で取り上げる「青潮文化論」もその一つである。それは「青潮」（対馬海流）の存在を、日本文化形成の大きな要因とみる考え方である。本書ではその青潮文化と、地理教育とのかかわりについて掘り下げている。

　地理教育、ことに高校地理は、平成元年の教育課程変更以来、歴史教育のかげに隠れて衰退の一途をたどった。そしてそれはすでに30年の長きになんなんとしている。しかし、ここに来て次期学習指導要領の見通しが発表され、地理教育は復権の兆しを見せはじめている。そのような折、検討すべき課題は多いが、日本人とは何か、日本のアイデンティティはどこにあるのかといった問

題を考えていくのも、地理教育に課せられた大きな使命だろう。本書はそれへの答えを探ろうとする研究でもある。

著者

目　次

はしがき　i

序章 ─────────────────────────── 1
　1節　研究の目的　1
　2節　研究の方法　5
　3節　論文の構成　7

第1章　地理教育をめぐる動向 ──────────────── 9
　1節　教育基本法の改正　9
　2節　地理カリキュラムの課題　12
　　1. はじめに　12
　　2. 高校地理をめぐる状況　14
　　3. 地理カリキュラムの骨子　16
　　4. 高校地理の必要性　19
　　5. 再生への戦略　23
　3節　地理教育と歴史教育　27
　　1. はじめに　27
　　2. 学習指導要領における「歴史的思考力」　28
　　3. 歴史的な思考力と地理的な思考力　31
　　4. 基礎概念としての地理的見方・考え方　33
　　5. 「変化する環境」の視点　35
　　6. おわりに　39

4節　フィールドワークの取り扱い　43
　　1．フィールドワーク指導の歴史　43
　　2．学習指導要領におけるフィールドワーク　46
　　3．教科書におけるフィールドワーク　51
　　4．これからのフィールドワーク指導　58
5節　問題提起　61

第2章　青潮文化論の検討 ─────────────── 65
1節　「青潮」という語　65
　　1．定義　65
　　2．語源　68
　　3．特性　68
2節　おもな先行研究　75
3節　隣接文化論との比較　81
　　1．照葉樹林文化論　81
　　2．ナラ林文化論　83
　　3．青潮文化論の意義　85

第3章　青潮の自然環境 ─────────────── 87
1節　流域の気候環境　87
　　1．冬の降雪　87
　　2．夏のフェーン　88
2節　流域の動植物　89
　　1．植物　89
　　2．動物　103
　　3．まとめ　110

第4章　青潮海域と生業 ─────────────── 113
1節　対馬の養蜂　113

1. はじめに　113
　2. 養蜂の一年　114
　3. 考察　120
2節　隠岐の牧畑　121
　1. はじめに　121
　2. 牧畑の歴史　122
　3. 牧畑の現在　134
　4. 肉用牛の生産　142
　5. 考察　149
3節　五島〜佐渡〜飛島のイカ漁　153
　1. はじめに　153
　2. イカ漁の民俗　156
　3. 飛島の人びと　160
4節　奥出雲のタタラ製鉄　168
　1. はじめに　168
　2. 話者からの聞き書き　170
　3. タタラ師の信仰　184
　4. 農村生活への波及　187
　5. 考察　194

第5章　青潮海域と赤米習俗 ─────────── 201
1節　はじめに　201
2節　対馬の赤米儀礼　203
　1. 赤米の継承　203
　2. 豆酘の赤米神事　206
3節　種子島の赤米儀礼　211
　1. 宝満神社　211
　2. 茎永の御田植祭　213
　3. その他の習俗・儀礼　220

4. 下中八幡神社と白米　223

4節　考察　225

　　1. イネの系統　225

　　2. 種子島の赤米と対馬の赤米　228

　　3. 米の食文化複合　230

第6章　青潮海域と衣食住 ──────────── 235

1節　魚醬　235

　　1. はじめに　235

　　2. 飛島の塩辛　236

　　3. 青潮と魚醬　239

　　4. モンスーンアジアと魚醬　243

　　5. 考察　244

2節　焼酎　246

　　1. はじめに　246

　　2. 焼酎という酒　246

　　3. 九州各地の焼酎　254

　　4. 壱岐焼酎の展開　260

　　5. 考察　264

3節　石焼の風習　268

　　1. はじめに　268

　　2. 石焼の料理　268

　　3. 石焼の風呂　271

　　4. 考察　280

4節　北方の文化　282

　　1. はじめに　282

　　2. アイヌの生活文化　284

　　3. 考察　292

終章　青潮文化論の地理教育学的考察　　295

　1節　総括　295
　　1．青潮文化論の性格　295
　　2．教育への展望　297
　2節　青潮文化論の教育的意味　300
　　1．アジア太平洋地域との連続性の観点から　300
　　2．日本文化の合理性の観点から　301
　3節　青潮文化論と地理教育　304
　　1．自然と人間の相互作用の観点から　304
　　2．学習指導要領との関連から　306
　　3．ESDとの関係から　307
　4節　結論　311

あとがき　315

引用・参考文献一覧　319

索　引　329

序　章

1節　研究の目的

　本研究は、「青潮」がもたらした日本の風土を多面的・多角的に理解し、その意義を地理教育の文脈から検討することを目的とする。それにはまず、基本的な用語と、筆者の研究的関心についていささか説明しておく必要がある。

　「青潮」とは対馬暖流の愛称である[1]。中緯度に位置し、四季明瞭な日本の風土は、南方的な自然要素と、北方的な自然要素とが複合してつくり出されたものである。その際、南方的な要素を招来する要因として、暖流である「黒潮」の流れを挙げることが多いが、それは海流としての黒潮の長大さ、流量の多さなどによっていよう。フィリピン近海に源を発し、日本の東方沖で北太平洋海流と名を変える黒潮は、世界的に見ても大西洋のメキシコ湾流とならぶ力強い潮の流れである。それは日本の自然を温暖湿潤ならしめ、ひいては日本らしい風土を形成せしめる大きな要因となってきた。

　これに対して、琉球諸島付近で黒潮から枝分かれし、対馬海峡を経て日本海に入り込む青潮は、流量では黒潮に遠く及ばないものの、日本海沿岸を北海道まで北上するその流域の特性において、黒潮以上に日本に大きな影響を与えてきた海流であるといえる。日本文化の特性を考察しようとするとき、本研究が青潮に注目する理由はここにある。青潮が要因となって導き出される、温暖湿潤で南洋的な文化的性格を「青潮文化」という言葉で表現しよう。

　青潮が黒潮と異なるもう一つの側面は、狭い対馬海峡を通過することにより、朝鮮半島および中国本土からの文化的要素を伝える推進力ともなってきたこと

である。つまり、「青潮文化」とは、南洋的であり、かつ大陸的な、衣食住をはじめとする様々な民俗文化あるいは生活文化のことを指している。

具体的には本論で述べることになるが、例えば、日本人が普段使っている穀醬（大豆の醤油や味噌など）に対する魚醬や、「日本酒」と称される清酒（醸造酒）に対しての焼酎（蒸留酒）、焼いた石を調理や湯沸かしなどに用いる知恵や風習、畑作と牧畜とを複合させた牧畑という生産様式、日本人のイネとの深い関わりあいなど、様々な要素が青潮との関連で理解されよう。青潮はこれら多くの文化を日本へと運ぶハイウェーとしての役目を果たしてきたのである。本研究の目的の一つは、そうした「青潮文化」の特性をフィールドサーヴェイ[2]（現地調査）を通じて検討することである。（第一の目的）

本研究のもう一つの目的は、以上から明らかとなる「青潮文化」というものを、今度は地理教育学的な見地から再検討することである。

自然科学と人文科学の境界領域に位置する教科、地理は、そうした日本の風土的特性を自然と人間の相互作用[3]の観点から子供たちに正しく伝え、理解させることを目的の一つに持っている。そして、日本の伝統文化を尊重し、それを育んできた日本という国や、我が郷土を愛する日本人を育てることを大きな目標にしている。

ところが残念なことに、近年の学校教育においては地理の低迷がつづいて久しい。そこで、地理教育はいまどういった現状にあり、いかなる課題を抱えているのか、地理教育の持ち味はどのような点に発揮されるべきなのかといった事柄を明らかにし、「青潮文化論」の推進に対して地理教育の果たす役割について検討したい。また反対に、地理教育の普及啓蒙に対して「青潮文化論」の持つ意味を考察したい。（第二の目的）

[注]
1) 対馬海流に「青潮」という愛称を提案したのは市川健夫氏といわれる。氏は、日本文化の培養に青潮の影響を指摘し、日本海をめぐる新文化論として「青潮文化論」の考え方を提唱した。

2) 地理学や地理教育において、野外調査（現地調査）は一般に「フィールドワーク」と呼ばれるが、ここでは意識的に「フィールドサーヴェイ」という言葉を用いている。両者の相違について、田畑久夫氏は以下のように説明するが、筆者が「フィールドサーヴェイ」の語を使う理由も、この鳥居龍蔵と似た問題意識を持ち、調査をこころがけてきたからにほかならない。

「野外において実施する調査を主要な分析手法としている地理学を筆頭とする「野外科学」〔中略〕においては、フィールドワークと総称することが多い。しかし、鳥居龍蔵が国内・外で行った野外調査は、その大半が広範囲にわたる地域であり、その範囲をいわばジェネラルサーヴェイ（general survey）と呼ばれている調査方法であるといえる。この種の広範囲にわたるエクステンシィヴ（extensive）調査は、一般にフィールドサーヴェイと呼ばれている調査方法である。」（田畑、2007、p.259）。

3) 自然と人間の相互作用とは、しばしば「自然環境と人間活動の相互作用」とか、「自然環境と人間社会システムの相互作用」、あるいは「自然と人間社会の相互作用」などと表現されることがある。本研究にいう「自然と人間の相互作用」は、これらの類似表現と同義語である。本研究ではこれを、「環境としての自然と、そこに生きる人間との相互の影響関係」と定義したい。この定義では、自然と人間を対等な関係に見ており、人間は環境に制約されるとともに、環境に働きかけることで知恵を編み出し、やがてそれを文化として結晶させる、といった観点に立っている。ここで、このことについてやや検討を加えておきたい。

自然と人間の関係を類型化して説明した古典的研究に、黒正巖（1941）がある。黒正は、地理学は元来、自然と人間の関係を追究する学問であるとの認識から、その方法論的立場を分類整理しているが、それによれば、自然と人間との関係はまず、「自然本位論」と「人間本位論」とに大別される。前者は自然の影響を相当大きく見るのに対して、後者はむしろ人間の営みを高く評価するもので、フランスの地理学者ブラーシュ（1922）の見解に近いものである。このうち、本研究の「自然と人間の相互作用」という観点は、基本的に前者の立場に立つものである。

また、黒正は、前者の「自然本位論」を、①環境論、②相関論、③地人一体論に細分している。このうち①は、人間の活動がその周囲の自然環境によって影響され、文化・経済の発展度・形態等がそれによって決定されると考えるもので、

ドイツの地理学者ラッツェル（1891）の見解に近いものである。一方、③は、宗教的・神学的な世界観に基づくもので、自然が優位か（①の立場）、人間が優位か（「人間本位論」の立場）といった二元論を超越し、「自然を神の創造物とみなし、人間もまた自然的無限の中の一点にすぎず、自然と人間とは分かちがたく一体である」と考えるものである。この立場は主体（人間）と客体（自然）とが同一であることから、論理的に言って、人間が自然の本質や、自然と人間との関係を考察することはできない。黒正はこのような宗教観の存在するところに地理学は発展しないとし、中世ヨーロッパにおける地理学の衰退をその例として挙げている。また、黒正は指摘していないが、この立場は内村鑑三の『地人論』（1884）に近いものといえよう。

さて、本研究のよって立つ立場は、②の「相関論」に非常に近いものである。相関論の立場を、黒正の言によって改めて説明すれば次のとおりである。

すなわち、「自然的環境は人間の活動に影響を与え、之を限定し又は促進するものであるが、併し人間は文化想像力を有するが故に、単に自然に絶対的服従をなすというが如き消極的なものではなく、一定の手段、組織によって自然に対して反作用を加え、以て自然の力を有効に文化的目的達成の為に利用発現するものである。」（黒正、1941、p.63）。

本研究では、自然と人間の関係を黒正のこの説明、すなわち②の立場に依拠してとらえることにする。

[文献]

内村鑑三（1884）:『地人論』（岩波文庫、2011）、岩波書店

黒正　巖（1941）:『経済地理学原論』（『黒正巖著作集　第5巻　経済地理学の研究』）、大阪経済大学日本経済史研究所（2002）、pp.59-91

田畑久夫（2007）:『鳥居龍蔵のみた日本－日本民族・文化の源流を求めて－』古今書院、p.259

ブラーシュ・P（1922）:『人文地理学原理』（飯塚浩二訳、岩波文庫（上・下）、1940）、岩波書店

ラッツェル・F（1891）:『人類地理学』（由比濱省吾訳、2006）、古今書院

2節　研究の方法

　本研究は、以上大きく二つの目的を持っているが、第一の目的において取られる方法論は、地理学と民俗学の接点に位置する環境民俗学的なアプローチである。また、第二の目的においては地理教育学的なアプローチを取る。筆者は長年にわたり地理教育学・地理学・民俗学のそれぞれを学びながら、その接点にまたがる諸問題について考究してきた。それがこのようなアプローチを取らせ、前述の研究目的を設定させた理由になっている。

　ここでは特に第一の目的、すなわち青潮文化の検討にまつわる、環境民俗学的なアプローチの問題についていくらかふれておきたい。

　環境民俗学の母体である民俗学の定義自体多々あるが、柳田國男は自らが監修した『民俗学事典』(1951) [1] の「民俗学」の項で、「民間伝承を通して生活変遷の跡を尋ね、民族文化を明らかにせんとする学問である」と簡潔に定義している。つまり、庶民または世間に伝わる伝承を手がかりにして、日本民族が持つ文化的特性を知ろうとするのが民俗学だとしている。筆者もこの考えに賛成である。そこで本研究では、文献や資料収集に加えて、青潮海域各地におけるフィールドサーヴェイ（現地調査）と、話者からの聞き書きをできるだけ多く併用しながら考察を進めることにしたい。

　このような民俗学において、「環境民俗学」とは、野本寛一氏が提唱したとされる比較的新しい方法論[2]で、氏がこれに最初に言及したのは『生態民俗学序説』(1987) [3] においてであった。氏はその序を「生態民俗学の提唱」と題し、環境民俗学と生態民俗学との関係について次のように述べている。

　　すでに「環境考古学」という学問が成立しつつあるが、「環境民俗学」もまた成立するはずのものである。「考古」と「民俗」が対応的に並べられる場合があるが、同じ学問の呼称でも、「考古」が時間系の枠組みを前面に出しているのに対して「民俗」は直接的に学的主題を明示している。すでに民俗自体が環境と深く関わっている以上、「環境考古」に対して単純に「環境民俗」を対応させることはできないが、自然環境、人為的環境、環境への適

応、環境変革などを包括した「環境民俗学」が将来において成立する可能性は充分にある。そしてその場合、「生態民俗学」が主翼となることはまちがいない[4]（傍点は筆者）。

　ここで野本氏は、主として二つのことを指摘している（上記傍点部）。一つは、「環境民俗学」が自然環境と人為的環境、環境適応と環境変革という、それぞれ相反する方向を持つ二つのベクトルを包括した環境論であること、もう一つは、その環境論の主軸は「生態民俗学」に置かれるべきことである。
　このうち前者の考え方は、前節で検討した黒正巖の分類になぞらえていえば、「相関論」に近いものであり（前節、注3）、本研究の立場でいえば、「自然と人間の相互作用」の重視にほかならない。その意味で、「環境民俗学」を筆者なりに定義すれば、「自然と人間の相互作用の追究を主眼とする民俗学」ということになる。これは、広い意味で人文地理学の視点とも通底している。
　一方、後者の「生態民俗学」は、広く生態学の一分野としての民俗学を強調したものだが、生態学をごく簡潔に定義すれば、「生物の生活や行動、環境との相互作用などについて研究する学問」といえる。つまり、「自然と人間の相互作用」ではなく、より広く、「自然と、（人間を含む）生物全般との間の相互作用」を科学するのが生態学といえよう。それを民俗学的な関心と、民俗学的な方法とによって追究するのが「生態民俗学」ということになる[5]。このように考えると、「生態民俗学」と「環境民俗学」とは、前者で関心対象がやや広範であるものの、ほぼ同義と言ってよい学問領域ということになろう。
　本研究では、まずもって自然環境と、それとの関係で人間がつくり出した人文環境とをともども重視しつつ、フィールドサーヴェイを有力な手立てとして、日本文化のありようをとらえていきたい。

［注］
1) 柳田國男監修（1951）:『民俗学事典』東京堂出版、pp.582-587
2) 山　泰幸・川田牧人・古川　彰編（2008）:『環境民俗学－新しいフィールド学へ－』昭和堂、p.2

3) 野本寛一（1987）:『生態民俗学序説』白水社、p.17
4) なお、引用文中における野本氏の予言どおり、その後も「環境民俗学」を支持する研究者があとに続き、こんにち、斯学は民俗学における新しい一分野に成長した（例えば、鳥越皓之編（1994）:『試みとしての環境民俗学－琵琶湖のフィールドから－』雄山閣、菅　豊（2006）:『川は誰のものか－人と環境の民俗学－』吉川弘文館、および前掲注2）の文献など）。
5) 「自然と、（人間を含む）生物全般の間の相互作用」全般を科学するのが生態学であるから、生態学はその学問的関心の違いによって、細分化された非常に多くの分野を発生させる。すなわち、「生態○○学」や、「××生態学」といった様々な学問分野を生むことになる。しかしその一方で、個々のフィールドを重視して考察するその手法は、きわめて学際的なものとならざるを得ない。この点に関連して、「歴史生態学」を方法論に据える野間晴雄氏は、学位論文をまとめた著作のなかで次のように述べている。これは生態学の本質の一端を端的に示しているといえよう。

　「地理学、歴史学、民俗学、人類学のいずれにも関心のあった筆者が卒業論文という眼前の課題をクリアするために、また、恩師の藤岡謙二郎より「地理学者は自然も人文も両方できねばならない」と口酸っぱくいわれたことが影響して、正統的な歴史地理学による景観復元を基礎とする研究よりは、地域論的なテーマに自然と人間の関係を盛り込もうとする方向に舵を向けていった。フィールドワークが苦にならない出好きな性格も幸いしたかもしれない。〔後略〕」（野間、2009、p.4）。
　生態学はこのように、高い学際性を有する学問といえるが、本研究にいう環境民俗学の視点もまた、単に「環境」との関係に注意を払うというだけではなく、諸事象を取り巻く諸条件に対し幅広い関心を持つものである。

[文献]
野間晴雄（2009）:『低地の歴史生態システム－日本の比較稲作社会論－』関西大学出版部

3節　論文の構成

　本研究は以下の構成をもって進められる。

まず、「地理教育をめぐる動向」と題した第1章では、地理教育が本来もっている目的を明らかにするとともに、近年の地理カリキュラム（学習指導要領や教科書）がもつ特徴や課題を検討する。また、地理と歴史がよりいっそう連携を深めて教育内容を構築しなければならないこと、地理教育においてフィールドワークを改善し、充実させていかなければならないことなどを指摘する。そうして、次章以下で展開される青潮文化論との関係において、研究遂行上の問題提起を行う。

つぎに、「青潮文化論の検討」と題した第2章では、「青潮」の語を定義するとともに、その語義を解釈し、暖流たる青潮が日本文化に及ぼしている影響や特性について考察する。そしてその上で、この分野における先行研究を整理するとともに、隣接する文化論のうちとくに照葉樹林文化論とナラ林文化論について検討し、これにより、青潮文化論のもつ意義をあらためて考える。

さらに、「青潮の自然環境」と題した第3章では、流域の気候環境の特性を指摘し、青潮海域で見られる特徴的な動植物を挙げる。ことに青潮海域固有の動植物については、日本人がそれらとどう関わってきたか、それらをどう利用し、生活に役立ててきたかといった観点から理解を深める。

「青潮海域と生業」と題した第4章、「青潮海域と赤米習俗」と題した第5章、そして「青潮海域と衣食住」と題した第6章は、本研究の柱であるフィールドサーヴェイに依拠した部分である。これらの章では、養蜂、牧畑、イカ漁、タタラ製鉄、赤米習俗、魚醤、焼酎、石焼の風習、北方の文化といった項目から、青潮によって育まれた日本の生活文化の性格を多面的・多角的に検討していく。おもな調査対象地は、北から順に、奥尻島（北海道）、飛島（山形県）、粟島（新潟県）、佐渡島（新潟県）、隠岐（島根県）、壱岐（長崎県）、対馬（長崎県）、福江島（長崎県）、種子島（鹿児島県）、八重山諸島（沖縄県）などの青潮および黒潮に洗われる島々と、青潮的気候風土の濃厚な奥出雲（島根県）である。

最後に、「青潮文化論の地理教育学的考察」と題した終章では、おもに第4章～第6章で検討した青潮文化のありようを、地理教育学の見地から再度考察することによって、本研究の結論へと導く。そして、今後の地理教育のあり方について一つの提言を行いたい。

第1章　地理教育をめぐる動向

　序章でも述べたように、本研究の目的は、青潮がもたらす日本文化の諸側面を理解し、その意義を地理教育の文脈から検討することである。そのためには、近年の地理教育がどういった状況にあり、どのような課題を抱えているかということを十分踏まえておく必要がある。そこで本章では、近年の地理教育の動向を俯瞰するとともに、その特徴や課題を考察することにする。そして、青潮文化論との兼ね合いで地理教育のあり方を検討してみたい。

1節　教育基本法の改正

　地理教育を取り巻く近年の動向のなかで、最も大きなイベントは教育基本法の改正である。すなわち、平成18（2006）年12月、およそ60年ぶりに教育基本法が全面改正された。そこで、今回の法改正がどこにポイントを置いたものであったか、またそれが、本研究が目的とする青潮文化論との兼ね合いでいかなる関連性をもち、どういった意味を付与されたのかといった点について考察を深めたい。

　教育基本法は、従前は前文と11の条文とで構成されていたものが、改正後は前文と18の条文に増やされ、一条ごとの条文も記述量が増えたものが多い。また、改正法（以下、改正後を新法、改正前を旧法とよぶ）では、条文のまとまりごとに章が設けられ、章ごとに見出しがつけられている。各条文の小見出しを抜き出せば以下のとおりである（表1）。

表1 新・旧教育基本法の条文小見出し（対照表）

新・教育基本法（2006年12月）	旧・教育基本法（1947年3月）
前文	前文
第1章　教育の目的及び理念	
第1条（教育の目的）	第1条（教育の目的）
第2条（教育の目標）	第2条（教育の方針）
第3条（生涯学習の理念）	
第4条（教育の機会均等）	第3条（教育の機会均等）
第2章　教育の実施に関する基本	
第5条（義務教育）	第4条（義務教育）
第6条（学校教育）	第5条（男女共学）
第7条（大学）	第6条（学校教育）
第8条（私立学校）	
第9条（教員）	
第10条（家庭教育）	
第11条（幼児期の教育）	
第12条（社会教育）	第7条（社会教育）
第13条（学校、家庭及び地域住民等の相互の連携教育）	
第14条（政治教育）	第8条（政治教育）
第15条（宗教教育）	第9条（宗教教育）
第3章　教育行政	
第16条（教育行政）	第10条（教育行政）
第17条（教育振興基本計画）	
第4章　法令の制定	
第18条	第11条（補則）

　この表を見ると、新法で新設された条文があるが、旧法を引き継いだもの、旧法にはあったものの削除されたものなどがある。すなわち、第1条（教育の目的）、第4条（教育の機会均等）、第5条（義務教育）、第6条（学校教育）、第12条（社会教育）、第14条（政治教育）、第15条（宗教教育）、第16条（教育行政）は旧法を引き継いだ一方で、旧法第5条（男女共学）は削除された。また、旧法を引き継いだ条文も、時勢にあわせて修正されるとともに、ほとんどの場合で条文が長文化されている。第4条（教育の機会均等）を例に取ると、旧法で2項目からなっていたものが3項目に条文が増やされ、新たに障害者に

対する配慮事項を設けている。その一方で、例えば第1条(教育の目的)などは、戦後間もない時期の決意からか、やや冗長であった条文が簡潔に整理された。

このように、世の趨勢に合わせてかなり大幅な修正が加えられた新法であるが、地理教育、ひいては地理学の文脈から、また、本研究の目的からいって、最も重要なのは新設された第2条（教育の目標）である。第2条は教育全般の目標として次の5項目を掲げている（傍点は筆者）。

■第2条（教育の目標）　教育は、その目的を実現するため、学問の自由を尊重しつつ、次に掲げる目標を達成するよう行われるものとする。
　一　幅広い知識と教養を身に付け、真理を求める態度を養い、豊かな情操と道徳心を培うとともに、健やかな心身を養うこと。
　二　個人の価値を尊重して、その能力を伸ばし、創造性を培い、自主及び自立の精神を養うとともに、職業及び生活との関連を重視し、勤労を重んずる態度を養うこと。
　三　正義と責任、男女の平等、自他の敬愛と協力を重んずるとともに、公共の精神に基づき、主体的に社会の形成に参画し、その発展に寄与する態度を養うこと。
　四　生命を尊び、自然を大切にし、環境の保全に寄与する態度を養うこと。
　五　伝統と文化を尊重し、それらをはぐくんできた我が国と郷土を愛するとともに、他国を尊重し、国際社会の平和と発展に寄与する態度を養うこと。

以上5項目のうち、地理教育を含む社会科教育で重視されるべきは「三」「四」「五」の各項目といえるが、本研究の文脈からいえば、「四」と「五」の、特に傍点を付した個所が重要である。

それは、昨今の贅沢な生活の進展のなかで、伝統的な生活様式が急速に失われるとともに、地球環境への負荷が甚大なものとなり、かつて先人が培った生活の知恵を見失うといった事態が日に日に進んでいるからである。平成

23（2011）年3月11日の東北地方太平洋沖地震によって、福島第一原子力発電所が取り返しのつかない大惨事を引き起こしたが、その温床となったのは際限なく電気を使って快楽を追い求め、電力を売ってより多く儲けようとする社会のおごりではなかったか。また、大津波によって非常に多くの人命がうばわれ、いまなお行方知れず人が多数に上るが、岩手県宮古市姉吉地区には、昭和8（1933）年の昭和三陸地震の教訓から、先人が残した「此処より下に家を建てるな」の碑があった。こうした過去の教訓、先人の知恵に、よりいっそう耳を傾けるべき時代が到来しているといえるのではなかろうか。

　生命を尊び、自然を大切にし、環境の保全に寄与するとは、日本の豊かな自然風土を客観視できる知性をもってはじめて築かれる価値観であろう。また、日本の伝統と文化を尊重し、それらを育んだ我が国と郷土を愛することも、全国津々浦々の豊かな伝統文化や先人の生き様を知ってこそ養われるべき生き方であろう。いま、小・中・高校の学校教育の内容を教科ごとに振り返ってみるとき、こうした観念を培っていくために最も可能性を秘めた教科は地理であると思われる。

　地理教育は、改正教育基本法による、これら新たな教育目標を実現するために大きく寄与しなければならない。また、その下支えとして、自然と人間の相互関係を考察する科学である地理学や、環境民俗学に課せられた役割は大きい。

2節　地理カリキュラムの課題

1. はじめに

　法レベルの検討に引き続き、今度は教育課程レベルでの課題について検討しよう。

　小学校と中学校については2008年3月、高校については2009年3月、それぞれ現行の学習指導要領が公示された。これらの学習指導要領（以下、原則的にカリキュラム[1]という）は小学校で2011年4月から、中学校で2012年4

月から、高校で 2013 年 4 月から、それぞれ実施されている。この節では、高校を中心とする地理カリキュラムの課題について検討する。高校を中心に据える理由は、小・中学校とは違って地理が選択科目に位置づけられているために、教育内容面での課題に加えて、履修制度面でも多くの課題を抱えているためである[2]。

このカリキュラムの基準を示した中央教育審議会答申（2008 年 1 月）によれば、カリキュラム改善の要点として次の 7 点が挙げられている。

(1) 改正教育基本法等を踏まえた学習指導要領改訂
(2) 「生きる力」という理念の共有
(3) 基礎的・基本的な知識・技能の習得
(4) 思考力・判断力・表現力等の育成
(5) 確かな学力を確立するために必要な授業時数の確保
(6) 学習意欲の向上や学習習慣の確立
(7) 豊かな心や健やかな体の育成のための指導の充実

これらは小・中・高校に共通する、教育全般に関わる基本的な考え方を示したものだが、地理カリキュラムの中身を考える場合、ことに (2) の「生きる力」の理念の実現に大きな努力が傾けられるべきであろう。

「生きる力」の育成は、今回の改訂ではじめて取りあげられたものでなく、従来からも強調されてきた教育目標の基本である。また、あらゆる教科および学校教育全般、さらには社会教育や家庭教育、生涯教育のすべてを通じて養われるべきものである。と同時に、地理教育においても独自の持ち味を遺憾なく発揮しながら、その実現が強く志向されなければならない。

地理教育で「生きる力」を育むとは、先にみた教育基本法第 2 条（教育の目標）が掲げる、「生命を尊び、自然を大切にし、環境の保全に寄与する態度」を養うこと、「伝統と文化を尊重し、それらをはぐくんできた我が国と郷土を愛する態度」を養うことにほかならない。こうした価値観は、利己主義の陰に隠れて時に見失われることがあり、地理教育に課せられた責任は大きい。

2. 高校地理をめぐる状況

　以上の文脈に引き替え、近年、高校においては地理教育がまさしく危機的な状況にある。

　1989年の社会科再編にともなう地理歴史科の新設によって、この新教科に編入された地理と日本史と世界史は、さしたる理論上の根拠もないままに、ひとり世界史だけが必修科目の地位を得た。このことが、結果的に地理履修者を大きく減少させる一因になったが、1999年のカリキュラム改訂にもこれが継続され、さらには2009年の改訂においてもこの措置が引き継がれた。こうした事情などにより、地理履修者は年々減少の一途をたどり、例えば筆者の周囲では、高校で地理を履修した大学生、つまり私大文系学生の高校での地理履修率はすでに1～2割程度にまで落ち込んでいる。学習指導要領で足かけ3期30年、まるまる一世代にも及ぶ長きにわたって、基本的な地理の知識・理解が備わっていない人たちが大人になっている。

　とはいえ、小・中学校では歴史とともに地理は必修であり、カリキュラム上、地理と歴史はほぼ対等な位置づけにある。このことから、地理的教養は必修中学地理でなんとか確保されるのに対して、日本史が中心となっている高校歴史では、世界史的教養は著しく乏しいという指摘があり、これを高校世界史必修の論拠とする人もいる。しかしそもそも、中学歴史において世界史をどの程度含めるかは、歴史教育に内在する、歴史教育固有の問題である。中学校社会科で世界史的な要素が十分確保されていないからといって、その代替を高校に求めるのはいかがなものか。地理は世界を読み解く横糸、歴史は縦糸であって、その交点に私たちの生きる今日世界がある。地理と歴史は両方とも必要不可欠なのである。このことは、過去の歴史的世界を考察し、より深く理解しようとする際にも同様である。自然的・空間的な観点と無縁な、すなわち地理的な思考力を大きく欠いた歴史解釈は、皮相的で浅い歴史理解を導くであろう。地理と歴史は、中学校にあっても、高校にあっても、つねに同時並行的に学習されなければならない。

　深刻な状況は学び手側の問題だけではない。それは教える側にとっても大

きな問題となっている。履修者が激減した高校地理と違って、中学校では必修地理を教えるために多くの教師が必要である。しかし、高校で地理を履修しない人が増えるにつれて、少なからぬ社会科教師が地理に苦手意識をもっているとされる。大学で長年教職課程を担当した筆者の調査では、大学の受験科目と社会科教師の専門分野とのあいだには、大学での専攻のいかん以上に高い相関がある。勤務校の入試教科の一つである「地歴・公民・数学」では、日本史選択者の割合が最も高く全体の半数近くを占め、残り半数の大半を世界史と政治・経済が分け合い、さらに残ったわずかな部分を地理と数学が分け合っている。じっさい、筆者の教える教職課程履修者の大半は、法学部・経済学部・経営学部・総合社会学部等の社会科学系の学部に在籍しているにもかかわらず、その多くが日本史教師になることを希望している。このような人たちがやがて教師として中学校に赴任し、地理を教えるケースが少なくないと考えられる。

　高校地理の選択履修者を減らす大きな要因として、大学入試、とりわけ私大入試において地理受験が不可能な大学が多数にのぼる事実を指摘しなければならない。日本地理学会地理教育専門委員会がまとめた調査[3]によれば、私大入試で「地理歴史」が受験可能な全国273大学860学部学科等において、世界史選択が可能なものは848（98.6％）、日本史が810（94.2％）であるのに対して、地理選択が可能なものは380（44.2％）にすぎない。さらに問題なのは、いわゆる偏差値の高い主要大学で地理受験ができないケースがかなりあることである。これらの有力大学では卒業生を教員として送り出すケースも多く、高校で地理を学ばない社会科教師の量産につながっている。

　しかし、私大といえども私学助成金を交付される公的教育機関であるから、学校教育法および同法施行規則が規定するところの、学習指導要領の科目編成に準拠した入試体制を組む社会的な責任があるのではないか。地理歴史科は世界史・日本史・地理の3科目からなる教科であるから、このうちの1科目だけを不当に軽く扱うような入試体制のあり方そのものが、国の教育方針に反しているといえなくもない。

　以上のように、根拠を欠く世界史の必修化、中学校での地理教師不足、大学

受験における地理受験の不利などが相まって、高校地理を弱体化させてきた。そして、日本社会から地理的教養を喪失させる負のスパイラルに陥っている。その根源にあるのは、世界史の必修化や、その未履修問題に象徴される、地理歴史科カリキュラムの矛盾にあるといえよう。

3. 地理カリキュラムの骨子

　ここで現行の高校地理カリキュラムの骨子を概観しておこう。近年の学習指導要領は、「目標」「内容」「内容の取扱い」の3項目から構成されており、最初に掲げられた「目標」に基本的な精神が表明されている。そして「内容」でその精神の具体化を図り、「内容の取扱い」でさらにその指導上の取り扱いを述べている。

①目標
　学習指導要領の改訂に際して、代々の新しい「目標」は従前のそれを踏襲しつつ、その後の社会変化や学問の動向を反映させながら、部分的に修正が重ねられてきたものである。以下に地理カリキュラム（平成21年版、2009年）の「目標」を引用するが、下線部が今回新たに挿入されたり、変更されたりした個所である（下線は筆者）。

　■地理A「目標」
　　現代世界の地理的な諸課題を地域性や歴史的背景、日常生活との関連を踏まえて考察し、現代世界の地理的認識を養うとともに、地理的な見方や考え方を培い、国際社会に主体的に生きる日本国民としての自覚と資質を養う。

　■地理B「目標」
　　現代世界の地理的事象を系統地理的に、現代世界の諸地域を歴史的背景を踏まえて地誌的に考察し、現代世界の地理的認識を養うとともに、地理的な見方や考え方を培い、国際社会に主体的に生きる日本国民としての自覚と資

質を養う。

　下線が引かれた個所がわずかなことからもわかるように、「目標」はほとんど前の学習指導要領を踏襲している。しかしそのなかで、「歴史的背景」を強調しているのが今回の大きな特色になっている。この文言は従前も「内容の取扱い」に示されていたのだが、今回はじめて「目標」に取り入れられ、いっそう強調された。おもに現代世界のことを扱う地理で、歴史的な考察が不足しているのではないか、現出する地理的な諸課題や地域の姿をより動態的にとらえ、理解する必要があるのではないか、という指摘は以前からあった。「歴史的背景」の強調はこうした大きな流れを受けたものといえよう。

　つぎに、「日本国民」という語である。従前はこの部分に「日本人」という語が当てられていたが、今回これが「日本国民」にあらためられた。これは改正教育基本法（2006年12月）の前文で新たに「日本国民」という文言が用いられたことに対応させたものと考えられるが、これは国の教育課程の基準としては大きな変更点といえる。「学習指導要領解説」はこの変更の趣旨をまったく語っていないので推測の域を出ないが、その理由は、上位法での術語使用との整合を図るとともに、「日本人」という語の曖昧さを払拭し、より明確に概念規定したかったためではなかろうか。「日本国民」は政治的な概念であり、法律によってその範囲を特定できるが、「日本人」はその範囲を特定しにくい抽象的な概念である。前者は国籍を有するか否かによって規定されるが、後者はたとえ国籍はなくても、日本に長く暮らし、日本社会になじんだ人たちを包摂する概念といえよう。となると、後者では在日外国人や先住民族などとの関係が問題となってくることもあろう。

　最後に、地理Aだけに見られる「日常生活」の語だが、これは「A科目」としての性格を反映したものといえる。世界史・日本史・地理に共通する事柄として、4単位配当の「B科目」のほうが旧来型の一般的・包括的な内容をもつ科目であり、半分の2単位を配当した「A科目」は、単に「B科目」のダイジェスト版的な位置づけではなくして、学習指導要領にテーマ性をもたせることで、独立した科目としての意義を高めている。世界史と日本史では「近現代」をテー

マとした学習内容にすることでそれを実現しているが、地理では「地理的な諸課題」に力点を置いた内容構成によって、地理Bとの違いを明確にしてきた。「日常生活」の強調は、こうした路線に呼応するものともいえ、具体的には「内容」において、従前からの「地域調査」をより強調したことに加えて、今回はじめて「防災」の概念を導入した。その結果、新しい学習内容となった「防災」は、単位数の多い地理Bではなくして、地理Aのほうに明記[4]されることとなった。

②内容と内容の取扱い

現行地理カリキュラムの内容上の特徴として、以下の点が挙げられる。

(1) 実生活と結びついた学習（とくに地理A）
(2) 世界の地誌学習の充実（とくに地理B）
(3) 探究学習の導入
(4) 資料活用力・表現力の重視
(5) 地図帳の活用

ここでは(2)と(5)について補足しよう。
(2)は、1989年公示のカリキュラムから取られてきた措置である「事例学習」が、今回、事実上廃止されたことを意味している。従前は網羅的に地誌を学ばせることをよしとせず、むしろ二三の国・地域を重点的に取り上げ、それらをいくつかの代表的な事例によって学ばせることに意義をもたせた。ある国・地域を重点的に学ぶことで、それ以外の国・地域についても、教室外で、自ら学び続けられるだけの応用的な学力を養成できるはずだというのがその考えであった。これは「内容知」よりも「方法知」に力をおくカリキュラム論的立場といえたが、やはり基礎学力は低下しているのではないか、という各方面からの指摘を受け、「内容知」重視の方向に方針転換したものと受け止められる。しかし本来、地理的な知識やものの見方・考え方の獲得は、帰納的な情報処理に基づいてなされるはずのものである。そのことを思えば、地理的認識の獲得に、ある程度網羅的な学習が前提となるのは理の必然である。これまでのよう

に二三の国・地域を代表して学ばせる演繹的な手法は、本来的に地理学習になじまないものであったといえよう。

　(5)は、もともと文部科学省の検定を必要とする、「教科用図書」としての地図帳の役割と地位を再確認したものといえる。高校の地図帳は正確には、「文部科学省検定済教科書高等学校地理歴史科用地図」（傍点は筆者）という名称であって、地理歴史科全体としての教科書の位置づけを併せもっている。今回、「内容の取扱い」においてその活用をはじめて明記したわけだが、その背景には地理の現状に危機感をもつ多くの地理関係者と、学界（とりわけ日本地理学会地理教育専門委員会）による地道な取り組みがあった。地図帳が有益かつ、地理歴史科全体の教科書にもなりうることを地理教師はもっとアピールすべきであり、地理の時間だけでなく、世界史や日本史の時間においてもいっそう活用されるよう、それぞれの学校現場で啓発していくことが必要である。また、地図帳の編集にあたっては、単なる地理の地図帳ではない、名実ともに「地理歴史科の地図帳」となるような抜本的な改革が求められよう。

4. 高校地理の必要性

　一国として地理がこれほどまでに軽視されたことは、近代日本の地理教育史を通じても、また、近年の主要諸外国（ヨーロッパ各国、韓国、中国など）の状況を眺めても、いまだかつてなかった。まさに非常事態といえるが、このような状況をいつまでも放置することは、あたかも「高校地理は不要である」ということを日本社会全体が了解しているかのようである。地理ははたして本当に不要なのか。

　言うまでもなく、答えは否である。地理が今後ますますなくてはならないものになっていくことを、二つの観点から指摘しよう。

①地理歴史科カリキュラムの観点から

　前述したように、地理カリキュラムは歴史への接近を強めている。しかしそれよりもっと力強い足取りで、歴史教育は地理教育に接近している。このこと

は現行の歴史カリキュラム（平成21年版、2009年）を見れば明らかである。学習指導要領から世界史Aと日本史Aの「目標」を引用する（下線は筆者）。

■世界史A「目標」
　近現代を中心とする世界の歴史を諸資料に基づき地理的条件や日本の歴史と関連付けながら理解させ、現代の諸課題を歴史的観点から考察させることによって、歴史的思考力を培い、国際社会に主体的に生きる日本国民としての自覚と資質を養う。

■日本史A「目標」
　我が国の近現代の歴史の展開を諸資料に基づき地理的条件や世界の歴史と関連付け、現代の諸課題に着目して考察させることによって、歴史的思考力を培い、国際社会に主体的に生きる日本国民としての自覚と資質を養う。

　下線を引いた個所に注目されたい。まず、「地理的条件」という語についてだが、地理における「歴史的背景」と同様に、これは従前からも「内容の取扱い」に示されていた。それが今回、「目標」に格上げされたことで、いっそうの重視が図られた。歴史教育で「地理的条件」が重視される背景には、歴史の理解に際して、地域の自然環境や空間的な相互関係などに注目させたいこと、地図を活用して歴史を考察する視点や方法を身につけさせたいことなどがあろう。
　この部分もちろん重要だが、むしろ、より注目されるのは、「現代の諸課題」という語を含む、やや長めの下線部のほうである。日本語の構文上の問題として、重要な事柄ほど述語動詞に近い位置に置かれるものであるから、「目標」の文章では、世界史と日本史の究極目標は「国際社会に主体的に生きる日本国民の育成」にあることがわかる（ただし、この究極目標は世界史A・B、日本史A・Bのほか、地理A・Bでも同一である）。そして、そのための欠くべからざる条件として、「歴史的思考力」の涵養があり、さらにそのための方法論として、「現代の諸課題の歴史的な考察」が位置づけられているのである。これは表現こそやや違っているものの、世界史・日本史ともまったく同じ構造と

いってよい。つまり、これからの歴史学習にとって、「現代の諸課題」を考察したり、「現代の諸課題」を解決していくための学習でなくてはならないことがここに表明されている。これは「A科目」の場合だが、通史の体裁をとる「B科目」にあっても、少なくとも近現代史の部分については同じことがいえよう。

それではたして、歴史的に考察されるべき「現代の諸課題」とは何であろうか。また、その「現代の諸課題」を、地理履修を著しく欠く現下の状況のなかで、歴史教育はどのように取り扱おうというのだろうか。

日本史に関係する現代的な課題としてまず頭に浮かぶのは、近年の食料自給率の異常ともいえる低下や、それにともなう農山漁村の荒廃、伝統文化の喪失といった事柄である。世界史では、南北問題の拡大や、民族対立の激化、生物多様性の喪失といった事柄である。これらはいずれも従来地理が学習対象としてきたか、その可能性の高かった問題群といえる。地理履修が担保されていない現状にあって、これらの課題に歴史教育は単独で、いったいどのように向き合っていこうというのだろうか。この一点をとってみても、地理と歴史はつねに一体的に顧慮されなければならず、その度合いはますます強まっているのである。

それはまた、「現代の諸課題」を考察する場面においてだけではない。古代・中世の歴史的展開を因果的・合理的に解釈するにも、地域や空間といった概念や、その土地固有の自然環境、そしてそのダイナミックな変化といった、地理的なものの見方・考え方が有益といえるのである。

②地理教育の目的の観点から

つぎに、地理教育が本来的に担っている、地理固有の観点から考えてみよう。地理にはその持ち味といえるいくつもの特長がある。

まず第一に、空間の科学である地理は、考察の対象となる地域・空間の大きさを大切にする。単純化して言えば、地域・空間は、日常生活の営まれる郷土のスケール、おのれの属する国家・国土のスケール、そして「宇宙船地球号」の乗員としての世界のスケールなど、様々な大きさから成り立っている。このような、大きさの異なる、実在するいくつもの「場」を取り上げて具体的に行

う学習は、他の類似科目である公民科「現代社会」などでは必ずしも十分に行われていない。その取り扱いは地理と比べて概括的であり、養われる認識もより観念的なものとなる。"think globally, act locally" の標語が示すように、世界を対象とした幅広い学習を通じて、身近で具体的な行動が導かれなければならない。それには様々なスケールからなる、実際の地域・空間に即した学習が必要といえよう。

　第二に、大小様々な地域・空間のあいだを、地理はつねに往復しながら複眼的に考察しようとすることである。例えば、前述の日本史的な課題として指摘した「日本の食料自給率の異常ともいえる低下」という問題を例にしよう。この問題は、食料安保論や食の安全性確保の見地から論じられることが多いが、それらはいたって政治・経済的なものの見方ということができる。確かに、これらの観点は一国としてみた場合には非常に重要なものであるが、地理の見方をもってすれば、問題の本質がより多面的・多角的に見えてくる。例えば、郷土スケールでは農山漁村の崩壊や、農山漁村が多く伝承してきた祭りや伝統儀礼の衰退といった状況が、国家・国土スケールでは富栄養化にともなう有機ごみの蓄積や、自然の保水力の低下による人造貯水ダムの建設の是非が、そして、世界スケールでは貧困な第三国に及ぼす食料の安定供給や飢餓の問題、フードマイレージの増大にともなう二酸化炭素排出の問題など、様々な問題が見えてこよう。これらの問題群は、郷土・国家・世界のあいだで相互に関連しあい、問題の本質を複雑にしている。地理はこのような複合的な問題に対しても、複眼的で、多面的・多角的な見方・考え方を提供することができる。

　第三に、郷土・国家・世界というそれぞれの場において、私たちが解決を迫られている諸課題への展望を、「自然と人間の相互作用」という観点から考えることである。昨今の世界情勢をみると、人間は自然といかに向き合うべきか、持続可能な成長、持続可能な社会とはどのようなものかという命題が重要度を増してきている。しかしそれにもかかわらず、公民科はもとより、日本史や世界史には、「自然と人間の相互作用」という観点がなお決定的に不足している。この観点は、成長や開発、環境保全といった意味合いのものだけにとどまらない。世界には社会様式や価値観、生活文化を異にする数多くの民族集団がある。

彼らの個性ある生き方は、もとはと言えば、生存・生活の場となる自然環境の多様さに起因している。21世紀に入ってなお、民族間の不協和音があり、いがみ合いはなくなっていないが、相互の協調と融和を目指すとき、それは時系列的・歴史的・観念的な観点からだけでなく、自然的・空間構成的・実存的な観点からも模索されなければならない。いうまでもなく、前者は主として歴史教育が養成しようとする観点、後者は地理教育が養成しようとする観点である。

　こうしたものの見方・考え方は、「目標」にも謳われている「地理的な見方や考え方」という観念を、「学習指導要領解説」とはまた別なかたちで説明したものにほかならない。このような文理融合的な発想が、これからの21世紀世界においてますます強く要請されることになろうが、それに最も力強く応えられるのは地理教育であるといえる。

　以上から、高校地理は不要だなどという考えは、まったく無見識かつ浅薄で偏狭な認識に基づいていることがわかる。

5. 再生への戦略

　高校地理を1989年以前の状態に戻すことが急務である。1989年のカリキュラム改訂以前、旧社会科のあらゆる科目は、実際上、ある時はすべてが必修となり、またある時はすべてが選択となることで、地理と歴史のバランスある教育が担保されていた[5]。地理教育を再生し、地理歴史科のバランスを回復させることが必要不可欠である。そのための政策的な提言として二つの点を主張したい。

① 「地理基礎」と「歴史基礎」の二本立てを

　地理と歴史を融合した科目として必修の「地歴総合」（仮称）を新設し、それにまとまった単位数を配当すべきだという考えがあり、文部科学省から依頼を受けた一部の研究開発校において、そのための基礎研究が進められてきた。これはじつは、戦後間もない時期の社会科、すなわち初期社会科においてとられた形に近いもので、例えば1951年、戦後2度目に示された学習指導要領で

は、「日本史」「世界史」「人文地理」「時事問題」(いずれも5単位)のなかから、1年次の必修である「一般社会」(5単位)を含めて2科目以上を履修することになっていた。そして地理には歴史的な要素を、歴史には地理的な要素を含ませることで、履修しないことからくる弊害を相互に緩和しあうとともに、地理と歴史の補完的な関係のあり方が追求された。例えば「人文地理」では、リヴィングストンやスタンレーのアフリカ探検、マルコ゠ポーロの旅行記、蒙古人の活躍した時代、蒙古人と漢民族との接触の歴史、産業革命、農地改革、マルサスの「人口論」、城下町、中世ヨーロッパの都市の発達、古事記、コロンブス、マゼラン、魏志倭人伝、ローマ道路、絹街道などの用語が意識的に取り上げられた。このような姿勢は、「歴史的背景」を重視した現行カリキュラム地理においても参考になるものがあろう。

　しかし、現下の情勢にあっては、このやり方では抜本的な改革は難しい。なぜなら、すでに現有の地理教師が20年前とは比べものにならないほど減少しているからである。この状態で必修の「地歴総合」を新設すれば、歴史専門の教師が担当せざるをえないケースが多くなるのは必然だろう。授業は本来あるべき内容、すなわち縦糸と横糸で織りなす人間世界を描き出すものとはほど遠いものになる可能性が高いが、制度的にはまがりなりにも新カリキュラムがスタートする。そうなると、大きな問題をかかえつつも、これが「地歴総合」だということになり、事態を改善するために地理を専攻した教師を補充するという発想が薄いものになると予想される。

　こうしたことから、高校地理の再生に向けたカリキュラム戦略は、地理を専らとする「地理基礎」(仮称)と、歴史を専らとする「歴史基礎」(仮称)の二本立てでなければならない。そして両者は、たとえ単位数は少なくとも、地歴並行的な観点からともに必修とされるべきである。

②「世界史」と「日本史」を「人類史」と「近現代史」に

　そもそも地理歴史科が「世界史」「日本史」「地理」の3分野からなっていることに問題がある、と考えることもできよう。地理歴史とは「地理」と「歴史」のことであって、歴史だけが「日本史」と「世界史」に分かれていること自体、

必然的な根拠をもっているわけではない。例えば、教育職員免許法において「地理歴史」の教員免許を得させるための、教科に関する科目の修得必要単位数は、地理と歴史で対等に、すなわち同一の単位数で規定されている。

　日本の社会科カリキュラム史上においても、戦後最初に示された学習指導要領（1947年版）では世界史が「東洋史」と「西洋史」に分かれていたが、2度目のそれ（1951年版）で「世界史」に統合された。一方で、大学の歴史学の講座においては、現在も東洋史と西洋史に分かれているケースがほとんどであろう。

　このように、「自国史」に対して「世界史」が独立して存在するという枠組みがそもそも絶対的なものとはいえず、それは諸外国のカリキュラムを見ればよくわかることである[6]。世界には歴史教育をめぐる様々な教科の枠組みがある。

　私見を示せば、現行の「世界史」と「日本史」の内容を一度解体して、新たに「人類史」（仮称、4単位）と「近現代史」（仮称、2単位）に再編成し、このいずれかを選択必修にしてはどうだろうか。その際、いずれの科目においても日本の歴史と世界の歴史を往復しながら、「人類の歩みと課題」に展望をもたせるような科目となることが望ましい。このうち2単位の後者では、「課題」のほうに力点をおくものの、その検討過程において、歴史的なプロセスの考察にさかのぼるような内容構成が取れないものかと思う。

　1989年から続く現行の地理歴史科カリキュラムでは、世界史・日本史・地理に3分割したうえで世界史のみが必修化された結果、地理が履修者を大きく減少させた。その結果、とくに若年層において地理的知識が大きく欠落し、バランスある地理歴史の認識と教養を著しく低下させている。こうした深刻な問題を克服し、本来あるべき地理的・歴史的な思考力を担保するため、「近現代史」と「人類史」への再編によって浮いた時間を活用して、地理を必履修できるような体制をつくりたい。

　その際に用意される科目は、例えば「基礎地理」（仮称、2単位）、「一般地理」（仮称、4単位）であり、このいずれかを選択必修させる。これらの科目は現行の地理A・Bに準じたものでよかろうと思われる。いずれの科目においても、現

行カリキュラムが強調する「歴史的背景」を重視した取り扱いが求められるし、さらに、より積極的に歴史的要素を取り入れるような内容改革も必要となろう。

ところで、注2）でも指摘したように、2015年8月、文部科学省は次期学習指導要領の素案を公表した。それによれば、地理歴史科では「歴史総合」（仮称）と「地理総合」（仮称）の2科目が必修となる見通しであり、両科目の基礎の上に、世界史・日本史・地理に相当する科目を必要に応じて選択履修することになりそうである。必修科目の名称（仮称）は上記のとおり「歴史総合」と「地理総合」だが、その中身は、前述した「近現代史」と「基礎地理」に近いものになるようである。地理は「総合」というよりもむしろ「基礎」を意識した科目となる必要があり、地理的なものの見方や考え方や地理的技能、統計情報の地図化、フィールドワークの力など、諸学の基礎となるべき知識・技能を養う科目として位置づけられる必要があろう。

[注]

1) カリキュラム（curriculum）とは本来、「教育課程」を意味する一般名詞だが、この節で単にカリキュラムという場合、原則として、教育課程の基準として国が示す学習指導要領（course of study）を指すものとする。
2) 文部科学省は2015年8月、今後中央教育審議会によって答申される見通しの次期学習指導要領の素案を公表した。それによると、「歴史総合」（仮称）とならんで「地理総合」（仮称）が地理歴史科における必修科目に位置づけられる見通しである。これが実現すれば、高校での地理の必修は事実上30年ぶりになる。なお、この「地理総合」（仮称）に関しては後述する。
3) 委員の杉木茂氏、小宮正実氏による2010年12月現在の集計。
4) ただし、「学習指導要領解説」によれば、地理Bの地域調査においても、「災害とその対策」が調査内容の一つとして想定できることが示唆されている。
5) 1960年と1970年の学習指導要領において、倫社・政経・日本史・世界史・地理の5科目のなかから、「倫社と政経を含めて4科目以上」との指示がなされたが、実際上、普通科高校では5科目すべてが必修とされた。また、1978年の学習指導要領においては、現代社会の必修化にともなって地理は選択とされたが、日本史・世界史も選択となったため、学校カリキュラムの運営上は地理を必修にする高校

が多かった。
6) 諸外国の社会科系教科のカリキュラムに関する体系的な研究に、国立教育政策研究所による報告（2000年、2004年）がある。

［文献］
国立教育政策研究所（2000）:『社会科系教科のカリキュラムの改善に関する研究－諸外国の動向－』
国立教育政策研究所（2004）:『社会科系教科のカリキュラムの改善に関する研究－諸外国の動向－(2)』
中央教育審議会（2008）:『幼稚園、小学校、中学校、高等学校及び特別支援学校の学習指導要領等の改善について（答申）』2008年1月17日
文部科学省（2008）:『中学校学習指導要領解説　社会編』日本文教出版
文部科学省（2009）:『高等学校学習指導要領』2009年3月29日公示
文部科学省（2010）:『高等学校学習指導要領解説　地理歴史編』教育出版

3節　地理教育と歴史教育

1. はじめに

　前節で見たように、地理履修者が減少する一方で、地理と歴史との関係は密接の度を強めている。学習指導要領では、地理で「歴史的背景」をより重視し、歴史で「地理的条件」をいっそう重視する傾向が強まっている。
　元来、空間を大切にする地理は人間理解の「横糸」であり、時間を大切にする歴史は人間理解の「縦糸」である。両者は別個に意識されるものではなく、縦糸と横糸とが結合し、はじめて人間の生き様が深く理解される。この節では、両者の関係性を考察し、地理学および地理教育の意義を再検討する。具体的には、学習指導要領の日本史・世界史が歴史的思考力の育成を目標として掲げてきた経緯があるので、歴史的な思考力とは何か、それに地理教育はいかに貢献できるかといった点を焦点に考察することにする。

2. 学習指導要領における「歴史的思考力」

　「歴史的思考力」という語が学習指導要領の「目標」に位置づけられたのはかなり古く、昭和31年版（1956年）の高校世界史[1]を嚆矢とする。その後、昭和45年版（1970年）では日本史にも同様の文言が採用され、以後、高校歴史教育は一貫して歴史的思考力の育成を大きな目標に掲げてきた。さらに、平成11年版（1999年）においては、日本史A・Bで歴史的思考力という、従来からのこの文言に加え、「歴史的な見方や考え方」という新たな表現が採用されるとともに、そうした力の育成が「内容」にも反映された[2]。このように、歴史教育の柱の一つである思考力や見方・考え方の育成は、すでに半世紀以上の時間的経過を有しており、しかもそれが徐々に強化されてきたといってよい。

　しかし、そうした時間の長さに反し、指導の改善はそれほど進んでいるようには思われない。「歴史という科目は、日本史であれ、世界史であれ、史実を暗記することが最大の目的であるように思っていた。また実際、受けてきた授業も教科書の内容を覚えればよいという感じだった。しかし、この歴史観では思考力は培われないと思う。〔後略〕」といった声が聞かれる。これは筆者の「地理歴史科教育法」の授業のなかで学生が書いた試験答案の一部であるが、こうした声は決して少なくはないだろう。確かに、一部の優れた教師たちにより、歴史的思考力を伸ばすような授業が模索され、実践されているかもしれない。しかし、この学生の声のように、旧態依然とした詰め込み暗記型の授業が行われていることも多いのではないかと思われる。

　その理由の一端は、教育現場の出口となる入試問題の改善が進んでいないことにもあろうが[3]、歴史的思考力なるものが本来的に抱える曖昧さや難しさ、多面性や多義性などに、より多く起因しているのではないかと思われる。時間に追われる教師はもとより、研究者にあっても、これまで決して明快な解釈が示されてきたとはいえないだろう。

　このことは研究面では、「歴史的思考力」を表題に冠した論考が少ないことからもうかがえる。例えば、この語を表題に冠した研究として、原田智仁氏[4]、田尻信市氏[5]、谷本澄泰氏[6]などが挙げられる。このうち原田氏の論考は、

歴史的思考力育成の観点から、一貫性ある歴史教育カリキュラムのあり方を論じたものだが、歴史的思考力の「内容」それ自体に十分踏み込むことなく、それを育む「手立て」（学習方法・指導方法）を列挙している。彼によれば、第一に「教師自身が思考すること」、第二に「子ども自身に思考させること」、第三に「教科書のあり方を変えてゆくこと」、そして第四に「学校段階別の歴史認識の系統を、内容面だけでなく方法面でも確立してゆくこと」が必要だという（p.117）。これら一つひとつに異論はないが、「方法」を講じる前に、まず「内容」が十分吟味される必要があるのではなかろうか。歴史的思考力それ自体がどのような力なのかを明らかにする必要がある。

　また、田尻氏の研究は、口頭発表資料とはいえ B5 判 42 ページに及ぶ長大なものである。ここで氏は、主としてアメリカ合衆国の『世界史ナショナルスタンダード』（1994 年）と『歴史ナショナルスタンダード』（1996 年）を検討材料にして、これらを援用するかたちで歴史的思考力育成の方途を探っている。そして、「Std（基準）1・2 に関わることは、日本でも議論や実践が行われておりそれほど目新しさは感じられない。しかし、Std 3・4・5 に関わることは新鮮な驚きと大きな刺激を受ける。」（p.21）と、その可能性・有用性を評価している。スタンダード（Std）の 3・4・5 とは、「歴史分析と解釈」「歴史的探求能力」「歴史的論点の分析と意思決定」をいうが、これらは 1 の「年代的思考」や 2 の「歴史的理解」と比べ、いっそう学習方法的・指導方法的な側面を持っているといえる。その意味で田尻氏のこの研究も、基本的に原田氏の主張と同一の趣旨にあると言ってよかろう。

　一方、谷本氏の研究は、児童・生徒の知的発達段階を重視して指導原理を構築する必要があることを指摘した点でユニークである。氏は、ピアジェ学派に属するイギリスの歴史教育学者 R・N ホーラムの研究を援用し、概ね小学校段階に相当する「前操作段階」、同じく中学校の「具体的操作段階」、そして高校の「形式的操作段階」における、典型的な歴史的思考のパターンを分析し類型化している。このような研究は歴史教育の一貫性を考える上で不可欠のものだが、ここでは「思考力一般」に特化しており、「歴史そのものの思考力」については十分考察されていない。

このように管見では、「歴史的思考力」を正面から論じた研究は口頭発表にまで枠を広げてみてもそう多くない。そして、歴史的思考力それ自体の中身にまで踏み込んだ研究はさらに少なく、周辺の付帯条件（指導法など）を論じるにとどまる傾向があるように感じられる。これはひとえに、前述したように歴史的思考力の概念規定の難しさが関係しているためではないかと考えられる。

歴史的思考力の育成を推進していくには、まず、教師たちによってそれがどのようなものであるかの内容的な理解が共有されることが必要である。そしてその上で、有効な指導法が追究されるべきであろう。加えて、何かを定義する時の常だが、「あるもの」を説明するのに、それと「同じもの」を以って説明する弊を避けなければならない。歴史的思考力はいうまでもなく、時間や年代に関わる概念だが、それを得心のいく形で説明するには、これとは別の第三のファクターが必要である。

半世紀前、歴史的思考力の育成が志向されて以来、学習指導要領とその解説では様々なかたちでこれへの説明がなされてきた。しかし、それらはいずれも断片的であり、決して十分なものであったとはいえないだろう。例えば、日本史Bの解説書[7]では、pp.112-113とpp.117-118の2カ所に歴史的思考力育成に直接関係する記述がみられる。前述したように、この文言はすでに半世紀の長きにわたり「目標」に据えられてきたのであるから、版を重ねるたび、その解説もしかるべき内容の充実があってよいと思われる。ところが、このうち前者の記述では、平成11年版（1999年）で新たに強調された「主題追究学習」[8]という学習方法について述べられるばかりで、肝心の「歴史的思考力」ないしは「歴史的な見方や考え方」の内容そのものについてはまったく言及されていない。また、後者の記述でも、「それぞれの歴史的事象の推移や変化、相互の因果関係などを時間軸の中で多面的・多角的にとらえるという歴史的な見方や考え方」といった程度でごく簡単に記述されているだけで、それが具体的にどのような意味内容をもつものなのかの示唆はない。代わりに、「時間の確保」「諸資料の活用」「フィールドワーク」「発表・討論」などといった学習形態や指導方法を列挙した上、「このように、主題を設定し追究する学習を通して、主体的な学習、歴史学習の方法、歴史的な見方や考え方を身に付け、さらに、これ

を総合化することにより歴史的思考力の育成が期待されるのである。」(p.118)
と、半ば飛躍的に、あるいは短絡的に結ばれている。

　これでは歴史的思考力が果たしてどのようなものであるかがほとんど見えてこない。「内容」に関する本質的な議論や認識を欠いたまま、調査や発表といった学習の「形式」だけが奨励されれば、本末転倒な歴史教育が進むのではないかとさえ危惧される。思考力や見方・考え方は、必ずしも生徒主体の学習形態からのみ身につくものでなく、たとえそれが講義中心の座学であったとしても、思考を促す学習内容からこそ導かれるものではなかろうか。ちなみに今回、世界史の解説においては、歴史的思考力を日本史並みに解説した該当ページさえ見当たらない。日本史にしても、世界史にしても、「歴史的思考力」という術語そのものは様々なページで繰り返し用いられるのであるが、そのどれをとっても明確な定義づけはなく、体系立った説明も行われていない。

　一方、学習指導要領の日本史B「内容の取扱い」は、「文化と伝統」「歴史上の人物」「政治や経済」「国際環境や時代的背景」「地域の特性や地理的条件」などにかかわる主題を設定し、通時的にそれを追究するような学習を求めている。確かに、こうした観点から導かれる主題は、いわゆる大河ドラマや歴史小説、歴史物の特集番組などが採る手法でもあり、歴史学習への興味・関心を喚起する効果はあるかもしれない。しかし、それが即、「歴史的思考力」そのものであるわけではない。もし「歴史上の人物」を主題として採り上げるなら、それをどのように描くことが歴史的思考力の育成に結びつくのか、あるいはまた、「地域の特性や地理的条件」を勘案して歴史を理解する場合、それをどう考察すればよいのかといったことへの、もう少し具体的な示唆が必要ではなかろうか。

3. 歴史的な思考力と地理的な思考力

　歴史的思考力に関するこうした説明不足は、地理の場合と対比するといっそう明白になる。高校地理では、歴史に遅れること30年余りにして、「地理的な見方や考え方」(以下、「地理的見方・考え方」とする)という文言が平成元年版(1989年)学習指導要領の「目標」に採り入れられ[9]、歴史同様、思考力

の育成に力点を置いた教育が志向されてきた。この点、解説書の説明は、歴史的思考力と同様に少しもわかりやすいものではないという専門家からの指摘があった[10]。しかしこの間、アメリカ合衆国などでも同様のテーマが熱心に議論され、それらが日本の地理教育界でも参考にされたこと[11]、また、日本国内においても一定の議論の高まりがみられたこと[12]、などを背景に、地理の解説書では相当程度具体的な説明がなされるようになってきている。

例えば、平成11年版学習指導要領の解説書[13]では、pp.200-201とpp.249-251の2カ所に地理的見方・考え方に関係する記述がみられるが、このうち前者のページは、地理的見方・考え方そのものを正面から定義づけたものである。そこでは、「空間的な規則性や傾向性」「地域の環境条件」「諸地域との比較・関連」「大小様々なスケールからなる地域の重層性」「地域の変容」の5点から地理的見方・考え方の中身を定義し、説明を加えている。こうした観点を授業に反映させ、地理的見方・考え方を確実に身につけさせることはなお容易ではないが、組み立てるべき授業の方向を示したものとして、十分納得できる内容といえる。また、後者のページは、地理的見方・考え方を側面から支えるべく、今回初めて学習指導要領に明記された「地理的技能」について説明したものである。それによれば、地理的技能は「地理情報の活用に関する技能」と「地図の活用に関する技能」とに大別できるとされ、その各々について四つないし五つの観点を立ててかなり詳しく解説している[14]。

地理Bと日本史Bとでは、これらの術語に割かれる解説書のページ数全体には大差がない。しかしそれにもかかわらず、説明の具体性や直截性という点において、地理の解説は日本史と比べて格段にわかりやすいものになっている。地理の解説は、教師がその何たるかを理解することを手助けし、教師自身の努力や研鑽しだいで、現実の指導場面にそれを具現化させうる程度の具体性をもっている。このように、歴史と比べて導入時期が新しい地理では、比較的短時間のうちに見方・考え方や技能の中身がかなりの程度具体化され、教師の手引きを果たしつつある。

それにひきかえ、その時間的経過が格段に長い歴史（世界史・日本史）では、これまで述べてきたとおり、なお明確な定義づけや十分な説明は行われていな

い。これはひとえに、歴史教育関係者の怠慢の証しなどでは毛頭なく、その概念規定の難しさ、換言すれば、歴史的思考力なるものに内在する抽象性や応用性、多面性や多義性に起因する問題といえよう[15]。そもそも、自然科学的で基礎的なるものほど概念化や法則化が容易であり、人文科学的で応用的なるものほどそれが難解であるのは理の必然であるが、地理はより自然科学的・基礎的な性格をもっており、歴史はより人文科学的・応用的である。地理で「技能」(skill)を明快に示しうるのもその基礎科学的性格によっており、歴史や公民で、地理と同等の技能を抽出することは不可能であろう。歴史と地理に内包されるこの相違こそ、次にみるように、両者の関係性を理解する上でも、また歴史的思考力そのものの性格を考えるためにも、重要な点だと思われる。

4. 基礎概念としての地理的見方・考え方

　人間理解の縦糸である歴史と、横糸である地理は、しばしば車の両輪にもたとえられる。歴史地理学者の千田稔氏は、地理と歴史の関係性を次のように述べている。「〔前略〕「凡そ人として地と関係しない人のない」という一昔前の地理の教科書的表現に、私は妙に納得した。地理的な思考ではここにいう「地」を往々にして「自然」に置き換えてしまいがちである。ところが「大日本地名辞書」を前にして「地」の意味を考えると、それは「歴史空間」のことであって、歴史を語ることは、常に空間という地図を描くことと同義であると私は思いはじめた。そのことは人のライフヒストリーを語るとき、語りが常に生まれた場所や教育を受けた土地、職場のことなど地理的空間との絡み合いでしか展開しないということによって理解されるであろう。芸術であれ政治学であれ、そこから織り成されたものには空間的な表現のないものはない。だから、人が生きるということは、いつのときも空間を所有するといい換えてもよい。空間という舞台で人が演じるのではなく、人が空間を演じるのである。」[16]。やや難解な物言いだが、これは地理と歴史の紡ぎあいが人の認識を司ること、その際、地理と歴史は車の両輪として機能していることを言っていよう。
　このように、地理と歴史は本来車の両輪であり、そもそも両者は一体なので

あるが、このことは学習指導要領の「歴史」においても、「地理」という語ないし地理に派生する概念や術語がしばしば登場することに反映されている。例えば、歴史的思考力の一部をなすものとしてきわめて重要なものに、世界史前近代における「文化圏」という概念がある。これは昭和35年版（1960年）学習指導要領の「内容の取扱い」（当時は「指導計画の作成および指導上の留意事項」といった）に初出し、次の45年版（1970年）で内容化されたものだが、「圏」とは、そもそもが地理から派生した概念である[17]。文化圏学習が採用された背景には、歴史的思考力の育成以外にも「内容の精選」[18]という、時代の要請や歴史教育に内在する別の文脈もあったようだが、これを契機に世界史は、実質的に地理との二人三脚の歩みをいっそう強めていくことになる。

すなわち、次の昭和53年版（1978年）の内容の取扱いでは、各文化圏の個性が形成された背景を、すぐれて地理的な概念である「自然環境」と、これとはやや性格を異にする「風土」という二つの概念から理解させることを求めた。さらに、次の平成元年版（1989年）では、これらが内容化されていくとともに、文化の「交流圏」の概念が世界史Bの内容の取扱いで新たに言及されている。そして、平成11年版（1999年）では、ことに世界史Aで交流圏が内容化されるとともに、世界史A・Bともに文化圏を言い換えた新たな術語として、「諸地域世界」という表現が初出した[19]。

このように、歴史学界の動向ともあいまって、ことに世界史前近代の分野での地理との関連性がいっそう強く問われるようになってきている。このことは歴史的思考力の基礎概念の一部として、地理的見方・考え方がますます有効かつ不可欠になってきていることを意味している。ところで、地理と歴史が車の両輪であるとはいったいどういう意味だろうか。このことの意味をもう少し考えてみよう。

確かに、気候や地形などといった地理的環境を度外視して育まれる文化はないし、大小様々なスケールからなる個々の地理的空間のなかでこそ人々は接触し、交流し合って歴史が織りなされていく。反対に、歴史性を有しない地理的事象もまた存在しない。このように地理と歴史、空間と時間とは互いに密接に関わるものであるが、それは文字どおりの意味における車の両輪であるわけで

はない。より正確に言えば、それは一定の順序性をもった相互関係といえるのである。まずは空間が所与されて、そのなかで特定の時間が営まれるのであって、その逆では決してないからである。換言すれば、空間（地理）が先であって、時間（歴史）が先ということは基本的にはありえない。このことも、歴史（歴史的思考力）を定義する場合、地理（地理的見方・考え方）をその基礎的な概念の一部として取り込み、定義づけることが理にかなっていることを示唆している。

空間概念がより基礎的で、時間概念がより応用的であるという地歴の本質的なこの関係性は、心理学的にも半ば定説化している[20]。小学校社会科で、身近で即物的な地理をまず先に学習し、抽象的で応用的な歴史を最高学年の6年生に置いているのもこの証左である。また、中学校社会科では、地理先習の「ザブトン型」か地歴並行の「π型」かの試行錯誤がなされてきたが、歴史先習の「ザブトン型」が構想されることは基本的になかった。これと同じことは、学校カリキュラムの運用上、かつての高校社会科にも広くみられたが、平成元年版以降は多くの学校で学年配当の逆転現象が生じ、あるいは地理を欠いたまま歴史学習が進められている。これによる歴史教育の弊害も少なくないと思われるが、そうした高校の教育課程の現状をも踏まえる時、歴史教育に地理的知識や地理的見方・考え方を含み込ませることはいっそう必要だろう[21]。

5.「変化する環境」の視点

前述したように、学習指導要領は歴史理解に際して地理的条件を重視し、自然環境や風土という概念を強調している。地歴の密接な関係性からみてこれは当然のことである。しかし、地理学的にみた場合、単に「環境」に注意を払うだけでは不十分である。その環境がダイナミック「変化」している、という視点がより重要であろう。歴史的思考力の一部であるはずのこの観点は、直接的には世界史前近代の認識の深化により多く寄与するが、近年の「環境難民」という言葉が示すように、現代においても環境変化は人々の移動・交流に大きな影響を及ぼしている。このように、環境変化は古今東西を問わず人間生活に影

響し、歴史展開の大きな推進力となってきた。しかし管見では、論文においても、また生徒や教師が使用する学校教科書においても、あたかも「自然環境は変化しない」という前提に立って、歴史が記述されているものが大半であるように思われる。

例えば、原田智仁氏は、「交易」の構造を深く掘り下げることで、文化交流圏の特性に注目した新しい世界史学習を構想している。「交流圏」が重視されてきたとはいえ、このように観念的でない、実際の人や物の動きに着目した研究は多くなく、具体的な指導プランの提起として高く評価されるべきであろう。しかしそれにもかかわらず、この研究には「環境変化」の視点がほとんどみられない。氏は、文化交流圏の成立条件を3点にわたって示した個所で、その第一点として、「容易に人間の居住や移動を許さない過酷な自然」といった側面や、「文化圏の領土的拡大をはばむ自然の障害」といった性格を挙げ、文化交流圏としての砂漠やステップ、海洋の存在を指摘している。そして第二点として、そうした負の条件を一変させた歴史展開を次のように説明している。

「海洋における船（カヌー、帆船）の利用と、砂漠・ステップ地帯におけるラクダやウマの利用は、遠征（征服）や交易、布教を容易にするとともに、交通路の発達をもたらした。商人は船団を組み、モンスーンや貿易風を利用して大海に乗り出し、あるいは隊商を組んでオアシスづたいに砂漠を横断した。その結果、各地に港市や宿駅が成立し、人や文物の交流はより頻繁になっていった。この交通（交通手段、交通路）の発達という技術的要因が文化交流圏成立の第二の条件である。」[22]（傍点は筆者）。

海洋についてはよいが、問題は傍点を打った個所である。過酷な自然環境（第一点）という負の条件を、技術の発達（第二点）という正の条件が克服したという説明は一見わかりやすいようにみえる。しかしこれは、なぜその時、それが可能になったのか、ということへの十分な説明にはならない。原田氏が問題にしている「技術の発達」、すなわち交易の活性化は、概ね8世紀から16世紀にかけてのサハラ周辺での出来事を指しているようだが、その発端となった6世紀から9世紀は、そもそも「リトル・オプチマム期」と呼ばれる地球の温暖期に当たっている。温暖化にともなう現実の気候変化は地球上の場所によって

異なって現れるが、西アジア・北アフリカや内陸アジアなど現在の乾燥域では、相当程度の湿潤化が進み、人々の移動を容易にさせたことが明らかになっている。この時期、突厥建国（522年）やイスラム勢力の躍進（8世紀〜）が起こったのも、温暖化にともなう湿潤化が必要条件になったと考えられる。一方、ラクダが家畜化されるのはこれよりずっと早い紀元前3000〜2000年頃の寒冷期であり、逆に乾燥化が進んだ時期である。この点については原田氏も簡単に指摘してはいるが、一度乾燥化したサハラが再び湿潤化するとは想定されていないかのように読める。実際は6〜9世紀頃一度湿潤化した後、再び乾燥化して停滞を余儀なくされていたサハラ周辺は、14〜17世紀頃に訪れる「リトル・アイスエイジ」にもう一度湿潤化して、イブン・バットゥータが訪れた当時のマリ王国が全盛時代を迎えていたのである。

　このように、原田氏の分類で言えば第一点の自然環境そのものがダイナミックに変化しつづけてきたのであり、これに第二点の技術的要因の発達をかけ合わせたところに現実の歴史展開がある。氏の視点は、文化交流圏の把握と考察に自然環境を積極的に取り込んでいる点で評価されるが、そこに「環境変化」の視点が十分に含まれていないのである。なお、管見では、「交流圏」が学習指導要領の内容に位置づけられた平成元年版(1989年)以降、「文化圏」もしくは「交流圏」の語を表題に冠した論文は、このほかには宮崎正勝氏[23]、田尻信一氏[24]などを挙げられるだけで少数である。しかもこれらの論考は、いずれも自然環境との兼ね合いで文化圏・交流圏を論じることが目的とはされていない。

　一方、生徒・教師が使う教科書の記述には、さらにいっそうの工夫・改善が必要であるものが少なくない。筆者はかつて、高校世界史Bで最大のシェアをもつある教科書[25]の記述内容に注文をつけたことがある[26]。それは、ゲルマン民族の大移動を説明した個所が次のように書かれていたからである。

「4世紀後半にアジア系の**フン人**が黒海の北方から西に移動し、南ロシアにいたゲルマンの一派の**東ゴート族**をしたがえ、さらに西ゴートにせまったので、**西ゴート族**は375年南下を開始し、翌年ドナウ川をこえてローマ帝国内に侵入した。これが**ゲルマン民族の大移動**である。西ゴートはその後イタ

38　第 1 章　地理教育をめぐる動向

リアに侵入してローマ市をあらし (410 年)、さらにイベリア半島にまで移動して建国した。」(p.114、太字は教科書、傍点は筆者)。

　この記述は歴史的思考力の育成とは無縁の、単に事実的知識を詰め込んだだけのものである点でも問題だろうが、筆者がとくに問題にしたかったのは傍点を打った個所である。ユーラシア内陸に住むフン人が、あたかも諸民族を玉突きするかのように移動していったというが、それではなぜその方向が西や南であったのか。その理由は、気候の寒冷化に耐えきれず、個々の民族がそれぞれ、より暖かい土地を求めて移動したからにほかならない。そしてついには、最も南西部のイベリア半島にまで到達したのである。むろんその過程で、各地に先住していた人びとといくつもの衝突が起こったことだろう。上の教科書はその衝突のことばかり書いているのである。しかし、それが歴史の本質ではない。このことの意味を正しく理解するのにも「環境変化」の視点が不可欠であり、それには「侵入」といった侵略的・軍事的な見方ではなく、「移住」という生活者的なものの見方が必要だということである。前述した環境難民は、現代の環境変化がもたらした生きるがための移住者たちである。前近代においては、このようなことはより普遍的にみられたと考えられる。気候の寒冷化が進み、ユーラシア全域で同時多発的に民族移動が活発化する概ね 3〜5 世紀は、「民族移動の寒期」と呼ばれる時期にあたっており、ゲルマン民族の大移動もその一環でしかないのである。ゲルマン民族の大移動を過大評価し、またそれを「侵略」と受け止めるのは、教科書の著者自身に潜むヨーロッパ中心史観と、変化しつづける環境というものへの認識不足が原因と言えよう。

　ところが、この注文を知ってか知らずか、同じ教科書の後継版[27)]は、まさに同じ個所を次のように書き改めた上、各民族の移動方向をわかりやすくするため、1 枚の地図を新たに挿入している。武力侵攻のニュアンスこそ十分拭われていないが、「移住」という表現が採用されたのは画期的である。

　「4 世紀後半、アジア系の**フン人**がドン川をこえて西にすすみ、ゲルマン人の一派である**東ゴート人**の大半を征服、さらに**西ゴート人**を圧迫した。そ

こで西ゴート人は375年に南下をはじめ、翌年にはドナウ川をわたってローマ帝国領内に移住した。それをきっかけにほかのゲルマン諸部族も大規模な移動を開始し、約200年におよぶ**ゲルマン人の大移動**がはじまった。」（pp.118-119、太字は教科書、傍点は筆者）。

数万年前の氷河時代には日本列島は大陸と地続きとなり、数千年前の温暖期には関東平野や大阪平野の内陸深くにまで海が進入した。このように、地球の歴史には人為によらない「環境変化」が常に起こっており、それが人々の接触・交流に多大な影響を及ぼしてきた。そしてそれは、前近代史はもとより、近現代史においても、様々なかたちで人類に影響を与えてきたのである[28]。そうした見方・考え方を歴史学習に反映させることは、歴史的思考力の一端を確かに育むことにつながるのではなかろうか。

6. おわりに

地理教育と歴史教育の関係性を「歴史的思考力」と「地理的見方・考え方」をキーワードに検討した。おもに世界史教育を対象に検討をしたが、日本史教育においても同様のことがいえよう。

すなわち、人間理解において地理と歴史は車の両輪であるとともに、地理はより基礎的なものの見方として、歴史展開の理解にいっそう多く貢献できる。それは「自然環境が時代とともに変化する」という環境への深いまなざしが地理にはあるからである。

[注および文献]
1) 中学校歴史的分野では、昭和33年版（1958年）に能力目標として初出している。
2) ここで「内容」に反映されるとは、学習指導要領の「内容」で実際にその語が用いられることをいう。学習指導要領の理念上、最も重要な個所は「目標」であるが、それが教科書編集などに実質的な効果を及ぼすことは必ずしも多くない。しかし、ひとたびそれが「内容」で規定されるとなると、教科書検定の事実上の審査事項

となり、教科書中で具体的に記述しなければならなくなるから、教科書を使った授業を通じて実際上の教育効果を発揮することになる。なお、これと同様の変更は、この時、地理における「地理的な見方や考え方」でも行われた。

3) 土屋武志・鄭　潤任・葉　庭宇「学力テストに見る歴史的思考力－日本・韓国・台湾の比較－」（口頭発表資料）。なお、この資料の発表年は不詳だが、少なくとも2000年以降。

4) 原田智仁（1997）：「小中高一貫の歴史カリキュラム論－歴史的思考力の育成の視点から－」、社会科教育447

5) 田尻信市（1998）：「「歴史的思考力」とは何か－「世界史ナショナルスタンダード」等を手がかりにして－」（口頭発表資料）

6) 谷本澄泰（1998）：「「歴史的思考力」の発達段階とその指導－ R.N.Hallam を事例として－」（口頭発表資料）

7) 文部省（1999）：『高等学校学習指導要領解説　地理歴史編』実教出版

8) 「追究」とは、もとアメリカ合衆国の社会科教育用語である「inquiry」を日本語訳したものと考えられる。同国の経験主義社会科では、「熟考的な探究」（reflective inquiry）が重視され、学習者の主体的な調査・学習活動が推進された。日本の歴史教育でも「主題学習」は従来から奨励されてきたが、この時、そこにはじめて「追究」の語が挿入され、「生徒自身が主体的に調べ考える学習」というニュアンスがいっそう強調された。

9) 中学校地理的分野では、これより20年早い昭和44年版（1969年）の目標に初出している。

10) 例えば、元日本地理学会会長の中村和郎氏は、「地理的な見方・考え方を大切にする」という論考のなかで、「それら（『学習指導要領解説　地理歴史編』）を暗誦するほどいくら読み返してみても、やはりよくわからない」と、地理的見方・考え方への愛着を感じさせながらも、問題点を指摘している。
　　　　中村和郎（1997）：「地理的な見方・考え方を大切にする」、地理42-1、pp.43-47

11) 同国では、1980年代から始まったいわゆる地理教育復興運動の過程で、「位置」「場所」「（身近な）環境」「移動」「地域（性）」の五つからなる「地理学の五大テーマ」の重要性が再認識され、地理教育の普及推進に役立てられた。これらは日本でいう地理的見方・考え方にほぼ相当するものといえ、実際上、新学習指導要領やその解説でも相当程度参考にされたものと考えられる。なお、地理教育復興運動の

経緯は以下の文献に詳しい。

　　中山修一（1991）：『地理にめざめたアメリカ－全米地理教育復興運動－』古今書院

12) 月刊『地理』（古今書院）は、1996年4月から1999年2月までの3年間、「見方・考え方を育てる地理の授業」と銘打った連載を隔月で行った。これは高校を中心とする教師たちが、地理的見方・考え方とその育成のあり方について授業実践レベルで検討したものだが、同誌の「読者アンケート」その他を見る限り、かなりの反響があったようである。なお、学習テーマ別に掲載された18本の連載内容は、大幅に加筆された上、以下の文献にまとめられた。

　　井上征造・相澤善雄・戸井田克己編（1999）：『新しい地理授業のすすめ方－見方・考え方を育てる－』古今書院

13) 前掲書7)

14) なお、地理的見方・考え方と地理的技能の関係をやや詳しく検討したものとして、前掲書注12)に所収されている拙稿（戸井田克己（1999a）：「地理的見方・考え方の基礎的考察」pp.8-23）がある。

15) アメリカ合衆国の歴史教育復興運動（「ナショナルスタンダード」の策定作業）は、注11)でみた地理と並行して進められ、五つの「歴史的思考の要素」が提示された（前出）。しかし、これらの諸要素も「地理学の五大テーマ」と比べて明快さを欠き、前述したように、内容的な規定というよりも指導方法・学習方法に傾斜した説明になっている。なお、詳しくは以下の文献を参照。

　　冨所隆治（1998）：『アメリカの歴史教科書－全米基準の価値体系とは何か－』明治図書

16) 千田　稔（2003）：『地名の巨人　吉田東伍－大日本地名辞書の誕生－』（角川選書）、角川書店、pp.8-9

17) 「圏」とは、機能地域と等質地域とに大別されるところの「地域」の一形態であり、前者の「機能地域」とほぼ同義の概念である。機能地域とは、首都圏、通学圏、商圏などにみられるように、中心地（核心）と周辺部とが何らかの作用によって機能的に結びついた結果、形成される一定の範囲をいう。また、圏の縁辺部では、圏構造を形づくっている要素がしだいに薄まっていき、隣接する圏の要素が少しずつ混じり込んで「漸移帯」を形成する。

18) 昭和53年版の『解説』は、文化圏導入の趣旨の一つが、学習内容の精選にある

ことを明記している。

　　文部省（1979）：『高等学校学習指導要領解説　社会編』一橋出版、p.107
19) 例えば、注17) でみた機能地域としての「圏」の動的な性格は、「文化圏」の場合にも当然あてはまろう。しかし、世界史における文化圏学習は、「圏」をどこか静的なもの、つまり「等質地域」的なものとして受け止めているふしがある。のちに動的な空間としての「交流圏」を設定しなければならなくなったのもこのためであろうが、本来、ある一つの文化圏の内部でもそうした動きの視点は必要だろう。地理的見方・考え方からすれば、「圏」を動きのあるものとして受け止めるのはむしろ当然である。そして、圏と圏との境界をなす「漸移帯」にも強い関心が払われることになる。
20) 波多野完治編（1965）：『ピアジェの発達心理学』国土社
21) 平成元年版学習指導要領の施行にともなって、地理歴史科で唯一の必修科目となった世界史が、それまでの2年次以降の配当から、履修学年が1年次に引き下げられるケースが間々みられた。当時、筆者は高校に籍を置いていたが、同僚のある世界史教師が、「地理が必修でなくなって困る」と嘆くのを聞いたことがある。その趣旨は、国名などの基本地名をあまりに知らない生徒が増えたので、自分の授業のなかでそれを扱わなければならず、それに時間が割かれてしまうというほどの意味合いだった。しかし、いわばこうした皮相的な問題にとどまらず、より本質的な思考力育成といった観点からも、地理的見方・考え方は歴史学習の充実に寄与するだろう。
22) 原田智仁（1990）：「文化交流圏としてのサハラ－新しい世界史学習の構想－」、社会科教育研究62、p.65
23) 宮崎正勝（1992）：「世界史教育における「文化圏」について」、社会科教育研究66、pp.55-70
24) 田尻信一（1995）：「「大航海時代～アジアへの三つの航路～」の実践－「文化交流圏」の視点を取り入れた世界史学習の構想－」、上越社会研究10、pp.43-55
25) 山川出版社（1996）：『詳説世界史』（平成元年版学習指導要領準拠）
26) 戸井田克己（1999b）：「気候の見方・考え方」pp.24-33（前掲12）所収）
27) 山川出版社（2002）：『詳説世界史』（平成11年版学習指導要領準拠）
28) 筆者はかつて拙稿で、現在に至るまでの過去1万年間の気候変化に、大まかな人類史を重ね合わせた年表を作成したことがある。

戸井田克己 (1996):「世界史における文化圏学習と風土－ヨーロッパ中心史観の克服と地理の役割－」、歴史学と歴史教育 51、pp.1-13

4節　フィールドワークの取り扱い

1. フィールドワーク指導の歴史

①「フィールドワーク」という言葉

「フィールドワーク」という語は地理学の専売特許ではない。多くの学問領域で使われる言葉であり、学問以外の世界でも使いうる一般性ある語彙である。じっさい、近年では日本史教育などでも、調査や見学といったフィールドワークが学習内容・方法として重視される方向にある。

例えば、平成11年版（1999年）学習指導要領の高校日本史Bは、地域社会にかかわる歴史の学習を重視した上、「地域の史跡や諸資料の調査・見学などを取り入れるとともに遺物、伝承などの文化遺産を取り上げ、…〔中略〕…それらを尊重する態度を育てるようにすること。」（内容の取扱い）と述べている。フィールドワークを意識した取り扱いは、この時の改訂で初出したものである。

ところで、地理学で言うところのフィールドワークを和訳するなら、「野外調査」とするのが妥当であろう。これは直訳に近い日本語である。だがこのフィールドワークという語も、そして野外調査という語も、従来の地理教育ではそれほど使われてこなかった。代わりに、よく使われたのは「地域調査」という語である。

地理教育で地域調査は、野外調査（＝フィールドワーク）と必ずしもイコールではない。地域調査は、野外調査も含む、より広い概念として位置づけられてきた。例えば、平成元年版（1989年）の高校地理Bは、「地域の調査と研究」という学習項目を設定し、その指導に当たって、「指導計画の中に野外調査と文献調査の時間を設けて、積極的に実施すること。」（内容の取扱い）と指示している。このことから、「地域調査≒野外調査＋文献調査」という認識を読み

取ることができる。

　だから、厳密には「地域調査」の語を使うべきともいえるが、この節では地理学でより一般性のある「フィールドワーク」をこれと同義語として用い、その指導上の取り扱いについて検討していく。

②フィールドワークが扱う「地域」

　地理学でフィールドワークは、研究の実証性を高めるための「方法」であり、その対象となる「地域」は客観的なものとして扱われる。しかし、地理教育においてフィールドワークは、学びの「方法」であると同時に「目的」でもあり、対象となる「地域」は、単に客観性を持つばかりでなく、生徒たちが日常的にかかわっている主観性を帯びた場でもある。両者間のこの相違は、地理教育におけるフィールドワークの取り扱いを考える上で、たいへん重要な観点となる。このことについて考えてみよう。

　さきほど、「フィールドワーク」でも「野外調査」でもなく、正式には「地域調査」という語が使われてきたと述べた。この「地域調査」という用語はいかにして生まれたのか。それは、地理学習の対象の一つに「身近な地域」というものがあるが、そのなかの「地域」という語に引きずられる形で「調査」がくっつき、その結果、「地域調査」という語彙として定着したのではないかと推察される。

　というのも、この「身近な地域」という用語は、中学校では昭和44年版（1969年）の学習指導要領から取り入れられたが、これ以前（昭和33年版まで）は「郷土」という語が用いられており、そこでは「野外調査」あるいは「野外観察」という語がさかんに使われていたからである。つまり「地域調査」は、基本的に「身近な地域」を対象としたものであり、その「身近な地域」は「郷土」という語を置き換えたものといえるのである。

　「郷土」という言葉には温かな響きがある。それは「自分を育んでくれたふるさと」であり、そのふるさとに対する愛着や愛情を感じさせる語でもある。そうした「郷土」と比べれば性格はやや薄められるものの、その後継語としての「身近な地域」にも、これと同様の価値意識が込められているとみるべきで

あろう。つまり、「身近な地域」とは、単に距離的・物理的に近い地域というにとどまらず、多分に主観性を帯びた地域なのである。その主観性とは、自らが身を置く地域と積極的にかかわり、愛着と愛情を持って、その長所や課題を評価しようとする態度といってよい。これは還元すれば、改正教育基本法（2006年）が提示した教育の目標（前述）とも多分に関係がある。地理教育におけるフィールドワークも、単なるスキル育成の方法論としてとらえるのではなく、そうした態度形成の場として意識されなければならない。

現在、フィールドワークの前提となる「身近な地域」という概念は、小学校はもとより、中学校、高校と学齢が上がっても継続的に採用されている[1]。その意味で、地理教育の一貫性の見地からも重要概念の一つといえよう。

③地理的見方・考え方との関連

「郷土」から「身近な地域」へという学習対象の変更が、中学校では昭和44年版（1969年）の学習指導要領以降なされたと述べた。両者の概念上の類似性についてはすでに指摘したとおりだが、では逆に、両者の相違点はどこにあるのだろうか。それを考えるためのキーワードの一つが、学習指導要領が目標に掲げる「地理的な見方や考え方」（以下、「地理的見方・考え方」とする）[2]である。

地理的見方・考え方の必要性は、近年の「自己教育力の育成」「学び方の学習」といった形式陶冶重視の流れのなかでいっそう強調されてきているが、そもそも学習指導要領にこの文言が初出したのは、学習対象が郷土から身近な地域へと変更されたのと同じ昭和44年版の中学校社会科からである。その地理的分野の目標（1）は、「日本や世界のさまざまな地域についての学習を通して、地理的な見方や考え方をつちかい、……〔後略〕」とし、地理的見方・考え方を基本的な教育目標の一つに掲げている。そして、内容（1）の「身近な地域」という新項目のなかで、その具体化を図るべく、観察や調査を通じてその「基礎を得させる」と述べている。なお、高校地理で地理的見方・考え方の育成が取り上げられたのは、目標においてはこの二版あとの平成元年版（1989年）から、それが内容でも具体化されたのは平成11年版（1999年）からである。

この昭和40年代という時代は、教育を取り巻く基本的な方向性が実質陶冶[3]を重視する流れのなかにあった。つまり、戦後極端に採られた教科の「社会科化」（＝総合化）への反動から、「地理化」（＝個別化）への流れを強めるなかで、この地理的見方・考え方という用語が採用されたと推察できる。このことから、現在この語は後段の「見方・考え方」のほうに力点を置いて使われているが、当時は前段の「地理的」のほうに重心があったと思われる。そして、これと連動する形で「身近な地域」のフィールドワークが位置づけられたと考えられるのである。

以上から、地理教育におけるフィールドワークの取り扱いについて次のことを指摘できる。すなわち、フィールドワークは大別して、(1)実際に調査（観察や見学を含む）可能な身近な地域を学習対象とすることで、単に事項の表面的理解にとどまらず、地理的見方・考え方の力をも伸ばしたいこと、(2)そうした学習を通し、身近な土地に対する愛着や愛情、またそれらに根ざした問題意識を涵養したいこと、の2点をおもな目的としている。このうち、昭和33年版までの「郷土学習」では、どちらかといえば (2) に力点を置いた考え方が取られたが、昭和44年版以降の「身近な地域学習」では、むしろ (1) に力点を置いてねらいが設定されている。

2. 学習指導要領におけるフィールドワーク

①学習指導要領での取り扱い

つぎに、中学校は平成10年公示、高校は平成11年公示の学習指導要領を対象にしてフィールドワーク指導の取り扱いを確認するとともに、その課題について検討する。まず、学習指導要領がフィールドワークをどのように位置づけているか、そのねらいがどこにあるかを知るため、ここでは高校地理を例に取り、近年の取り扱いの変化を見てみよう（表2）。

この表は、高校地理におけるフィールドワークの取り扱いに関する記述を、地理がA・Bに分割される前の昭和53年版（1978年）、2単位の地理Aと4単位の地理Bに分割された平成元年版（1989年）、そして基本的にこの枠組み

を踏襲した平成11年版（1999年）について抜粋・整理したものである。表を見てまず気づくのは、版を追うごとに記述量が増加していることである。これはフィールドワークに関する記述だけでなく、学習指導要領の他の項目についても言えることだが、そこには「注文を増やして釘を差す」とでもいった、文部（科学）行政のいやらしい面と、「項目の趣旨をよりわかりやすく説明する」という親切な面とが垣間見える。後者について言えば、表中で「ねらい」として示した欄を見ればわかるように、昭和53年版まではそれがまったく、あるいはほとんど示されてこなかったが、平成元年版以降、これがていねいに説明されるようになり、「何を教えるのか」がよりわかりやすくなっている。

　フィールドワークで何を教えるのか。この点について、平成元年版の地理A・Bの記述を比較してみよう。Bの記述量はAよりも多いが、それは「……とともに、……」という構文で、二つの事柄が並列されているからである。前段が地理Aのねらいとしても使われているA・B共通の部分であり、後段が地理B固有のねらいとなっている部分である。

　また、前段と後段を読み比べると、前段が内容理解に関するねらいであるのに対し、後段は方法概念の獲得に関するねらいであることがわかる。つまり、4単位の地理Bでは、2単位の地理Aがねらいとする「国際化の進展」という知識的・内容的な側面ばかりでなく、「調査・研究の方法」という技術的・方法的な側面にもねらいが広げられている。同様の地理A・Bの差別化は、平成11年版にも基本的に踏襲されている。

　さきに、地理教育におけるフィールドワーク指導の位置づけを、(1) 実際に調査（観察や見学を含む）可能な身近な地域を学習対象とすることで、単に事項の表面的理解にとどまらず、地理的見方・考え方の力をも伸ばしたいこと、(2) そうした学習を通し、身近な土地に対する愛着や愛情、またそれらに根ざした問題意識を涵養したいこと、の2点から指摘した。これになぞらえて言えば、地理Aでは (2) のみを、地理Bでは (1) と (2) の双方をねらいにしていることになる。この点、地理Aにおける(1)の不足を補うため、平成11年版になって内容の取扱いで、「地域調査を実施し、その方法が身に付くよう工夫すること。」（傍点は筆者）という一言が付加されたのではないかと推察される。

48　第1章　地理教育をめぐる動向

表2　学習指導要領でのフィールドワークの取り扱い（高校地理）

	昭和53年版 (1978) 地　理		平成元年版 (1989) 地理A	平成元年版 (1989) 地理B	平成11年版 (1999) 地理A	平成11年版 (1999) 地理B
■内　容 項目名	(3) 生活と地域	ア 地域の調査	(1) 現代世界と地域　　ウ 地域の変容と現代世界	(1) 現代と地域　　オ 地域の調査と研究	(1) 現代世界の特色と地理的技能　　エ 身近な地域の国際化の進展	(2) 現代世界の地誌的考察　　ア 市町村規模の地域
ねらい	（記述なし）		地域調査などを通して国際化の進展の影響が身近な地域にも及んでいることを理解させる。	地域調査などを通して、特に地域の変容の様子に着目させて、国際化の進展の影響が身近な地域にも及んでいることを理解させるとともに、世界の国々に関する資料を活用した文献調査を通しての特色を理解して、世界や日本の諸地域を調査・研究する方法について考察させる。	生活圏、行動圏に見られる世界と結び付く諸事象の地域調査やその結果の地図化などを通して、身近な地域の国際化の進展や日本と世界との結び付きの様子をとらえさせる。	直接的に調査できる地域の特色を多面的・多角的に調査して、日常の生活圏、行動圏の地域性を地誌的にとらえさせるとともに、日本又は世界の中から同規模の地域を取り上げて地誌的に考察し、それらを比較し関連付けることを通して市町村規模の地域を地誌的にとらえる視点や方法を身に付けさせる。

■内容の取扱い	指導計画の中に野外調査の時間を設けて実施すること。	指導計画の中に野外調査と文献調査の時間を設けて、積極的に実施すること。	指導計画の中に野外調査と文献調査の時間を設けて、積極的に実施すること。なお、世界の国々に関する文献調査については、適切な国を一つ選んで扱うこと。	生徒の特性や学校の所在地の事情等を考慮し、地域調査を実施し、その方法が身に付くよう工夫すること。学校所在地の地域のほかに日本又は世界から一つの地域を選んで扱うこと。
■その他の取り扱い事項	（特に指示なし）	（特に指示なし）	（特に指示なし）	・「ウ 多様さを増す人間行動と現代世界」との間での選択必修 ・作業的、体験的な学習の導入 ・地理的技能の育成 ・地域の規模に応じた視点や方法の相違に留意

[出所] 各年版『高等学校学習指導要領』より作成。

最後に、フィールドワークの実施をどの程度強く求めているかという点について、学習指導要領の表現上の変化をみてみよう。表2の「内容の取扱い」と示した欄に注目されたい。昭和53年版の「……実施すること。」から、平成元年版の「……積極的に実施すること。」へとトーンが強まっている。さらに、平成11年版では「実施し、……」（地理A）、「……扱うこと。」（地理B）といった表現で、実施が所与の前提であるかのように表現されている。これらのことから、版を追うごとにフィールドワーク指導の実施がより強く要請されてきたとみることができる。

②フィールドワークをめぐる問題点

それにもかかわらず、実際のフィールドワーク指導の実施率はきわめて低く、いっこうに高まる兆しはみられない。全国調査があるのかないのか、その結果を目にしたことはないが、やや古いデータになるが、個人が行った全県規模の調査がある（篠原、1994）。それによれば、数え方によっては2割とも、わずかに3％ともいう数字が挙げられている。筆者は勤務校のほか、数校の大学で「地理歴史科教育法」の授業をした経験があるが、私学の教職課程でも、旧帝大系の教職課程でも、教員を目指そうという学生の口から聞かれる中学・高校でのフィールドワークの実体験は、この数字とほぼ同様の傾向である。というよりも前に、将来現実に社会科・地理歴史科系の教師になる可能性の高い学生が多く学ぶ某国立大の教員養成系学部でさえ、高校時代における地理の履修率が高々1割程度にすぎないということを知って愕然としたことがある。

つまり、現実にはフィールドワークを授業に取り入れている教師はかなり少なく、それを経験する中学・高校生はさらに少ない。それは、フィールドワーク指導には授業時間数の制約や、安全面での問題、教師の指導力不足など、様々な「難しさ」がつきまとうからである。しかしそれにも増して、学習指導要領に示された取り扱い上の難しさがそれに拍車をかけている面もある。

というのも、平成11年版の高校地理Aは、「身近な地域の国際化の進展や日本と世界との結び付きの様子をとらえさせる」ために地域調査を位置づけているが、身近な地域にそのような事象が容易に見つからない場合、何をど

う調査させたらよいのだろうか。また地理Bは、「市町村規模の地域を地誌的にとらえる視点や方法を身に付けさせる」ために地域調査を位置づけているが、考えようによっては、これはなかなか高度な要求といえるのではなかろうか。

さきに検討したように、地理教育におけるフィールドワークは、本来、方法的な行為であると同時に目的的な行為でもある。とすれば、個々の身近な地域の実態に即して自由にテーマを設定してよいはずであり、いや、むしろそうあるべきでもある。高度に方法的な側面をねらいとして強調すること自体、前述したフィールドワークの本旨にそぐわないのではないかと考えられる。

3. 教科書におけるフィールドワーク

①教科書での取り扱い

高校地理では、平成18年度末現在、地理Aで7書目、地理Bで5書目の教科書が供用されている。このうち地理Aでは、前述したとおり、「身近な地域の国際化の進展や日本と世界との結び付きの様子をとらえさせる」ことを目的に教科書が編集されている。これは平成元年版（1989年）の学習指導要領から基本的に踏襲されているもので、当時、拙稿（1997）でその問題点を指摘し、望ましいフィールドワーク指導のあり方を検討したことがある。

これに対して地理Bでは、その後、「市町村規模の地域を地誌的にとらえる視点や方法を身に付けさせる」ことがねらいとして設定された。しかし、このような抽象性の高い「視点や方法」を身につけさせるのであれば、教師の指導力がいっそう問われるとともに、教科書もそれに応えるだけの中身を持っていなければならない（戸井田、2007a）。

そこでつぎに、現行地理Bの教科書を比較し、「市町村規模の地域を地誌的にとらえる視点や方法」をどのように獲得させようとしているのかを見てみよう。まず、5書目すべての取り扱いページ数や、章立て、小見出しの配置といった基本事項を確認しよう（表3）[4]。

表のように、各教科書でのフィールドワークの取り扱いは、書目によるペー

52 第1章 地理教育をめぐる動向

表3 高校地理B教科書にみるフィールドワークの取り扱い（平成11年版学習指導要領準拠）

	A（検定番号001）	B（検定番号002）	C（検定番号003）	D（検定番号004）	E（検定番号005）
■記述量	A5判 328頁中の 22頁（6.7%）	A5判 296頁中の 18頁（6.1%）	A5判 320頁中の 10頁（3.1%）	A5判 327頁中の 22頁（6.7%）	B5判 228頁中の 9頁（3.9%）
●事例地域	神戸市 バンクーバー	丹那盆地 鯖江市	奈良市 キャンベラ	浦安市 ヴァンクーヴァー パリ	渋谷区 パリ
●章立て (*はフィールドワークの記述箇所)	2編 現代世界の諸地域 第2編の学習にあたって *1章 市町村規模の地域 2章 国家規模の地域 3章 州と大陸規模の地域	2編 世界の諸地域を学ぶ 序章 地域の調べ方―地域に着目して地理を学ぶこと― *1章 生活の場としての地域 2章 国としてとらえる地誌 3章 州・大陸としてとらえる地誌	II部 世界の諸地域 *1章 市町村規模の地域の調査 2章 地域をみる方法 3章 国家規模の地域の調査 4章 州・大陸規模の地域の調査	II章 現代世界の地誌的考察 1節 地誌的考察の視点 *2節 市町村規模の地域 3節 国家規模の地域 4節 州・大陸規模の地域	4章 現代世界の諸地域と近隣諸国の調査 1節 地域のスケールと調査の視点 *2節 市町村規模の地域の調査 3節 国規模の地域の調査 4節 州・大陸規模の地域の調査 5節 近隣諸国の研究
■記述内容 (#は小見出し)	1 市町村規模の地域調査の着眼点をおさえる	1 地域を学ぶために #ふだんから	1 身近な地域の調査 #身近な地域	1 フィールドワークの基礎 1 フィールド	1 身近な地域の調査 #身近な地域

4節　フィールドワークの取り扱い　53

調べる／地形図で見る身近な地域の昔といま／渋谷区の昔といま／身近な地域を歩く／調査結果をまとめて比べる／渋谷区はこんなところ
2　離れた地域の調査
#さまざまな資料から調べる／パリはこんなところ
コラム
#インターネットの利用

調査の準備／地域調査の実施と報告書の作成／フィールドワークの基礎資料
#読図の基本／局地図を読みとく／ニュータウンを読みとく／大都市の地形図を読みとく
3　情報の地図化
#さまざまな主題図／統計地図
2　学校所在地を調べる―浦安市の高校を例に
1　調査の範囲と方法
#調査の範囲／課題の発見と調査の進め方

／地域調査の準備／Aさんのレポート（予備調査）／野外調査の手順／Aさんのレポート（野外調査）／調査内容の分析／Aさんのレポート（調査内容の分析）／調査のまとめと発表／Aさんのレポート（調査のまとめ）
2　離れた地域の調査
1　身近なものから地域にせまる
#インターネットを使って地図から地域にせまろう／酪農のはじまりと進展
#今日の丹那の酪農経営
#丹那の酪農から日本の酪農を聞き取り調査をしてまとめてみよう

づくり／推理から検証へ／「つながり」をキーワードに地域を探ってみよう
2　神戸市の現状と課題―震災からの復興を軸に調査する
#住まいの復興と課題／産業の復興と課題／東部新都心計画／を野外調査で調べる
3　同規模地域―バンクーバー
#バンクーバーの位置／バンクーバーの自然（自然班）／バンクーバーの歴史（歴史的発展）

よる事前調査
#神戸市の自然環境／神戸市の歴史的発展／阪神大震災
2　神戸市の現状と課題―震災からの復興を軸に調査する

54　第1章　地理教育をめぐる動向

			方法
史班・産業班）／バンクーバーの都市計画（社会班）／連邦政府の政策を反映する街角（社会班）／バンクーバーとアメリカ、日本とのかかわり（調査のまとめ）	う／糞尿処理にみる循環システム／商品の販売はどうするのか	さんのレポート（調査のまとめ）	2　浦安市の地誌をつくる　#旧市街地区の変容か／三つの地域からなる埋立地区／首都圏のなかの浦安
4　神戸市とバンクーバー市―市町村規模の地域のまとめ　#調査方法の比較／調査内容の比較	3　鯖江市を調査する　1　鯖江市の地図を読む　#鯖江市の概要　2　鯖江の工業　#眼鏡枠と漆器の生産／ファッションタウン構想　3　鯖江にみる第三次産業の現状　#古い商店街とショッピングセンター／公共施設と公共サービスの整備／生活の範囲としての地域の	コラム　#地形図の利用5―新旧比較／インターネットの利用	3　調査のまとめ　#調査のまとめとしての地誌　3　外国の都市を調べる―ヴァンクーヴァーを例に　1　縮尺の異なる地図を読みとく　#位置を調べる／立地環境を調べる／大縮尺の地図を読みとく　2　インターネットを利用
コラム　#地形図の読みかた／新しい地図利用法／地図／インターネット			

4節　フィールドワークの取り扱い　55

A (検定番号001)	B (検定番号002)	C (検定番号003)	D (検定番号004)	E (検定番号005)
	図から地域をみていこう		コラム　#地誌としてまとめた浦安市に関する報告書のまとめ/地域調査をポスターの形にしてまとめた例	人口に関する統計/ヴァンクーヴァー港に関する統計を調べたことをまとめる　3 ……をまとめる　4 市町村規模の地域調査を比較・考察する #浦安市とヴァンクーヴァーの調査/地域比較の視点

(注)　第2編、第1章、第1節等の「第」の字は省略して表記している。
[出所]　平成18年度供給本（全5書目）の記述を比較して作成。

ジ数に相当の開きがあり、構成のしかたや小見出しの配置にもかなりの違いがあることがわかる。事例地域として取り上げている二つの地域についても、日本と外国から一つずつ選んでいるものもあれば、国内から二つの地域が選ばれているものもある。その規模も、学習指導要領では「同規模の地域」を比較することとしているが（表2）、規模がかなり違うのではないかと思われる組み合わせもある。

②教科書に見るフィールドワークの問題点

これらの教科書に見られるフィールドワークの記述について、問題点をいくつか指摘しよう。(1)「市町村規模の地域を地誌的にとらえる視点や方法」をどのように扱っているか、(2) 取り上げている地域の組み合わせについてその理由をどう説明しているか、(3) 全体として記述のトーンはどうであるか、という3点に絞って言及することにする。

まず(1)について。どの教科書も一章（もしくは一節）を割き、ほとんどが「市町村規模の地域」に入る前の個所で、ある程度の説明を行っている。これは「市町村規模−国家規模−州・大陸規模」という「内容」の全体構造のなかで、「市町村規模の地域を地誌的にとらえる視点や方法」を説明しようとしているためと考えられる。これに対して、Cのみ、「市町村規模の地域」の後ろに説明を置いている（「2章　地域をみる方法」）。これは他の二つの地域規模（国および州・大陸）に比して、市町村規模という地域のスケールが小さすぎるため、三者を同列に並べて説明することを放棄したためではないかと推察される。

「放棄」といえば聞こえは悪いが、中学校で示されている「身近な地域−都道府県−世界の国々」という三層構造には一定の合理性があるとしても、「市町村規模−国家規模−州・大陸規模」というスケールの取り方、すなわち身近なスケールから一足飛びに国スケールへと拡大する三層構造に、はたしてどれほどの合理性があるかは疑わしい。つまりこれは、教科書記述の問題点というよりも、むしろ学習指導要領上の問題点ともいえるものである。ちなみに、この点を最も体系だって説明しようとしているのはAであり、それは他書目並みの章・節の扱いでなく、「第2編の学習にあたって」という別格な位置づけ

を取っていることからもうかがわれる。

　(2)については、次のようにまとめることができる。すなわちAは、「バンクーバー市は神戸市と人口など同規模であり、ともに太平洋岸港湾都市であるため、比較検討のために選択した。」(p.140)と端的に述べており、Cは、「Aさんのレポート」という設定を取って、「キャンベラは奈良市と姉妹都市関係にあるため、両者の共通点を調べ、比較してみることにした。」(p.139)としたうえ、首都や計画都市の観点から両者の共通性を指摘し、相違点を考察している。

　これに対してDは、「ここでは、横浜市と姉妹都市で姉妹港にもなっているカナダのヴァングヴァーを調べることにした。」(p.146)と、すでに調べた浦安市とは別の市を持ち出して対比している。さらには、Bの「丹那盆地と鯖江市」、Eの「渋谷区とパリ」がそれぞれ学習指導要領の指示する「同規模の地域」に相当するものかどうかよくわからないが、どちらも取り上げた理由について触れられていない。

　このように、なぜその地域を取り上げたかを合理的に説明している教科書は少ないが、たとえ説明している教科書であっても、内容が学習指導要領の求める「市町村規模の地域を地誌的にとらえる視点や方法」を獲得できるものになっているかどうか心許ない。

　最後に(3)について。「全体として記述のトーン」というのは曖昧な言い方だが、フィールドワーク指導の実施率がきわめて低い現状に鑑み、「記述の中身」よりも「できること」を優先し、フィールドに出ることがとにかく先決だと思われる。そうした見地からすれば、あたかも大学の地理学科か大学院の地理学専攻科と見間違えるような、高度で鯱張ったフィールドワークは必要ないのではなかろうか。もっと言えば、教科書がそうであると、実際の授業はフィールドワークからいっそう遠のいてしまい、教科書の記述内容が「覚えるべき知識」となって、期末考査の対象にさえなってしまうのではないかと危惧される。

　そのような意味から言えば、最も体系だって、ていねいにフィールドワークのノウハウを説明しているのはAとDである。割かれているページ数の多さもさることながら、ことにDは、「1　フィールドワークの基礎→2　学校の所在地を調べる→3　外国の都市を調べる→4　市町村規模の地域調査を比較・考察

する」という、いわば起承転結の四段論法から、フィールドワークの醍醐味を表現している。また「起」に当たるフィールドワークの基礎では、「1　フィールドワークの進め方→2　フィールドワークの基礎資料→3　情報の地図化」といった手順が示され、基本的なノウハウが解説されている。そもそも「フィールドワーク」という語を使っているのもこの教科書だけだが、ここにも、フィールドワークへの思い入れの強さが暗示されているようである。

4. これからのフィールドワーク指導

　これからのフィールドワーク指導は、地理学を思わせる本格指向でなく、実現可能な「見学」「観察」「紹介」といった素朴な形を追求していくことが基本になるべきであろう。それにはまず、学習指導要領がフィールドワークの取り扱いにあまり注文をつけないことが大切だし、教科書も、誰もが取り組めるささやかな調査事例を、肩肘張らずに掲載するようであって欲しい。そのような実践例を二三紹介して本節の結びとしたい。

①個人による「地元紹介」
　まず、生徒各自が自由に、自宅周辺の地理的事象をレポートする「地元紹介」である。これは身近な地域学習に自然な形でフィールドワークを取り入れたものであり、拙稿（2000）でも取り上げたことのある筆者自身の実践である。夏休みの宿題として、自宅周辺にみられる地理的事象や、人に自慢したい景観、地域の課題を示唆する事象などを写真撮影させ、それをもとに授業で発表しあうというのがその中身である。生徒がどのようなものにカメラを向けるのか、それは日頃の授業しだいといえよう。

　また、紹介すべきものを見出すこと自体、「地元」をよりよく知ることが求められるから、文献等で調べる作業も自ずと必要になろう。その結果、郷土愛を育むよい機会ともなるだろう。さらには、クラスメイトの地元を知ることで、友情や、クラスの連帯感を深め合うことにつながっていくかもしれない。

　「地元」という語は、「郷土」にやや近い響きがあり、単に「身近な地域」と

するよりも愛着や愛情、主観的な思いを反映させやすい概念であろう。「地元紹介」と銘打っているのはこのためだが、前述したように、それは「地域調査」の本来あるべき姿に近いものといえよう。

②ポスターセッションを活かしたグループ研究

「地元紹介」は個人研究の形態を取るが、これをグループ研究とし、「ポスターセッション」の形で発表させることもできる。ポスターセッションとは、発表内容をポスターにまとめ、発表役と聞き役とが交互に入れ替わり、質疑応答を通じて内容理解を深め合うものである。

例えば大阪府立三国丘高校では、竹部嘉一教諭(当時)が夏休みの課題として、グループによる学校周辺のフィールドワークに取り組ませた。調査結果は2学期の授業時間を一部使ってまとめさせ、ポスターセッションの形で発表会へと結びつけた(写真1)。筆者はその授業を参観したが、じつに様々な興味深い発表が見られた。これは教師と生徒たちが二人三脚で取り組む地域教材発掘の形ともいえよう。

時間上の制約などから、このような実践ができないというなら、せめて一人ひとりに地形図を手渡し、校舎の屋上から学校周辺の風景を眺めさせたい。屋

写真1　フィールドワークのポスターセッション（大阪府立三国丘高校、1999年10月）

上がなければ眺望のきく教室や廊下からでもよい。この時、生徒は本物の地形図に接し、臨場感をもってその表現法を肌で学ぶであろう。あるいは、日頃気にも止めていなかった風景に接し、あらためて我が町を愛着を持って眺めることだろう。

　ともかくも1時間、そのような時間を割いてみるとよい。そのなかからきっと、フィールドワーク指導に新たな展望が開けてくるのではなかろうか。

［注］

1) ただし、現行学習指導要領（平成21年版、2009年）の地理A・地理Bにおいて、この語に代わって「生活圏」という語が用いられた。その語義は「身近な地域」とほぼ同義とみてよいが、空間的な広がりをやや大きく取ったものと考えられる。

2) 地理的見方・考え方に関する歴史やその内容については、次の拙稿で整理・考察した。

　戸井田克己（1999a）:「地理的見方・考え方の基礎的考察」、井上征造・相澤善雄・戸井田克己編『新しい地理授業のすすめ方―見方・考え方を育てる―』古今書院、pp.8-23

　なお、事典による解説としては以下のものがある。

　戸井田克己（2006a）:「地理的見方・考え方」、日本地理教育学会編『地理教育用語技能事典』帝国書院、p.140

　戸井田克己（2012a）:「地理的な見方や考え方」、日本社会科教育学会編『新版社会科教育事典』ぎょうせい、pp.98-99

3)「実質陶冶」とは、「形式陶冶」と対になる教育学上の概念である。社会科教育（地理教育）で形式陶冶とは、分析力や判断力、ものの見方や考え方などを鍛錬（＝陶冶）することの意である。また実質陶冶とは、分析や判断のもととなる事実上必要な知識を教化（＝陶冶）することの意である。両者は本来、相互補完的な関係にある。

4) 平成18年度末現在、地理Bでは、以下の5書目が供用されている（A～Eの記号は表3に対応）。

　A　東京書籍『地理B』（検定番号001）

　B　教育出版『地理B　世界をみつめる』（検定番号002）

　C　帝国書院『新詳地理B　最新版』（検定番号003）

D　二宮書店『詳説新地理B』（検定番号004）
E　帝国書院『楽しく学ぶ世界地理B　最新版』（検定番号005）

[文献]

篠原重則（1994）:「中学校社会科「身近な地域」の授業実態と教師の意識－香川県の場合－」、新地理42-1、pp.18-32

戸井田克己（1997）:「フィールド・ワーク指導のコツと急所」、寺本　潔・井田仁康・田部俊充・戸井田克己『地理の教え方』古今書院、pp.113-124

戸井田克己（2000）:「わたしの授業ノート－「地理歴史科教育法」地理分野（2）－」、教育論叢11-2、pp.53-73

戸井田克己（2007a）:「フィールドワーク指導の課題」、小林浩二編『実践　地理教育の課題－魅力ある授業をめざして－』ナカニシヤ出版、pp.222-236

5節　問題提起

　ここでは以上の各節で検討した事柄をもとに、議論を次章以降につなげていくための問題提起を行う。これまでの検討で明らかになったのは以下の諸点である。

　(1) 2006（平成18）年12月、教育基本法の抜本改正が行われた。戦後のどさくさと自信喪失のなかで制定された教育基本法は、個別具体的な「教育の目標」を明記しなかったが、改正法においてそれがようやく明記された。これらの条文に従えば、地理教育にあっては、「生命」「自然」「環境」などをキーワードに、日本の伝統や文化を尊重し、国や郷土を愛することのできる日本人を育てることが志向されるべきである。

　(2) 教育基本法の改正を受け、高校では2009（平成21）年3月、学習指導要領が改訂された。(1)との兼ね合いで言えば、基本目標の一つに「生きる力」の育成が引きつづき掲げられたことが重要である。その実現のため地理教育で

は、生命・自然・環境を重視する観点から日本の伝統文化を理解させ、国土・郷土の保全に寄与できる態度を養っていくことが肝要である。伝統文化にひそむ知恵や自然への優しさを知ることで、「生きる力」の涵養が可能となろう。

（3）ところが、現行課程（平成21年版学習指導要領）でも高校地理が選択教科に甘んじたことから、地理の履修者は年々減少し、教育基本法のいう教育目標の実現がますます難しくなっている。そこで、地歴の相互補完性を担保し、空間的かつ時間的な思考力を保障する上からも、歴史とともに地理を必履修させるカリキュラム改革が必要になっていた。今般、2015年8月に、次期学習指導要領で「地理総合」（仮称）が必修化される見通しが示されたのは、以上の経緯を反映していると考えられる。

（4）歴史教育において、歴史的な思考力を育てることが大きな目標とされてきたが、その成果は心許ないものである。歴史理解に際して地理的条件を十分に考慮すること、自然環境とその変化の視点を取り入れることが、歴史教育自体の改善にとっても大きな力となろう。日本の伝統文化を理解するため、地理的・歴史的に物事をとらえ、歴史的・地理的に考えを深めることが重要になっている。

（5）地理教育では、子供たちがフィールドに出て学ぶ機会を増やすことが必要である。地域や人びとに直接ふれ、具体的な学びの場を通じて生きた知識を獲得させることが大切である。身近な地域を調べることで郷土をよく知り、国や郷土を愛する心を育むことができる。またそれが自己の存在意義に気づかせることともなり、ひいては「生きる力」の涵養へと結びついていくだろう。

従来の地理学では、「自然と人間の相互作用」を十分考慮することに必ずしも熱心とはいえない面もあった。それは一つには、人文現象が自然環境に大きく影響されるという考え方を「環境決定論」として退けてきたこと、そして一つには、研究者自身の関心や能力等の問題から、自然と人文とに分離された、

あるいはさらに幾重にも細分化された、個別専門的なテーマを研究対象とすることが多かったことが原因といえよう。

しかし本来、人はあくまでも環境的な存在であり、文化は自然的かつ人文的な営みの所産である。人が自然のなかでいかに生き、自然をどう役立ててきたかということを知り、自然と折り合いのよい関係を築いていく必要がある。また、先人がどのような知恵を働かせて生きてきたかということを探り、後の世代にそれを伝えていく必要がある。そして、いまある文化・習慣・価値観の源泉を知り、日本人のルーツを好意を持って受けとめていく必要がある。

以上が、本章全体を通じて検討した、地理教育をめぐる動向のなかから導かれる今後の課題である。と同時に、地理教育が今後果たしていくべき役割の一端でもある。地理は、「自然と人間の相互作用」に注目しつつ、自然との接し方や関係の築き方を模索してきた先人の知恵を探っていかなければならない。

次章以下では、これまであまり省みられなかった「青潮」の存在に注目して、自然と人文の両面から、また、地理と歴史の双方から、日本文化の源泉を探ってみたい。それが地理教育の成果を高めることへと結びつくとともに、ひいては子供たちをして自己の生きる意味を問わせ、生きる力を湧かせることにつながっていくだろう。

第 2 章　青潮文化論の検討

1節　「青潮」という語

1. 定義

「青潮」という語は東京学芸大学名誉教授、市川健夫氏が命名したとされるもので、『日本地名大百科』[1] は次のように説明している。

> ■青潮(あおしお)…対馬海流(つしま)の別称。地理学者市川健夫(たけお)が1980年代中ごろに命名。ただし市川によれば、山口県ではこの呼称が古くからあったことがその後判明したという。→対馬海流

つまり、「青潮」は必ずしも新しい用語ではないのだが、太平洋岸を流れる黒潮や親潮に相当する普遍的な愛称とはなっていない。市川氏らが行った聞き取り調査によれば、対馬暖流の地方名としては、わずか島根県隠岐(おき)に「本潮(ほんしお)」という、その特性を必ずしもうまく表したとは言えないものが1例確認されただけで、対馬(つしま)、壱岐(いき)、能登(のと)、佐渡(さど)、粟島(あわしま)、飛島(とびしま)、男鹿(おが)などでは地方名を聞くことは皆無だった[2]。しかし、氏らの青潮文化研究が朝日新聞紙上（1987年2月）で紹介されると、山口県下関市在住のある古老から、「このあたりでは対馬海流を青潮と呼んでいる」という連絡が寄せられた[3]。

また、山口県から対馬暖流を遡ることざっと300～400km、鹿児島県下 甑島(しもこしき)に青潮岳(あおしお)（511m）がある。青潮岳は甑島列島の主峰の一つであり、当地産の焼酎の銘柄にもなっている。このように、「青潮」はなお人口に膾炙されて

いるとは言いがたいが、黒潮の分流としての性格をうまく表現した名称である。このことから、古く西日本一帯で対馬暖流の愛称としてある程度流布していた可能性も否定できない。

さらに、筆者の調査によれば、山口県に「青潮短歌会」という歴史ある短歌同好会がある。「青潮」とは読ませ方が違うものの、長年この地で活動を行ってきた団体である。同短歌会が「青潮」を会名に掲げる一つの理由は、「青潮」が俳句で用いる伝統的な季語であることとも関係がある。「青潮」は「春潮」と同義であり、春を表す季語の一つであるが、会の創立者である橋本武子（大正2年生まれ）の生まれ故郷は春潮洗う瀬戸内の離島であった。

くわえて、長崎県対馬市の尾浦の海岸に「青潮の里」（写真2）という市営のキャンプ場があり、市民の余暇活動に便宜が図られている。対馬は対馬海流の語源になっていることからもわかるように、青潮とは切っても切れない間柄の島であることはいうまでもない。

このように青潮は、対馬海流ないしは麗しき潮の流れ一般と深い関係にある用語であり、それゆえに、対馬海流を「青潮」と呼称することが可能である。その知名度は太平洋岸を流れる黒潮や親潮と比べてまったくといってよいほど

写真2　青潮の里（対馬市尾浦、2007年9月）

小さいが、それは青潮の、潮としての存在感が小さいことを必ずしも意味しない。後述するように、青潮はむしろ黒潮以上に暖流的な性格の強い海流であって、湿潤温暖な日本の風土形成に重要な役割を担ってきたのである。

ところが、インターネットの検索エンジンで「青潮」を検索すると、対馬海流の愛称とはまったく別の語義が多数ヒットする。例えば、ウィキペディアでは「青潮」を次のように説明している。「青潮（あおしお）とは、海水に含まれる硫黄がコロイド化し、海水が白濁する現象である。夏から秋に東京湾で多く発生することが知られている。赤潮と同様に魚介類の大量死を引き起こす事がある。〔後略〕」と。つまり、水質汚濁現象として知られた「赤潮」に対する「青潮」であり、以上述べた「黒潮」に対比された「青潮」の語義にはまったくふれられていない。

また、海洋汚染研究に関するある論文の一節を引用すると、青潮を例えば次のように説明している。「閉鎖性内湾の下層水の溶存酸素濃度が低下し、そこに棲む生物に悪影響を及ぼすような状態になることを貧酸素化という。日本の多くの内湾で貧酸素化現象が起きており、大きな水質問題となっている。また貧酸素化がさらに進むと無酸素化し、硫化水素が発生するようになる。硫化水素を含んだ無酸素水塊が海面に現れると青潮となり、沿岸の生物に深刻な悪影響を及ぼす。」[4]。つまり、閉ざされた内海やラグーンで早くから観察された現象（これをかつては「青潮」とは呼ばなかった）を、近年になって見られるようになった海の汚染現象に置き換え、「青潮」と名づけたものと考えられる。

けれども、水質汚濁の一形態であるこの語の使用は、1980年代前半頃より見られるようになったものであり、山口県での用例や、青潮岳といった地名のもつ歴史性と比べれば格段に新しいものである。また、その色合いも実際には乳青色または乳白色であり、「青」というよりは「白」に近いものである。海洋汚染としての青潮の「青」は、赤潮の「赤」に対させた語呂合わせ的な造語にすぎない。

その語義どおり濃い青色をし、日本の風土や文化を語る際に重要なメルクマールとなるはずの「青潮」が、日本文化に疎い研究者たちによってこのようなマイナス価値を付与されている現状は、文化論の見地からは大変残念なこと

2. 語源

　古来より日本では、太平洋を洗う南からの暖流を黒潮と呼び、北からの寒流を親潮と呼んだ。黒潮の「黒」はその濃い色合いの漆黒から、親潮の「親」はその豊富な魚種・魚量から比喩されたものである。黒潮が漆黒であるのは透明度の高さを意味しており、親潮が魚に恵まれているのはプランクトンの多さゆえである。

　これに対して、東シナ海で黒潮から分かれて日本海に入り込む暖流の呼称である青潮は、それが黒潮の分流であることを暗示している。と同時に、黒潮よりもやや淡く、けれども十分に濃く深い、その色合いをうまく表現している。これに関連して市川健夫氏は次のように述べている。

　「青潮の青は古代語で色の濃いこと、黒味を帯びた青色を意味している。たとえば、青毛の馬というと体毛の黒い馬を指す。また東北六県、新潟県、北信濃、北関東に住むマタギたちは、ニホンカモシカを青獅子と呼んでいる（狩猟中は獅子という発言は死に通ずることから、青獅子といわずに、単に青という）。カモシカは、冬には毛色は白いが、春とともに黒褐色になることからつけられた呼称である。水鳥である青サギも、羽毛が濃い灰色になっていることから名づけられたものと思われる。」5)

　ほとんど黒に近い青色に「群青」という語を当てるが、これも同じ論理からと思われる。本研究でもこれと同様に、単に「黒潮からの分流」という意味においてだけでなく、「漆黒に近い群青」というその色合いからも、「青潮」の語を使いたい。

3. 特性

①流路との関連

　日本文化の基層の一つが、南洋からの文化・民族の流入にあるのではないか

という考えは古くからあり、柳田國男の『海上の道』(1961)もその一つである。ただしこの論は、その「まえがき」[6]にも示されているように、列島の「東海岸地帯」、すなわち黒潮に洗われる太平洋岸を、文化・民族交流の主要な舞台と仮説するところから発している。その意味で柳田のこの説は、日本海岸を洗う青潮の影響を過小評価しているといえるが、彼が黒潮を高く評価するのは、その勢力の大きさ、スケールの長大さからみて無理からぬことだろう。流速は青潮の4倍、流量では10倍にも及び、流域の広さ・長さとも暖流としては世界最大級である。柳田のいわゆる『海上の道』とは、南方からの文化や民族を流入せしめたいわば「王道」であり、それは黒潮の流れをおいて他に考えられないという意味であろう。

　しかし、黒潮と青潮を比較すると、青潮はその流路において黒潮以上に、列島に寄り添うように流れている点が重要である（図1）。海流の流路は季節によっても多少変化するが、その平均的な位置をみると、黒潮が千葉県犬吠埼沖か、せいぜい宮城県金華山沖で日本列島を離れてしまうのに対して、青潮は津軽海峡や宗谷海峡を回り込み、太平洋やオホーツク海にまで流れ込んでいる。このことは、暖流としての青潮の、日本列島に及ぼす影響の大きさと、その普遍性とを示唆している。

　黒潮も青潮も、そして親潮もリマン海流も、地理学的にいう吹送流に分類される海流である。吹送流とは、地球規模で生じる大気大循環によって引き起こされる海流で、暖流である黒潮と青潮は中高緯度を吹く偏西風によって、寒流である親潮とリマン海流はこれより高緯度を吹く極東風によって、それぞれ第一義的な推進力を得ている。

　偏西風は、文字どおり西方から吹いてくる恒常風で、西から東に海流を押し流す結果、日本海側では暖流が列島沿岸を洗うようにして樺太（サハリン）付近まで北上を続けるが（青潮）、太平洋側では東北南部ないし関東北部で早くも日本列島から遠のいてしまう（黒潮）。反対に、東方からの恒常風である極東風によって、日本海側では寒流が日本列島から離れた海域を流れるのに対して（リマン海流）、太平洋側では東北地方の南部まで寒流の影響が強く現れる（親潮）。

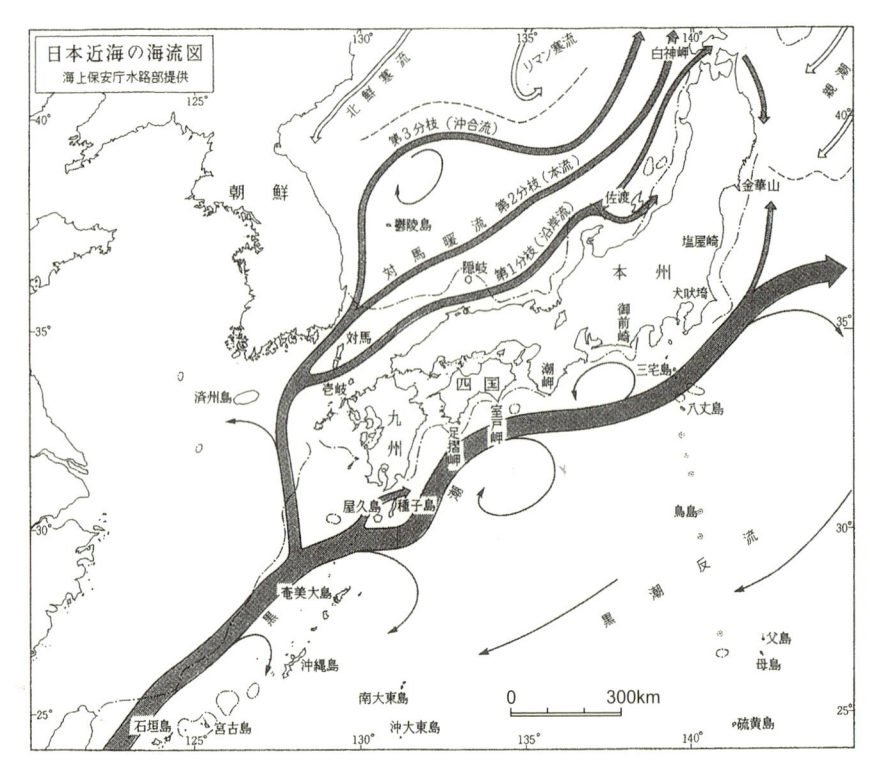

図1 日本付近の海流

注) 海上保安庁水路部原図。
[出所] 柳田國男（1961）:『海上の道』（岩波文庫、1978）、岩波書店、pp.314-315 より転載。一部加筆。

②気候との関連

　以上の結果、南方海域からもたらされる影響が日本海岸でより普遍的に見られる一方で、例えば「やませ」のような夏の寒冷な風による冷害は東北・北海道の太平洋側でのみ生じ、しばしばそれらの地域に大きな被害をもたらしている。その一方で、日本海側では南東モンスーンが脊梁山地の奥羽山脈を越える際にフェーン現象を引き起こし、山形県酒田、新潟県上越、兵庫県豊岡などの都市に典型的に見られるように、東北から山陰にかけて、耐え難いほどの高温をもたらすことがある。この高温は亜熱帯由来の稲作にとってまことに好都合

写真3　強風に舞う波の花（温海温泉、2005年12月）

であり、日本海側の各地を「米どころ」にしてきた。

　くわえて、日本海側の各地には冬、世界的に見ても指折りの豪雪地帯が出現する。これは寒気をもたらすシベリア気団が強い北西モンスーン（写真3）を引き起こし、それが暖かい対馬暖流の上を渡ってくる際に、大量の水蒸気を吸い上げるからである。その水蒸気がもたらす大量の降雪と深い積雪は、春先から初夏にかけて豊富な雪解け水となり、稲作に欠かせない安定した用水として利用された。

　このように青潮は、日本列島に、豪雪に由来する豊富な水と夏の高温とをもたらし、稲作に適した気候環境を作り出してきた。

③海の地形との関連

　青潮の流路に関連して、太平洋と日本海とで海の地形が好対照をなしている点も重要である。すなわち、太平洋には日本を取り巻く主要なプレート境界があり、深い海溝やトラフが続いている。一方、日本海は、富山湾でやや海が深くなっているものの、むしろ海溝とは反対の、最上堆、隠岐堆といった浅堆が連続している。この違いは両者の島嶼配置の違いとなって現れ、深海の太平洋では火山列による一部の島々（伊豆七島など）を除き島嶼は見られないが、日

本海には数多くの島や半島（対馬、見島、隠岐、能登半島、佐渡島、粟島、飛島、男鹿半島、大島、小島、奥尻島、天売島、焼尻島、利尻島、礼文島など）が分布している。これらの島々の多くは海難時における避難港として重要であり、風待ち港、潮待ち港としても機能した。江戸期において、日本海を経由する西回り航路（写真4）は、太平洋を経由する東回り航路と比べて蝦夷地までの距離がずっと長いにもかかわらず、船舶の航行数は格段に多かった。これは、以上の条件が船の安全航行を可能とし、海難数を少なくさせた結果、物資の運賃を低廉ならしめたことが要因だと指摘されている[7]。

このことは、日本海を物流の主要ルートにしたばかりではなく、文化を伝播させるルートとしても重要ならしめたことを意味している。上方（かみがた）では雑煮に入れる餅は「丸餅を焼かない」のがしきたりであるが、東北日本では「角餅を焼く」のが定番である。しかし、東北日本の日本海沿岸各地には、丸餅を焼かない、関西流の雑煮が点在している（酒田、新潟など）。これなど、青潮海域における文化の連続性や、その背景としての船舶交通の意味を考えさせるよい指標となっている。同じことは、ハイヤ節、おけさ、ソーラン節といった、日本海沿岸各地に見られる歌謡や芸能の連続性にも見て取れる。

以上より、暖流である青潮は、自然的な影響力でも、また文化的な交流路と

写真4　北前船として使われた千石船「白山丸」（佐渡・宿根木、2005年8月）

しても、日本文化の基層をなす重要な海流ということができる[8]。

④日本海への流入

ところで、青潮が誕生したのは、すなわちその潮流が日本海に流れ込んだのは、今からおよそ7000年前の縄文海進期においてである[9]。約1万年前に終わる最終氷期において、九州は朝鮮半島と、北海道は樺太（サハリン）・沿海州と地続きになったため、日本海は存在しておらず、冷たい巨大な湖であった。それがこの温暖期に大陸氷河の融解によって海水面が高まり、九州が朝鮮半島から分離して、南からの暖かい青潮が本格的に日本海に流入した（図2）。

これにより日本列島は太平洋側の黒潮と、日本海側の青潮とによってすっぽりと包みこまれることになり、現在の湿潤温暖な気候環境となっていった。そ

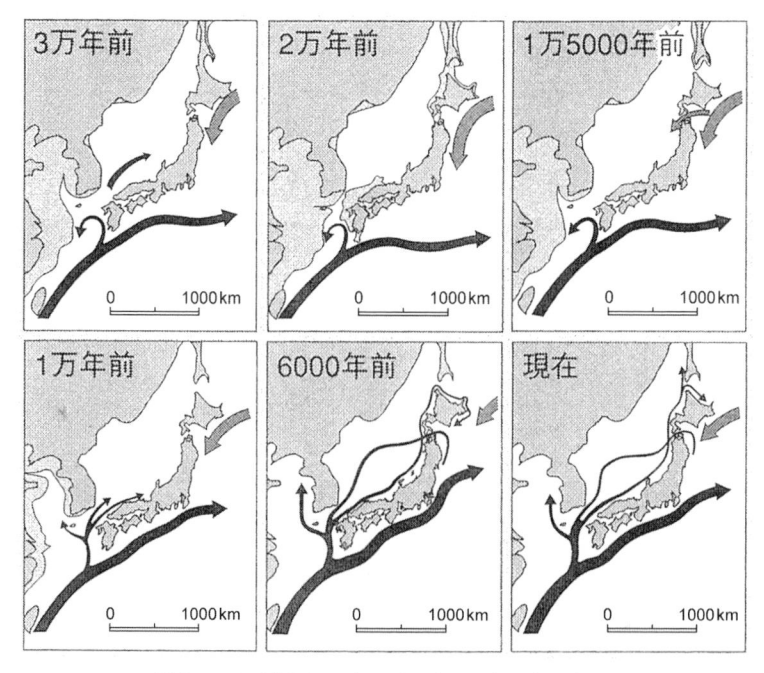

図2　日本列島周辺における過去3万年の海流変遷

［出所］NHKスペシャル「日本人」プロジェクト編（2001）：『日本人はるかな旅　第3巻　海が育てた森の王国』日本放送出版協会、p.156 より転載。一部加筆・修正。

の後、気温はやや低下したが、二つの暖流によって列島が取り囲まれる状況に変化はなく、この環境が基本的に維持されてきた。このように、青潮の影響は列島を取り巻く環境変化の賜物であり、暖流の影響を強く受けたこのような自然環境は、同緯度の地域としては世界に類例を見ないものである。

青潮文化はこうした自然史との関係においても、換言すれば、環境変化との関連においても、理解されるべきものといえよう。

[注および文献]

1) 浮田典良・中村和郎・高橋伸夫監修（1996）:『日本地名大百科』小学館
2) 市川健夫（1997a）:「青潮文化論の提唱」、市川健夫編『青潮文化－日本海をめぐる新文化論－』古今書院、p.4
3) 市川健夫（1989b）:「青潮文化考－南と北からの文化複合－」、地理 34-5、p.19
4) 藤原建紀（2010）:「内湾の貧酸素化と青潮」、沿岸海洋研究 48-1、p.3
5) 前掲書 2)、p.4
6) 柳田國男（1961）:『海上の道』（岩波文庫、1978）、岩波書店、pp.5-10
7) 長井政太郎（1982）:『飛島誌』国書刊行会、p.61

　　なお、日本海航行の安全性が高かったもう一つの理由として、冬には北西季節風によって海が荒れるのに対して、夏にはいたって波穏やかであることが挙げられる。日本海航路（西回り航路）は、日本海のこの特徴をうまく利用したものである。すなわち、それは夏季のみの航路であり、4月頃大坂を出航、蝦夷地まで航行したのち、10～11月には大坂に戻ってくるのが慣例だった。
8) 自然と文化の関係をとらえる視点に関して、安田喜憲氏は次のように述べている。「〔前略〕日本文化の成立と発展は、その背景となる日本の自然と不即不離の関係にある。未来にわたって日本の自然を維持することは、とりもなおさず日本の文化を守り育成することにほかならない。ところがこれまでの研究スタイルでは、日本の自然と文化を一つの研究所内で同時に研究することは不可能であった。そこで、自然史と文化史を合併した、総合的な研究所が必要とされる。」（安田喜憲（1992）:『日本の風土』朝倉書店、pp.197-198）。これは研究所のありようについての指摘であるが、自然と文化を複合的・一体的にとらえる視点は文化論的見地からも肝要といえよう。

9) NHK スペシャル「日本人」プロジェクト編（2001）：『日本人はるかな旅　第 3 巻　海が育てた森の王国』日本放送出版協会

2 節　おもな先行研究

「GeNii」[1] というポータルサイトを使って「青潮」という語を検索してみたところ、学術論文のタイトルまたはキーワードに 75 件、書籍のタイトルまたは発行所に 73 件、科学研究費補助金の研究報告書のタイトルまたはキーワードに 35 件、その他の研究成果に 23 件の、合計 206 件の情報がヒットした（2012 年 1 月末現在）。必ずしも「青潮」に関するすべての研究成果が網羅されているとは限らないが、これらの情報から青潮文化論に関する先行研究を抜き出して整理することにする。

このうちまず、科学研究費補助金の研究報告書に関しては、35 件中、青潮文化に関係するものは次の 2 件だけである。

■科学研究費補助金の交付を受けた研究報告書
　(1) 市川健夫（研究代表）（1989）：『対馬海流域の生態地理学的研究－青潮文化の総合地域調査－』（科学研究費補助金研究報告書、1986 年度～ 1988 年度）
　(2) 市川健夫・山下脩二（研究代表）（1992）：『リマン海流文化の生態地理学的研究－日本文化の北方圏からの分析－』（科学研究費補助金研究報告書、1989 年度～ 1991 年度）

同様に、書籍 73 件に関しては、次の 2 件が「青潮」をタイトルの一部に用いた文化論である（ただし、前掲の科学研究費補助金の研究報告書 1 件を除く）。

■書籍（単行本）
　(1) 市川健夫編（1997）：『青潮文化－日本海をめぐる新文化論－』古今書

院
(2) 市川健夫（2010）:『青潮がはこぶ文化（日本列島の風土と文化1)』第一企画

　同様に、学術論文75件に関しては、次の11件が青潮文化に関係するものである（ただし、書評1件を除く）。なお、「*」を付したものは、月刊『地理』(34-5、1989) の特集「青潮文化－もうひとつの日本文化論」に収められているものである。

■学術論文
(1) *市川健夫（1989）:「青潮文化考－南と北からの文化複合－」、地理34-5、pp.17-25
(2) *小泉武栄（1989）:「青潮地域の奇妙な植生－南からのルートと氷期のレリック－」、地理34-5、pp.26-33
(3) *山下脩二（1989）:「イカ漁にみる青潮文化」、地理34-5、pp.34-42
(4) *白坂蕃（1989）:「青潮文化と牧畑」、地理34-5、pp.43-51
(5) 市川健夫（1993）:「風土発見の旅25－離島に残る青潮文化　山形県飛島－」、地理38-11、pp.75-81
(6) 市川健夫・(赤坂憲雄)（2001）:「インタビュー青潮文化論の可能性－雑種交配する日本海文化－」、東北学5、pp.128-140
(7) 戸井田克己（2005）:「青潮の民俗－五島列島・福江島の生業と生活－」、民俗文化17、pp.131-189
(8) 戸井田克己（2006）:「飛島の民俗－青潮に漁る人々すなど－」、民俗文化18、pp.179-236
(9) 戸井田克己（2007）:「江差・奥尻民俗紀行－「青潮あおしお」と「白潮しらじお」の出会う海域－」、民俗文化19、pp.201-272
(10) 戸井田克己（2008）:「対馬の暮らしと民俗－朝鮮につづく青潮の島－」、民俗文化20、pp.103-180
(11) 戸井田克己（2009）:「屋久・種子の自然と民俗－青潮生まれる海域の

瀬風呂と赤米神事を中心に－」、民俗文化 21、pp.143-218

　以上から、青潮文化に関する先行研究は、①科学研究費補助金の交付を受けた研究報告書、②書籍（単行本）、③学術論文に大別されるが、これらをすべて合わせても十数点にとどまっている。一方、残り約 190 点の大半が海洋汚染源の青潮を扱ったものであるか、青潮短歌会が関係する短歌集もしくは著作集である。
　また、青潮文化に関するものも、そのほとんどが市川健夫氏および東京学芸大学の研究グループによるものである。市川・小泉・山下・白坂の各氏らからなる東京学芸大学の研究グループ（当時）は、1986 年度から 1991 年度の 2 期 6 年間にわたって文部省（当時）から補助金を受け、青潮海域の網羅的な現地調査を行った。その成果が前掲 2 点の研究報告書として公刊されたが、これらにとどまらず、その他の著書・論文類にもその成果が反映されている。

　このように、従来の青潮文化研究は「東京学芸大学グループ」の独壇場にあり、市川健夫氏がそのリーダーであった。そこで、ここでは市川氏の論考を中心に青潮文化論の論点を整理してみたい。
　市川氏は、『青潮文化－日本海をめぐる新文化論－』[2)]の「はしがき」で次のように述べている。

　わが国においては、20 世紀初めに産業革命をむかえて、太平洋岸の工業化がすすみ、いわゆる四大工業地帯が成立した。この結果、「表日本」と「裏日本」という地域区分が生まれた。その後、日本列島における社会経済的な地域格差は、1960 年代以降における経済の高度成長とともにますます拡幅されていった。このような時代背景をもとに、地域の復権をもとめて、環日本海文化論が主張されるようになった。
　しかし、日本海沿岸を北上する対馬海流（青潮）文化論については論じられることはなかった。日本海流の分派であるから、その文化複合は黒潮文化に類似している面もあるが、華中や朝鮮半島に近いこともあって、アジア大

陸の影響力も強く、独自の文化複合を形成している。
　一方、対馬海流の下層には、北からリマン海流（白潮）が流れて、山陰から九州北部の海岸にまで達している。この海流によって樺太・北海道・沿海州・シベリアなど北方圏の文化が、日本本土から琉球・中国本土にまでもたらされている。以上のようにわが国の日本海側では、対馬・リマン両海流のもたらす文化がオーバーラップしている。

　以上から、市川氏の青潮文化論に関して以下の点を指摘できる。
　第一に、環日本海文化論と青潮文化論とを比較した場合、前者は地域の復権を求めて主張されるようになった面があるので、その対象地域は「裏日本」[3]、すなわち北陸や山陰を中心とする地域であり、それらの地域を主体とする文化圏の存在を構想していた。また、文化圏形成の交渉相手として、原始・古代において先進的な文物・技術を持ったアジア大陸を過大評価していた。これらに対して、青潮文化論は純粋に自然特性に着目した文化のとらえ方であり、それは対馬海流の、さらにはその淵源たる黒潮の線的流動性を重視している。その意味で、従来の黒潮文化論すなわち南方・南洋との関係性を重視する文化観に類似している面も持ちつつも、その流路が中国の華北・東北や朝鮮半島に近いこともあって、さらにそこにアジア大陸の影響をより高く評価している点に特色がある。この点で、青潮文化論は、黒潮文化論とも異なる独自性を有している。
　第二に、市川氏の青潮文化論は、対馬海流の北上のみを青潮文化の源泉とは見ていない。反対に、北からのリマン海流（白潮）が対馬海流の下層を反流しており、この海流によって、北方の文化が日本本土から、琉球、中国本土にまでもたらされている点を青潮文化としてかなり重視している。つまり、「青潮文化」を対馬海流からの一方通行としてとらえるのでなく、リマン海流を含めた双方通行としてとらえようとしている。換言すれば、日本海沿岸地域全般と、対馬海流が北上する概ね華中以北の地域を「青潮海域」としてとらえ、日本文化の南方性と北方性とを指摘している。
　以上2点が市川氏の青潮文化論の、ひいては学界における青潮文化論の、これまでの論点と言ってよかろう。筆者は、基本的にこれらの論点に賛成である。

しかしその一方で、次のような若干の違和感を持っている。それはまず第一点・第二点に共通する事柄として、対馬海流のもたらす文化的影響をやや過小評価しているのではないかということである。市川氏の青潮文化論は、北からのリマン海流（白潮）の影響を大きく評価するあまり、結果として、南からの対馬海流（青潮）の影響をやや小さく見積もっているきらいがある。

本章の 1 節で言及したように、対馬海流はその流路において黒潮以上に、列島に寄り添うように流れている点が重要である（前掲図1）。具体的には、黒潮が千葉県犬吠埼沖か、せいぜい宮城県金華山沖で日本列島を離れてしまうのに対して、対馬海流は津軽海峡や宗谷海峡を回り込み、太平洋やオホーツク海にまで流れ込んでいる。この事実は、日本の自然と文化を考える際、もっと強調されてよい点ではないかと思われる[4]。それは、高温な潮の流れが、一方で南方的・南洋的な文物を招来する象徴となっており、他方で日本海側に世界でも類例のない冬の豪雪と、夏の高温とをもたらす大きな要因となっているからである。稲作を支える豪雪と、雪にまつわる様々な文化は、同じモンスーンアジアの稲作地域にあって日本特有のものであり、それは大きく対馬暖流に由来している。この海流が北海道まで北上することが、日本文化の基層を形成する原動力となっていることを強調したい。

このことはまた、ことに東北日本において、黒潮と親潮が流れる太平洋岸と、対馬海流が流れる日本海岸とで自然環境が大きく異なるという認識の契機ともなる。この点でも、市川氏の青潮文化論はやや淡泊な所が感じられる[5]。ことに東北地方から北海道にかけての太平洋岸にみられる稲作は厳しい環境下にあり、その歴史は他の「米どころ」のそれとは大きく異なっている。こうした点への関心が、日本海における暖流（青潮）と寒流（白潮）という「南北対比」に焦点を当てすぎるあまり、影に隠れてしまいがちである。東北日本における、列島東西での暖流（青潮）と寒流（親潮）という「東西対比」の視点も重要であろう。

さらに、上記の第二点に関してだが、ネーミング自体にもやや疑問が感じられる。市川氏は、日本文化における南方性（青潮の影響）と北方性（白潮の影響）の共存をかなり強調しているが、仮にそのこと自体はよいとしても、

そうした文化を「青潮文化」と呼んだのでは意図するものが正確に伝わらないのではないか。言うまでもなく、「青潮」は対馬海流のことであって、南方からの潮の流れである。したがって、もし両者の文化的複合性を表現したいのなら、むしろ「日本海文化」などの語を用いるほうが適当ではないかと思われる。

この点、筆者は「青潮文化」というネーミングは非常に当を得たものだと考えている。それは日本文化の基層をなす要素が北方からの文化にでなく、より多く南方・南洋からの文化によっていると考えるからである。リマン海流（白潮）や親潮の影響も踏まえつつ、対馬海流（青潮）と黒潮の影響を、なかんずく対馬海流の影響を高く評価して、「青潮文化」という語を使いたい。

[注および文献]
1) 国立情報学研究所の学術コンテンツ検索用のサイト。2014年3月に廃止され、現在は「CiNii」として運用されている。
2) 市川健夫編（1997）:『青潮文化―日本海をめぐる新文化論―』古今書院、pp.ii-iii
3) 古厩忠夫（1997）:『裏日本―近代日本を問いなおす―』（岩波新書）、岩波書店
4) むろん、市川氏もこの点を指摘していないわけではない。すなわち、対馬海流の流路がもつ北進性とその影響について次のように述べている。「対馬海流は奄美大島の西方海上で、黒潮と分かれ、日本列島の西岸を北上する。〔中略〕東流する黒潮に比較して、1500 kmも北上する。このため樺太と北海道の西岸では、暖流魚のマグロが生息し、東岸に比べて流氷が押し寄せることも少ない。また照葉樹林の植生であるヤブツバキは、対馬海流に乗って、男鹿半島から陸奥湾の夏泊崎まで自生している。さらに北海道の焼尻島では、秋田県からヤブツバキが移植されて、立派に生育している。」（市川健夫（1989b）:「青潮文化考―南と北からの文化複合―」、地理34-5、p.17）。

このように、市川氏も対馬海流の北進性を指摘してはいるのだが、この論考の表題が示すように、北からのリマン海流の影響を、南からの対馬海流の影響と同程度に評価しようとしているふしがある。しかし、日本文化の特質を考える場合、リマン海流の影響は、対馬海流の影響に従属するものとしてみるべきではなかろうか。

5) 確かに、この点に関して市川氏は、黒潮と対馬海流の流路特性について次のように述べて両者の違いを指摘している。「黒潮は犬吠埼沖で東流するのに対し、青潮は日本海沿岸に沿って北上し、樺太（サハリン）の西岸にまで達している。太平洋岸における馴れ鮨（すし）と魚醬の北限は九十九里浜だが、日本海沿岸の北限は北陸、東北西岸、北海道にまで達している。また海女の太平洋岸の北限が岩手県久慈市小袖であるのに対し、日本海岸では北海道の利尻島であった。」（市川健夫（2010）：『青潮がはこぶ文化（日本列島の風土と文化 1）』第一企画、p.19）。

しかし、氏が青潮文化の特性を語る際に中心となる視点は、このような東西の差異ではなく、むしろ日本海における南と北からの文化複合にあると思われる。

3節　隣接文化論との比較

　日本の伝統的な農耕文化が稲作を基盤にしたものであることは動かしがたい事実である。しかし、それが今日の水田稲作に発展する以前には、二つの基層文化が存在していた。一つは北方に由来する「ナラ林文化」であり、一つは南方に由来する「照葉樹林文化」である。前者は、アムール川流域ないし沿海州から樺太（サハリン）南部を経て、北海道に流入、その後しだいに東北日本各地に拡散していった[1]。一方、後者は、長江下流域から東シナ海を経て北部九州に至るルートと、朝鮮半島を経るルートとが考えられるが、ともに北部九州から西南日本を中心とする地域に拡散し、やがて本州のほぼ全域を席巻していった。このうち稲を伝えたのは後者の「照葉樹林文化」であるが、当初は畑作（焼畑）による稲作であったものが、やがて水田耕作に発展したと考えられる。

　本節では、これら二つの文化論と青潮文化論とを比較する中で、青潮文化論のもつ意義について考えてみたい。

1. 照葉樹林文化論

　照葉樹林文化論は、中尾佐助が 1960 年代半ばに提唱したものである。照葉樹林は日本南西部から台湾・華南・ブータン・ヒマラヤに広がる植生であり、

この地域一帯に共通した文化の存在が指摘された。なかでも、中国雲南省を中心とするいわゆる「東亜半月弧」にその文化の起源地があるとされ、森林や山岳と結びついた文化が多く見られるのが特徴である。そして、それらの伝播文化によって色濃く影響されたのが西南日本の縄文文化であった。

この論を受けた佐々木高明氏は、「照葉樹林文化」を、大きく次の三つの段階を経て歴史的に展開されてきたものだとしている[2]。

① プレ農耕段階…採集・狩猟・漁撈およびクズ、ワラビ、ヤマノイモその他の半栽培植物の利用がさかん。水さらしによるアク抜き技法が特徴的で、一部では原初的農耕も行われた。
② 雑穀を主とした焼畑農耕段階…典型的な照葉樹林型の生活文化が形成された。アワ、モロコシ、シコクビエ、サトイモなどを主作物とする「雑穀・根栽型」の焼畑農耕が生業活動の中心をなす。主として山地に展開した。
③ 稲作が卓越する段階…雑穀の中から稲が選び出され、やがて水田で水稲を単作する水田稲作農耕が生業の中心となる。「稲作文化」を形成し、主として平野に展開した。

以上のうち、佐々木氏は②を「照葉樹林文化」の最も典型的な特徴としており、のちに大陸からもたらされた稲作文化を比較的スムーズに育む土壌になったとする。つまり、その後の日本文化を「稲作文化」と言ってよいとすれば、「東亜半月弧」こそが日本文化のルーツの地だということになろう。

一方、中尾佐助は、「照葉樹林文化」の遺産として、茶・絹・ウルシ・柑橘・シソ・酒などを挙げている。そして、それらがなぜ照葉樹林文化センターたる「東亜半月弧」を起源地とすると言い得るかについて、インドのヒンドゥー文化を比較しながら次のように述べている。

これらのものはすべてヒンドゥー文化には異質的なもので、もともとなかったし、いまでもないものが多い。インドからみると、これらはみな山地、とくにアッサムやヒマラヤの山地へはいって豊富に出あうものだ。酒だって

そのうちの一つだ。ヒンドゥー文化には、がんらい酒類はなかった。そういい切ってよいようだ。インドアリアンの神話時代の飲みもの、ソーマは植物の汁で、酒ではないそうだ。そしてげんざいでも、インド土着のヤシ酒をのぞいては、ヒンドゥー教徒に酒はない。インドでもっとも大きい、コメの酒がない。もし、"どの民族も主食の穀類から作ったそれぞれの酒がある"と思っている人があったら、それはインドですぐだめになる。インドでコメの酒がでてくるのはヒマラヤの中腹や、アッサムの山地へはいっていったときだけだ[3]。

つまり、「照葉樹林文化」はモンスーンアジアを起源地とする文化だが、同時にそれは平地ではなく、山岳地帯に特徴的な文化なのである。山岳地帯の特徴とは、豊かな森林に支えられたことであり、カシ類や、シイ、タブ、クス、ツバキといった、深い常緑広葉樹の森がこの文化の舞台になったといえよう。

2. ナラ林文化論

一方のナラ林文化論も当初、中尾佐助によって提唱され、すぐに共同研究者である佐々木高明氏や、上山春平氏らによって広められたものである。それは、照葉樹林文化論に遅れること約20年、1980年代前半においてであった。

「ナラ林文化」とは、文化の基盤をなす自然植生に「ナラ林」を認めるものだが、「ナラ林」とは、暖温帯および冷帯の落葉広葉樹林のことである。日本では、主として東北日本の低地にブナ科のコナラ、クヌギ、アベマキなどが、高地に同じくミズナラ、ブナなどが主要な構成樹となり、高地にはカエデ類や針葉樹も入り込んで混交林を形成している。

コナラ、クヌギ、ミズナラなどのブナ科の落葉樹は、秋には大量のドングリを落とし、人々の欠くべからざる食料源となった。また、東北日本の落葉樹林には、オニグルミ、クリ、トチなども多く、川にはたくさんのサケ・マスが遡上した。このように、ナラ林帯は、採集・狩猟・漁撈を中心とする縄文人に豊かな恵みをもたらし、多くの人口を養ったと考えられる。縄文時代中期には、

青森県の三内丸山のような巨大集落も出現し、日本列島の人口の8割以上がナラ林帯に集中していたと推測される。

その後のナラ林文化論の代表的論客、佐々木高明氏によれば、その発展段階は次のように規定される[4]。

① 採集・狩猟・漁撈の段階…この段階では、落葉広葉樹林と常緑針葉樹林の二つの生態系がもつ資源が積極的に利用された。地衣類からドングリ類にいたるまで、多様な植物資源を開発し、動物ではサケ・マスのほか、シカやクロクマなどの獣類や、アシカ、アザラシ、クジラなどの海獣類が利用された。
② 低度雑穀農耕の段階…この段階では、キビ、オオムギ、コムギ、アワ、モロコシなどを栽培する、低度の雑穀農耕が定着する。そして、これと相前後してブタの飼育が行われる。これは、①の採集・狩猟・漁撈と、農耕とをあわせ営む農耕文化段階である。
③ 崩壊段階…②の農耕文化はやがて崩壊する。大陸においては、これには騎馬民族国家である元が、ナラ林帯を支配下におく時期と重なっている。日本でも「ナラ林文化」は早い段階で終焉を迎えるが、このことにより、「ナラ林文化」は「照葉樹林文化」と比べて大きな痕跡を残していない。

一方、市川健夫氏も、東北日本を中心に分布する、「ナラ林文化」に相当する日本の基層文化を「ブナ帯文化」と呼び、その文化論を提起している[5]。これは中尾佐助の照葉樹林文化に対する、いわば補強材料として出されものだが、その時期は1970年代末であったという。つまり、中尾自身が提唱したナラ林文化論よりも若干先行してこの論は出されている。

「ブナ帯」という呼称について、市川氏と斎藤功氏は次のように述べている。「照葉樹林帯の北縁にあたるわが国で、照葉樹林帯の北辺および以北は、植物生態学上ブナ群団によって代表されるので、本稿においては、「ブナ帯」と呼ぶことにする。ブナ帯は後述するように北西ヨーロッパ、合衆国北東部、中国・日本の北部に分布し、現在世界文明の枢軸地帯となっている。」[6]

なお、この呼称に対して、松山利夫氏は次のように述べて市川氏を批判している。「中尾佐助によると、「ナラ林文化」はモンゴリナラ（朝鮮半島および中国東北地方からアムール川流域に分布するモンゴリナラのほか、2亜種を含む。すなわち遼東半島とその西にひろがるリョウトウナラと、日本列島のほぼ全域に分布するミズナラである）の分布域に想定される。つまり、モンゴリナラ林文化である。さきに述べた生態系のうえでは、落葉広葉樹林生態系を中心に、常緑針葉樹林生態系の一部を含む地域に成立したことになる。したがって、「ナラ林文化」は、東北日本に典型的なブナ帯を標識とするものではない。このことは、注意すべきである」（傍点は筆者）[7]。

しかし、モンゴリナラ、リョウトウナラ、ミズナラは、ともにブナと同じブナ科に属する植物である。その意味で、市川氏らの「ブナ帯」という呼称は必ずしも不適切とまでは言えないだろう（「ブナ林」でも「ブナ林帯」でもなく、「ブナ帯」と言っていることに注意）。「ブナ林」あるいは「ブナ林帯」と言ってしまえばやや微妙になってくる所があるかもしれないが、「ブナ帯」であれば、それは分類学上のブナ、すなわちブナ科植物を総称していると考えられ、呼称として問題はないといえよう。

以上のように、ほぼ同じ時期、京都大学と立命館大学を中心とする「京都学派」が「ナラ林文化」を提唱し、これとほぼ同様の考えを、「筑波大学グループ」が「ブナ帯文化」と表現したことは誠におもしろいことである。

3. 青潮文化論の意義

以上のように見てくると、市川健夫氏の青潮文化論は、南方からの対馬海流（青潮）の影響に加え、これと同程度に北からのリマン海流（白潮）の影響を評価していることが指摘されよう。このことからして、氏自身は明確には言及していないが、青潮文化論は、「照葉樹林文化」と「ナラ林文化」（ブナ帯文化）を折衷する試みともいえるのではないかと思われる。日本列島寄りの日本海に卓越するのは対馬海流であるが、その下層にはリマン海流という反流が認められ、両者は南北双方向的な動きを呈している。つまり、海流に着目するこ

とで、「青潮海域」という一体性ある地域として日本をとらえることが可能となり、南北両文化の存在が一体的にとらえられるのである。

　一方、前にも指摘したように、このとらえ方では北からの要素をやや過大に評価するあまり、南からの要素を過小評価するおそれがあるように思われる。むしろ日本文化の本質は南方的あるいは南洋的な要素を基盤にしながら、そこに北方的な要素が混入、残存していると見るべきであって、「青潮」の本来の字義通り、南方、より明確にいえば南洋へのまなざしを強く持つべきではないかと考えられる。それは単に「東亜半月弧」をルーツとした大陸由来の照葉樹林文化のみを意味するのではなく、従来あまり触れられてこなかった、ポリネシアや東南アジアへとつづく海洋文化論にも道を開くものといえよう。

[注および文献]

1) このほか、中国東北部から朝鮮半島を経るものが考えられるが、松山利夫氏はこのルートに否定的であり、その理由を次のように述べている。「なぜなら、後世さかんになるいわゆる山丹交易も、アムール川下流域からサハリン南部を経るルートをとったからである。あるいはまた先史文化の遺物組成やカブラ・ラインに示される作物渡来経路に、西南日本とは明瞭な差が認められるからで、このことは「ナラ林文化」の伝播ルートとして朝鮮半島は相対的にさほど大きい意味をもたなかったことを想像させるからである。」（松山利夫（1986）:『山村の文化地理学的研究』古今書院、p.306）

2) 佐々木高明（1993）:『日本文化の基層を探る－ナラ林文化と照葉樹林文化－』（NHKブックス）、日本放送出版協会、p.28

3) 中尾佐助（1966）:『栽培植物と農耕の起源』（岩波新書）、岩波書店、pp.68-69

4) 佐々木高明（1984）:「ナラ林文化」、月刊みんぱく 84、pp.15-17

5) 市川氏によれば、この文化論を斎藤功氏が最初に提唱し（1977年）、まもなく市川氏らが賛意を表して、研究会が結成された。

6) 市川健夫・斎藤　功（1984a）:「ブナ帯文化の構図」、市川健夫・山本正三・斎藤功編『日本のブナ帯文化』朝倉書店、p.2

7) 松山利夫（1986）:『山村の文化地理学的研究』古今書院、p.292

第3章　青潮の自然環境

1節　流域の気候環境

1. 冬の降雪

　日本海側の各地は、冬、多くの降雪に見舞われる。これは青潮の水温が高く、その上空を吹く寒冷な季節風との温度差がきわめて大きいために、非常に多くの水蒸気を供給できることに加え、日本の脊梁山地が高峻であることなどが複合した結果であるが、第一義的には青潮が流れる日本海の存在によっている。つまり、そこに日本海があるからこそ、また沿岸を青潮という暖流が洗っているからこそ、日本海側は世界にも類例を見ないほどの豪雪・多雪地帯となっている。

　また、降雪量には日本海の「幅」も関係している。北西季節風が吹く北西から南東に向かっての日本海の幅は、北陸あたりでおよそ800 kmと最大であり、九州および北海道と南北に離れてゆくにつれてしだいに400 km、200 km、100 kmと幅を減じていく。そのため、北陸付近に到達する風が最も多くの水蒸気を吸収することとなり、最も多くの降雪をもたらす要因の一つとなっている。

　降雪と積雪の多さは、冬の生業、とくに農耕生活を厳しいものにする。そして、平地村では冬季の出稼ぎ者を多く出させたり、山村では農業以外の諸業、例えばマタギのような狩人や、大工、木地師といった職業を育ててきた[1]。

　また、積雪は植生にも大きな影響を与える。落葉樹は冬のあいだ葉を落として休眠するが、落葉は積雪による重みから枝折れを防ぐための、木々たちの生きる知恵ともなっている。このため青潮沿岸の地域は、東北地方から山陰地方

に至るまで落葉樹の植生を基盤に形成されており、ブナ、ナラ、クリなどのブナ科植物が多く見られる。これらの樹木は炭焼きの材料木として有益であり、製炭地帯を形成せしめるとともに、その炭は農具や生活用具の材料となる鉄づくりの原料としても利用されてきた。

2. 夏のフェーン

　一方、夏季には、脊梁山地を越えてやってくる南東季節風がフェーン現象をもたらし、青潮海域の諸地域は相当高温になる。ほぼ同緯度にある日本海岸の秋田と太平洋岸の岩手県宮古とを比べれば、夏季4カ月間（6～9月）の平均気温は、秋田で約21.5℃、宮古で約19.2℃である。2℃あまりの温度差は同緯度の近接地としては非常に大きいものだが、それは沿岸を流れる青潮と親潮の水温の差に加え、フェーンとやませの違いが大きい。やませの影響は東北地方以北の太平洋岸に限られるが、フェーンの影響は日本海岸全域に及んでおり、とくに夏、青潮海域全般を高温たらしめる大きな要因になっている。

　青潮海域のこうした気候環境は、もともと夏の高温多湿を好むイネにとって好都合であり、日本海沿岸各地を一大稲作地帯とさせてきた。これらの地域は冬季間積雪に閉ざされることともあいまって、稲作という、夏に特化した農耕形態を発展させたのである。

[注および文献]
1) 田畑久夫氏は、雪に象徴される日本の山村について、「山場にある村落つまり山地あるいは山間部に位置するという自然地理学的条件と、原初形態において主として木材などの山地資源の採取利用を生業とする経済的側面を有するという二面性をもつ集落である」と定義したうえ、山村を大きく狩猟・木地屋・焼畑経営の3集落に分類している。そして、東北日本には狩猟の、中部日本には木地屋の、西南日本には焼畑経営の集落が比較的多いことを指摘している。（田畑久夫（2002）：『木地屋集落－系譜と変遷－』古今書院、p.22、p.57)

2節　流域の動植物

　前節で見たように、青潮流域の自然環境は、夏の高温多湿と冬の積雪に象徴される日本の風土をつくり出してきた。そして日本の基層文化といえる稲作や、そうした環境特有の諸業を育んできた。本節では、青潮流域の動植物に焦点をあて、青潮との関連を考察するとともに、その伝統的な利用法などに見られる生活文化について検討する。

1. 植物

①南方系の植物

　青潮海域には、青潮の暖流性に由来する南方系の植物が典型的に分布するが、北からのリマン海流の影響を受け、北方系の植物も見られる。また、朝鮮半島を経由した大陸系の植物もある。このうちまず、南方由来の植物のいくつかを生活文化との関わりから概観しよう。

ツバキ

　黒潮海域では伊豆大島のツバキが有名だが、青潮海域では五島列島のツバキ（写真5）がよく知られている。主島福江島の市街地を歩くと、いたる所でツバキの木に出くわす。旧福江市（現五島市）では昭和40年代以降、中心市街地の街路樹をツバキに統一したのにともなって、街中でよく目にされる樹木となった（写真6）。また、2004年8月に合併する以前の五島列島は、1市10町から成ったが、そのうちの旧福江市を含む1市7町がツバキの花を市花・町花に指定していた。

　ツバキは、ツバキ科ツバキ属の常緑高木〜低木に生長する木で、原種は日本列島を含むアジア東部と東南アジア一帯に分布している。基本的に温暖多湿な気候を好む南方系の植物であり、日本は分布の北限にあたる。日本産の基本種には、ヤブツバキ（藪椿）、ユキツバキ（雪椿）、サザンカ（山茶花）、カンツバキ（寒椿）の4種があるが、中国産にはチャ（茶）があり、照葉樹林文化を象徴する代表的な樹木になっている。

90　第3章　青潮の自然環境

写真5　五島つばき祭（旧福江市、2005年2月）

写真6　ツバキの街路樹（旧福江市、2005年2月）

　ヤブツバキ（写真7）は別名をヤマツバキとも言い、単に「ツバキ」という場合、このヤブツバキ（ヤマツバキ）を指すことが多い。チャと同様、刈り込んでいるとあまり大きくならないが、放っておくと高さ10～15mほどになる。青森県から沖縄県にかけての、おもに海岸沿いの山野に自生しており、その分布は

写真7　ヤブツバキの森（対馬、2007年9月）

日本における茶の栽培地域と概ね重なっている[1]。

　ヤブツバキの花期はふつう2月から4月だが、沖縄、南九州、南四国などの暖地では12月から咲き始める。花径5〜8cmほどのものが枝先に一つずつ付くが、散る時は花弁と蕊全体が一体になって落下する。花色は赤が基本だが、ピンクや白などの変異がある。白い可憐な花を付けるチャは変異の代表例である。赤い花弁の周囲だけが白く縁どられた「玉の浦」は、ヤブツバキが福江島で変異した島固有の在来種と考えられており、発見された玉之浦町（現五島市玉之浦）の名を採って命名された。

　五島列島では昔からヤブツバキが多く自生し、食用の椿油を搾ってきた。長崎県の椿油の生産量は、昭和30（1955）年頃まで全国のほぼ半分を占めたが、うち7割は五島産だった。現在は伊豆七島（東京都）に次ぐ第2位（全国比17％）の生産量になっている[2]。ツバキの果実は直径4〜5cmほどの球形で、熟すと三つに割れ、褐色をした各1cmほどの種子を出す（写真8）。この硬い種子をかつては石臼で砕き、木製の圧搾機を使って油を搾り取った。

　五島ツバキはこのほか、現在ではおもに石鹸やボディソープ、シャンプーやリンス、クリームやジェルなどにも加工されている。また、特産の「五島うど

92　第 3 章　青潮の自然環境

写真 8　ヤブツバキの実（左）と種子（右）

ん」は椿油を使って麺を伸ばすほか、「椿飴」などの食品にも加工されている。さらには、葉を利用した「つばき茶」や、花を使った「だんご汁」なども考案されている[3]。また、炭や木酢液などの原材料としても注目されている。

タブノキ

　クスノキ科の常緑高木である照葉樹のタブノキは、おもに瀬戸内・四国・九州以南の暖地に自生する。東北日本の自然植生の基本はブナ、ミズナラなどの落葉広葉樹で、タブノキは本来、シイやカシなどとともに西南日本を代表する日本の潜在植生の一つである。樹高は 15 〜 20 m 以上にも達し、深根性・直根性のため潮にも強く、海岸付近の低地にも自生する。分布の北限はふつう秋田県象潟付近とされるが、象潟は山形県飛島とほとんど同緯度にあり、飛島はもう一つの北限になっている。

　日本の自然植生は、高木・中高木・低木・下草からなる多層群落を形成している。その中心となるのが親分格の高木で、飛島ではタブノキがこれにあたる。タブノキはモチノキやヤブツバキなどの中高木をしたがえ、中高木はアオキやヤツデなどの低木をしたがえ、低木はベニシダなどの下草をしたがえている。このような多層群落が飛島の「ホンモノの森」[4]だが、日本人はそうした、うっそうたる木立を鎮守の森として畏敬してきた。

　照葉樹は落葉樹と比べて葉が厚く、多肉質で水分を多く含んでいるが、こと

にタブノキの葉には水分が多い。そのため火に強く、「火防木」の異名を取るほど火災時の延焼防止に役立ってきた。昭和51（1976）年に起こった山形県酒田の大火では、1400戸もの家屋が焼失する大惨事となったが、名家・旧本間家にあった2本のタブノキを境に火勢がピタリと止まった。このため当時の相馬大作酒田市長は、「タブノキ一本、消防車一台」のかけ声のもと、市の公共施設にタブノキの幼木を多数植えたといわれる[5]。

飛島では、男たちが漁に出はらってしまうために、男たちのいない間の消防が島を守る女たちの大きな仕事であった。明治の統計ではほぼ5年に1度の割で大火事があった。なかには沖に出ていた男たちが島の火事に気づき、急いで帰還した時にはもう手のつけようもなくなっていて、集落がほとんど舐め尽くされてしまうほどの大火もあった。明治43（1910）年3月、この島に日本で初めて婦人消防団（当時は「婦人火防組」といった）が編成されたのも、そうした島の事情によっている。飛島の婦人消防団は、日ごろから消防訓練に勤しみ、島民は火防木としてタブノキを大切にしてきた。

八重山の植物

石垣島、西表島、与那国島などからなる沖縄県八重山諸島は、日本最西南の島々である。ここは青潮の前身、黒潮のただ中にある、日本で最も温暖な地の一つである。ケッペンの気候区分をそのままあてはめれば、ほとんどの島が熱帯雨林気候区に属してしまう。南方由来の植物として、以下、八重山でよく見られる植物のいくつかを取りあげる。

アダンは、八重山のどこでも目にされる、八重山を代表する植物の一つである。分布は九州南部（甑島、奄美大島）、沖縄、台湾、熱帯アジア、そしてオーストラリア北部などである。実の形状はパイナップルに似るが、大きさは少し小さく、長径が20cmほどである。味もパイナップルとはかなり違い、煮物、炒め物（チャンプルー）などに欠かせない伝統食材となってきた。食感はタケノコにやや似ているものの、そう美味しいものではない。アダンはまた、与那国島では草履を編む材料としても広く用いられてきた（写真9）。

クバ（ただし、訛って**コバ**と発音される）は現地の名であり、一般にはビロウ（蒲葵）と呼ばれる。シュロ（棕櫚）に似るが、シュロより樹高が高く、葉

94　第 3 章　青潮の自然環境

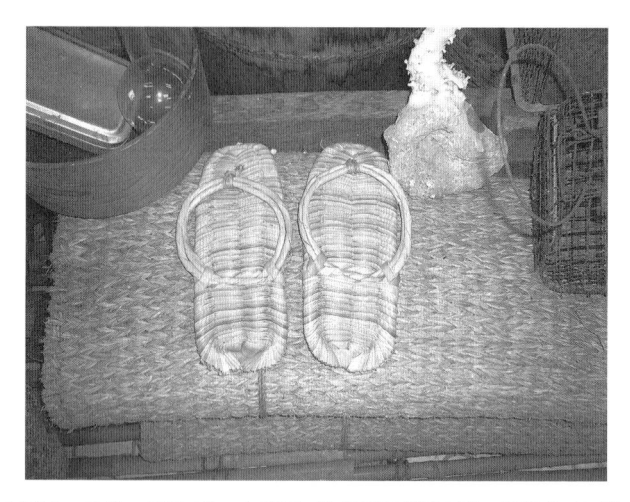

写真 9　アダンの葉で作った草履（与那国民俗資料館、2009 年 12 月）

の形状、大きさも少し違っている。台湾、沖縄、九州、四国南部に分布するヤシ科植物で、10 〜 15 m に生長する。葉は直径が 1 〜 2 m で、掌状に多数中〜深裂する。八重山でとくに重要なのは葉の利用で、竹の少ない与那国島ではバケツや井戸のつるべ（写真 10）、柄杓といった器のほか、笠、うちわ（写真 11）などにも細工された。小さな容器を保護する菰としても利用し、若芽は食用にもなった。柳田國男の『海南小記』はビロウについてかなりのページをさいている。一部を引用しよう[6]。

　　蒲葵が棕櫚とちがって葉の間の連なっていることは、また水を汲む者の大なる助けでありました。先島では今もこの葉を曲げ綴じて、葉柄に縄をつけ、釣瓶の代用にしております。その形は南洋の鸚鵡貝のごとく、やや平らめなる円い袋です。島では井戸をカワといい、オリカワとツリカワの二種があります。ツリカワは深井戸のことでもちろんこの器の用があり、オリカワは横井戸で坂路を地下に下りて汲むのですが、しばしば水が深くしてこの釣瓶を使う必要があります。竹も少なく桶の材料もない島では、コバより他には水を汲む方法がありません。この頃ブリキ板をもって釣瓶を作るようになりま

写真10　クバの葉で作ったつるべ（池間　苗さん、2009年12月）

写真11　クバの葉で作ったうちわ（与那国民俗資料館、2009年12月）

したが、永年の習いから、その形が今なおコバで造るものと同じです。

サキシマスオウノキ（写真12）は、熱帯性の高木で、台湾、熱帯アジア、

写真12　サキシマスオウノキ（西表島、2009年12月）

　ポリネシア、熱帯アフリカなどに分布し、日本では沖縄本島や先島諸島（八重山諸島、宮古諸島）に分布する。写真は西表島にある、樹齢400年、樹高18 m、幹周3.5 mのサキシマスオウノキで、日本最大のものとされる。この木は国の天然記念物に指定されており、2000年には林野庁の「森の巨人たち百選」にも選ばれた。最も特徴的なのは根の部分で、その形状から「板根」と呼ばれている。板根は、特に熱帯の樹木に特徴的な性質で、西表島ではサキシマスオウノキのほか、イヌビワ、オキナワウラジロガシなどにもよく見みられる。年に数mmずつ根が上方に生長していく一方で、地下部の深さはせいぜい20 cmといわれている。この板根を、かつては当地でサバニと呼ぶ小舟の舵や、農耕具の鍬などとしてそのまま利用した。

　オオハマボウは、日本では九州南部（屋久島、種子島）や、沖縄の海岸に生える常緑高木で、台湾、中国南部、マレーシア、インド、オーストラリアなど

写真13　オオハマボウの葉（西表島、2009年12月）

に分布する。海岸近くの塩湿地に多く茂り、とくに汽水域のマングローブ周辺でよく見かける。葉はハート形で大きさがあり、香りもよいため、西表島では尻拭き用の紙代わりに使った（写真13）。樹皮は繊維に富み、加工してロープや魚網、帆の材料などとした。潮に強く、海岸の防潮林、防風林、防砂林としての役目も果たす。なお、中国福建省、広東省、台湾などでは、餡入り団子を蒸す時の敷物として使われている。根は煎じて解熱剤となるほか、咳止めや腫れ止めの民間薬としても利用された。

ゲットウ（月桃）は、ショウガ科の多年草で、熱帯から亜熱帯のアジア、日本では沖縄から九州南部に分布する。沖縄本島ではサンニン、奄美地方でサネン、種子島でシャニン、琉球文化圏に含まれない南・北大東島ではソウカと呼ばれる。沖縄では、旧暦12月8日に厄祓いのため、ムーチー（ゲットウの葉に包んで蒸した餅）をつくって子供の年の数だけ部屋につるし、あとで食べる習わしがある。それでムーチーの時期を控えた冬至前になると、野生のゲットウが大量に摘まれる。このほかゲットウは肉や魚の包み焼きにも使われるが、このような葉の使い方は、南洋ポリネシアの蒸し焼き料理に似ている[7]。また、種子は乾燥させ、おもに健胃・整腸の効果をもつ薬としたり、茶として飲用す

る。葉から取った油が甘い香りを放つので、最近ではアロマオイルや香料としても使われている。虫よけの効果もある。

　フクギ（福木）は、台風銀座といわれる八重山で家の防風林に非常に多く使われてきた木である。丈夫でよく家を守り、ありがたい木なので、福禄寿の「福」の字を当てている。フクギは幹が堅くて丈夫で、葉が厚く、ちょっとやそっとの風で倒れたり、枝葉が吹き飛んだりすることがない。おまけに根が直根で地下に真っ直ぐ伸びるから、近くに壁や塀があっても浮かせて痛めることがない。石垣島では戦前、どの家でもフクギが好まれ、防風林としたものである。肉厚の葉はよく水を含み、烈火にあっても燃えることがない。それで防火林としても頼りになった。フクギはまさしく福禄樹のような木なのである。

②北方系の植物
トビシマカンゾウ

　山形県酒田市の沖に浮かぶ島、飛島の名を冠した植物にトビシマカンゾウ（飛島萱草）がある。これは初夏にオレンジ色の大きな花をつけるユリ科の多年草で、日本で最初に発見されたのが飛島だったため、正式な和名としてこの名が採用された。現在、酒田市の市花にも指定されている。

　酒田市観光物産課での聞き取りによれば、市がこの花を市花に指定したのは名称に「トビシマ」の語が含まれることが第一だが、同時にその北方性にもよるという。酒田市は南からの暖かい青潮と北からの冷たいリマン海流とが会合する境界域にあるので、その両面性をアピールすべく、市花には北方系のトビシマカンゾウを、市木には南方系のタブノキを採用しているという。

　トビシマカンゾウは島嶼部の海岸近くに咲くことが多く、飛島西海岸のほか、佐渡北端の通称「大野亀」（後掲図6）にも群落がある。トビシマカンゾウの開花期にあたる6月、飛島には一年を通じて最も多くの観光客が訪れ、そのにぎわいは8月のお盆すぎまでつづく。

　飛島の漁師だった本間権四郎さん（大正15年生まれ）は、若い頃、夏になるとよく「カンソウ」（権四郎さんは「トビシマ」をつけず、しかも濁らずにこう呼んだ）を取りに行った。茎を干しておいて、あとで油でいため、麦三分

の麦飯のおかずにするのである。カンゾウの茎は若いうちがやわらかく、とくにうまい。塩漬けや酒粕の漬物としてもよく食べた。

　現在、島の民宿や旅館では、オレンジ色のその花を酢の物の色どりに添えたり、酒粕汁の具にして客に出している。また、島でただ一つの本間食堂では、塩漬けにしたトビシマカンゾウの花をラーメンの具材として載せ、「島のラーメン」として売り出している。トビシマカンゾウは現在、市の天然記念物に指定されたため、これらは自宅の畑で自家栽培されたものである。

ハマナス

　ハマナスは本来、代表的な寒地性植物で、北海道奥尻町の町花にも指定されている。奥尻島の北端、稲穂岬にある賽の河原では、夏にその濃いピンク色の花が咲き乱れる。北海道ではこのほか、北海道、紋別市、斜里町、標津町、余市町、長万部町などでハマナスが道・市・町の花に指定されている。

　ハマナスは太平洋岸では千葉県九十九里町がその南限になっているが、日本海岸では島根県益田市まで分布がみられる[8]。北からのリマン海流が南下し、花の種子をより南方まで運ぶためと考えられる。ちなみに、サケの食文化で有名な新潟県村上市の市花もハマナスである。

ユリ

　ユリ科の植物の多くは北方性を象徴している。日当たりの良い湿り気のある山地や、田の畔などに自生するオニユリ（ユリ科ユリ属）は、7月から8月にかけて、奥尻島の随所でやや大振りなオレンジ色の美しい花をつける。飛島のトビシマカンゾウも北方性を象徴したが、同じユリ科（ワスレグサ属）に属する花で、ともに食用にもなっている。

アイヌネギ

　「アイヌネギ」の名は、アイヌ人が古来、料理や祭祀によく用いたことから和人がつけたものといわれる。近年では「アイヌ」を冠して呼ぶのは差別的だとの主張があるらしく、和名である「ギョウジャニンニク」ということも多くなったが、アイヌ自身は「プクサ」と呼んだ。ギョウジャニンニクという名の由来は、本州では亜高山帯に自生していて修験者が食べたからとも、これを食べると滋養がつきすぎて修行にならないので禁じられたからともいわれる[9]。

ニンニク同様アリシンを多く含み、やや独特な臭みをもつが、酢味噌で和えることによりマイルドな味わいに仕上がる。

コンブ

　海藻のコンブもまた、寒流を好む北方性の植物である。寒流には栄養塩類が豊富に含まれているためプランクトンが多く、それゆえ魚類が多く生息するが、コンブもその栄養塩類によって生長する[10]。千島海流を「親潮」と呼ぶのは魚の豊富さによるが、それは同時に親潮の冷たさを象徴している。コンブはそうした冷たい親潮海域で圧倒的に多く採取されている（図3）。

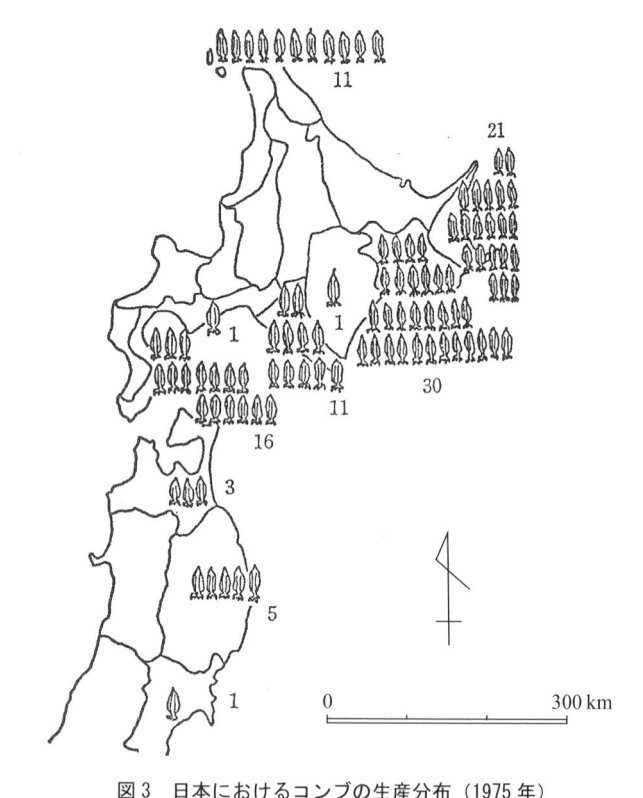

図3　日本におけるコンブの生産分布（1975年）
注）総生産量は3万4700 t。図中のコンブの葉1枚は347 tを表す。
［出所］大石圭一（1987）：『昆布の道』第一書房、p.20より転載。一部加筆。

写真14　昆布干しの風景（松前町白神岬付近、2006年12月）

　図に書き込まれた数字は内訳（％）を示す。道内を支庁別にみると、道東の釧路と根室で合わせて51％と半数を占めている。これに対して、暖かい青潮海域ではあまり採られておらず、江差・奥尻を含む檜山支庁のコンブ採取量は全体の11％でしかない。松前から江差に向かう海岸の所どころで昆布干しの風景が見られるが（写真14）、それはむしろ北海道では例外的ともいえる光景なのである。松前の夏の風物詩、昆布干しは、北からの自然要素の終焉地に近い土地での有様を示すものといえよう。

③大陸系の植物
ブナ
　クスノキ（楠）やチャ（茶）などの照葉樹と比べて、落葉広葉樹のブナ（山毛欅、橅）やミズナラ（水楢）は北方的、あるいは大陸的な樹木にみえる。しかし北海道を基準にすれば、これらは南方性を象徴する植物といえる。
　市川健夫氏は、「日本のブナ林帯はW・ケッペンの気候分類によると、Cfa（温暖湿潤）気候区の北部とDfa（大陸性混合林）気候区にまたがり、その南限は九州南部、大隅半島の高隈山（1237m）、北限は北海道渡島半島の寿都－

黒松内－長万部を結ぶ線になっている」[11]とする。渡島半島の西に浮かぶ奥尻島は、ブナ植生のほぼ北限にあたる場所ということができる。ブナ林は南に行くほど標高の高いところに分布するが、北限に近いこの島では、海岸のすぐ近くにまでブナが自生する。その一方で、青潮が洗う温和さが標高500mを越す山頂付近までブナの純林を形成している。

　ブナには「橅」の字が当てられ、役立たずの木、何もない林であるかの連想を抱かせる。だが、そこはじつに様々な動植物を育む「母なる森」になっている。マツ科の常緑高木にツガがあり、「栂」の字を当てているが、この字はむしろブナにこそふさわしい。

　奥尻島の球島山(標高369m)の山頂付近はいわゆる魚付林とされており、「北の魚つきの森」の名で大切にされている。これは北海道知事より正式に認定を受けたもので、海の魚を育てると考えられている森である。ブナ林は昆虫を育み、川に落下するその昆虫を魚が食べて大きくなる。海に出る前のサケはブナが育てた食料によって成長するのである。海から遠い山林が海の魚を育むとされる、魚付林のゆえんである。

　また、森林に覆われた岩石海岸では、ワカメやコンブなどの海草がよく繁茂し、それを餌にするアワビやウニが豊富になるという食物連鎖がみられる。サケに限らず、アワビ、ウニ、ニシンなどの水産資源は、ブナ林の生態系とも密接に関係しているのである[12]。

「朝鮮」を名に冠した植物

　大陸系の植物には、名に「朝鮮」をはじめとする、大陸にまつわる地名を使ったものがある。「朝鮮」もしくは「高麗」を名に冠した植物のうち、おもなものを挙げれば以下のとおりである。

　チョウセンヤマツツジ(ツツジ科)、チョウセンキスゲ(ユリ科)、チョウセンカラスウリ(ウリ科)、チョウセンニワフジ(マメ科)、チョウセンキハギ(マメ科)、チョウセンノギク(キク科)、チョウセンイヌゴマ(シソ科)、チョウセンガリヤス(イネ科)、チョウセンヤマザクラ(バラ科)、チョウセンコナラ(ブナ科)、コウライイヌワラビ(オシダ科)、コウライトモエソウ(オトギリソウ科)、コウライヤナギ(ヤナギ科)、コウライモチマンネングサ(ベンケイソウ科)、

コウライテンナンショウ（サトイモ科）など。これらはすべて朝鮮半島に近い対馬で見られる植物である。

　原産地と目される大陸由来の名称がこれほど多くの植物の名に付けられていること自体、対馬の植物相の特異性を示すものである。と同時に、対馬と大陸とのあいだの近接性を示すものである。こうした事例は、日本では対馬のほかには琉球諸島に見られるくらいであるが、これらはともに青潮が媒介した植物分布の様態といえよう。

2. 動物

①南・北の海洋生物

　日本近海にみられる重要魚類について末広恭雄氏は、その生活適温をまとめたうえ（図4）、次のように補足している。「北の魚としては、サケ、マスの類、タラ、スケトウダラ、ニシン、ホッケなどで、南の魚としてはカツオ、ハモ、

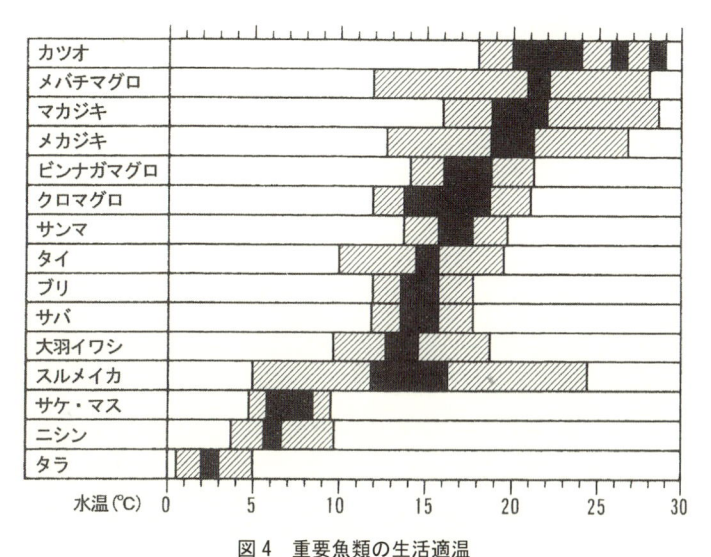

図4　重要魚類の生活適温

注）黒い部分が生活適温。斜線の部分が生活可能温度。
［出所］末広恭雄（1995）：『海の魚』ベースボール・マガジン社、p.17 より転載。

ウツボ、ベラの類、トビウオなどで、両区域に広く分布するものは、マイワシ、カタクチイワシ、サバ、ヒラメ、アンコウなどがあります」[13]。これらの魚は広く南・北の日本近海で見られるものだが、このうち青潮海域を代表する海洋生物のいくつかを紹介する。また、図4にはないが、アワビとアシカについて補足し、以下、南方由来のもの、北方由来のものの順に記述する。

イカ

イカは回遊性の動物で、主要な産卵場は五島列島近海の東シナ海である。冬生まれ群・夏生まれ群・秋生まれ群ともにだいたい同じ海域で生まれたあと、日本近海を北上しながら成長する。太平洋にも進出し、樺太（サハリン）沖まで北上する冬生まれ群を除き、ほとんどのイカは日本海だけを回遊し、宗谷海峡付近で折り返して南の産卵場へと帰っていく。つまり、イカは青潮と密接に関係する南方系の生物である。

日本海各地にはイカにまつわる民俗文化がみられる。「イカ神社」として知られる島根県隠岐・島前の浦郷にある由良比女神社（後掲写真30）では、拝殿にスルメイカの絵が描かれている。また、新潟県佐渡では正月に「いか飾り」をして新年を祝う習わしがある。

アワビ

奥尻島はウニの島として有名だが、アワビの生産でも知られる。ただしアワビはあまり冷たい水を好まず、どちらかと言えば南の海をおもな生息域にしている。このため北海道では水温の低い親潮海域にはほとんど分布しておらず、大半は暖かい青潮海域に生息している（図5）。アワビ（エゾアワビ）の分布をみれば、対馬暖流の影響が及ぶ範囲が目に見えるかのようである。

奥尻町では現在、町が運営する奥尻町あわび種苗育成センター（写真15）を主体に、漁師たちがアワビの養殖に力を入れている。対岸の熊石町にある道の第三セクター「栽培漁業振興公社」より直径30 mmの稚貝を購入し、漁師の養殖筏で65 mmになるまで大きくしてから出荷する。平成18年は20万個ほどを購入し（ただし重量で購入）、コンブの粉末などを練り合わせた人工飼料を与えて飼育している。この施設は島の西海岸、神威脇温泉の隣に設けられており、その温水が利用されている。稚貝は6月から7月に購入、これを翌年

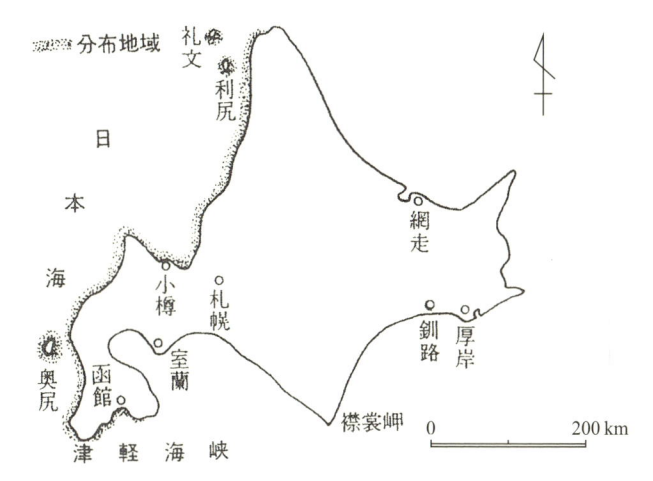

図5　北海道近海におけるエゾアワビの分布
［出所］三国十次郎（1969）：『奥尻町史』奥尻町、p.100 より転載。一部加筆。

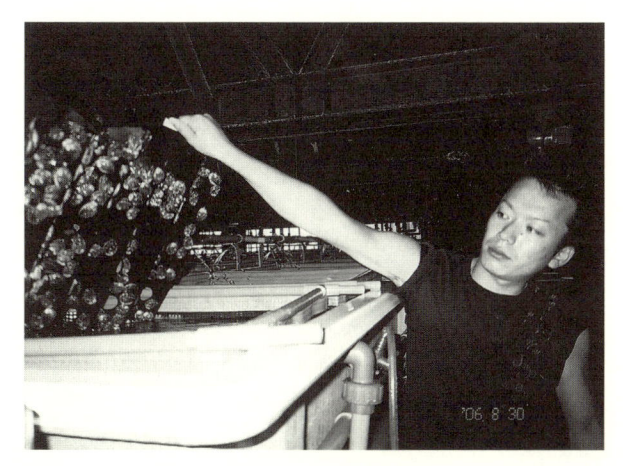

写真15　アワビの稚貝（奥尻町あわび種苗育成センター、2006年8月）

3月から4月まで育てて出荷する。檜山漁協のあわび養殖部会には、50 mm くらいのまだ小さいうちに売り渡すこともあり、この場合、養殖部会の会員が引き続き大きく育てて販売する。反対に、島内の旅館に卸したり、ゆうパックで通信販売する場合、センターでもっと大きくしてから出荷する。

アシカ

　アシカという言葉は元来アイヌ語であり、それが日本語となったものである。つまり、アシカは青潮海域において北方に由来する海洋生物だが、そのアシカ（ニホンアシカ）は、かつて島根県隠岐(おき)にも広く生息しており、隠岐の島町竹(たけ)島(しま)はその主要漁場の一つであった。ただし、隠岐ではアシカを「トド」と呼び、アシカ供養のトド塚が島のあちらこちらに残っている。隠岐のアシカは乱獲などのため、島が韓国に不法占拠（1952年）された後の1950年代に絶滅した。本来北の動物であるアシカがここまで南下したのはリマン海流の影響によっていよう。

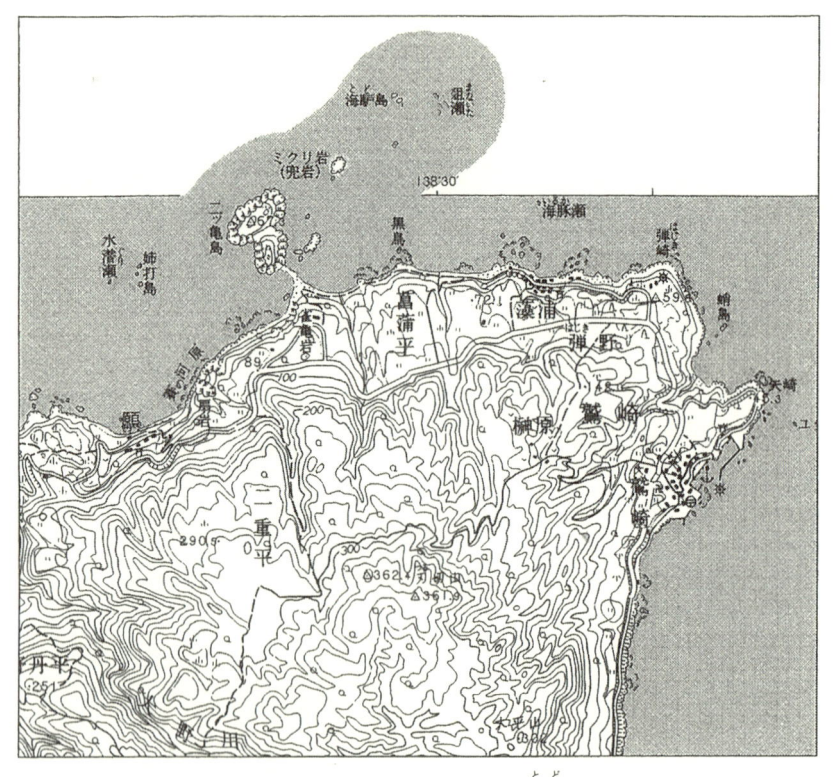

図6　佐渡北端の大野亀付近と海驢島(とど)
［出所］国土地理院発行5万分の1地形図「鷲崎」より転載（原寸）。

アシカをトドと呼ぶのは山形県飛島も同様である。飛島の語源は「トド島」であり、それが訛って「飛島」になったと言われる。新潟県佐渡の北端には「海驢島(とど)」や、やはり動物の「海豚瀬(いるかせ)」という名の小島もあり（図6）、青潮海域にはアシカなどの海獣が数多く見られたことを示唆している。また、かつて青潮海域では広範囲にわたってアシカ肉の食習慣があり、脂は灯油として、その搾りかすは肥料として、毛皮は敷物や背嚢(はいのう)（カバン）の材料として様々に利用されるなど、生きる糧として重宝された[14]。

タラ

タラは生活適温が低く、北方に生息する魚である。冷たい海を好む一因は、その多食性にあるとも考えられる。魚類の多く生息する北の海で、タラ（とくにマダラ）は餌を大量に食べて大きくなる。「鱈腹(たらふく)」の語源は、文字どおり魚のタラにあるらしく、タラが腹いっぱい食べる様からきているという。タラの主要漁場は日本では知床半島付近のオホーツク海で、水温の比較的高い青潮海域ではしだいに冷たい深海に潜るようになるため、おのずと漁獲量は減っていく。

ニシン

ニシンの生態は次のように考えられている。記述内容にややわかりにくい点もあるがそのまま引用しよう。「ニシンは群をなして海中を移動する魚です。つまり回遊魚です。北海道水産試験場の山口技師（すでに故人であるが）が、一生をかけて北海道近海のニシンの回遊状態を研究したことは有名ですが、この山口氏の研究の結果によると、ニシンは春、北海道の東岸近くの海で生まれ、育つにつれしだいに南方に移動し、千島の間をぬけると北海道の南方から北陸の東方沖まで進み、そこでまた向きをかえて北に行き、再び千島の間をぬけて北海道の東側に出、そこで広く回遊したあと、宗谷海峡を抜けて北海道の西がわに出てそこで一生を終わるといいます。」[15]

東・西・南・北の方位と、千島・宗谷海峡の位置関係が少しわかりにくいが、リマン海流に乗って北陸の東方沖まで南下し、そこで青潮に乗って向きを変え、今度は北海道付近まで北上して一生を終えているという。

②大陸由来の動物

　チョウセンイタチのように名に「朝鮮」を冠した動物は少なくなく、それらは基本的に大陸から渡来した動物である。これらの動物の多くは、朝鮮半島に隣接する対馬に生息している。一方、名に「対馬」を冠する動物もいるが、それらはツシマテンのように、日本系種のものが多い。また、ツシマヤマネコのように、もとは大陸系種と考えられるものが「対馬」と称されているものもある。これらのうち、名に「朝鮮」とつく、大陸由来の動物のいくつかを挙げる。

チョウセンイタチ

　チョウセンイタチ（写真16）はネコ目・イタチ科に属し、ヨーロッパ東部を原産地として、ヒマラヤ北部からシベリア、中国、台湾、朝鮮半島、対馬を分布地域とする。対馬は日本で唯一の自然分布域であり、古くに大陸から渡来した動物の一つである。しかし現在、九州、四国、中国、近畿の西日本一円の府県でも生息が確認されている。これは大正から昭和初期にかけてノネズミやハブの駆除や、毛皮採取などを目的にして、人為的に放獣されたことが原因である。

　体長は雄が28〜39 cmほど、雌はやや小振りで25〜31 cmほどであり、体

写真16　チョウセンイタチ（対馬野生生物保護センター、2007年9月）

重は雄が650〜820gほど、雌はだいたいこの半分ほどである。全身がやや褐色がかった山吹色をしており、額中央部から尾鏡部にかけて濃褐色の斑紋がある。平野部から里山、低山に生息し、ネズミ、鳥類、カエル、昆虫、魚類、甲殻類、果実類などを餌としている。

チョウセンコジネズミ

食虫目・トガリネズミ科に属し、コジネズミの亜種である。朝鮮半島、中国中部・東北部、モンゴルからヨーロッパ、北アフリカまで広く分布するが、日本では対馬にのみ生息する。体長は60〜69 mm、尾長35〜48 mm、体重4.0〜5.5 gほどで、全体が灰褐色の毛でおおわれ、腹面はやや淡い褐色をしている。河岸や林縁のやぶなどに生息し、クモや昆虫を餌とする。現在は準絶滅危惧種に指定されている。

チョウセンモグラ

朝鮮半島から対馬にかけて生息するモグラである。モグラとしては大型で、田の畦や畑などにモグラ塚をつくる。口吻は突き出し、毛は灰色のビロード状をなしている。その名のとおり朝鮮半島にみられる種と共通の性格をもっている。

チョウセンヤマアカガエル

朝鮮半島と対馬に生息するカエルである。対馬ではツシマアカガエルとともに生息するが、固有種ではなく、朝鮮から沿海州にかけて分布するアカガエルと同一の種である。ツシマアカガエルより体型が大きく、「キャラララララ、キャララ」という、ツシマアカガエルとはまったく違った鳴き方で鳴く。

雄の平均体長は62 mm、雌はやや大きくて76 mmである。平地や丘陵地の水田周辺にもいるが、山間部の森林、水田に多く生息する。繁殖期は2月から4月で、水田、湿地、池、水たまりなどの止水に卵を産む。

チョウセンヒラタクワガタ

朝鮮や中国に多く分布するクワガタだが、日本にも対馬にのみ生息している。朝鮮半島のほか、済州島、珍島にも生息する。ツシマヒラタクワガタと交雑することはないので、独立種として分類されている。

体長は雄が24〜54 mmほど、雌は小さく20〜26 mmほどである。色は雄

雌ともに黒色で、やや細めの体型をしている。朝鮮の個体は大きくなるようであるが、対馬のものは45mm以内の小ぶりものしか採集されていない。平野部の林でよく見られるが、樹上よりも地上に近い部分を中心に活動している。

チョウセンケナガニイニイ

朝鮮半島から中国本土に分布する小型のセミで、日本では対馬にのみ生息するが、韓国では最も普通に見られるセミである。大きさはニイニイゼミとほぼ同程度だが、若干大きめである。秋の深まった10月から11月にかけて出現する珍しいセミであり、体は長毛でおおわれている。

鳴き声はややかん高く、「チィーッ、チィーッ、チィーッ」と鳴き、ニイニイゼミのように「チッ、チッ、チッ」という断続音を発しない。コナラなどの樹冠付近の小枝で鳴いていることが多く、姿を観察することは非常に困難である。

このほか、チョウセンオオカメムシやチョウセンマメハナミョウといった、日本では対馬にのみ生息する大陸系の昆虫がいるほか、「チョウセン」や「コウライ」(高麗)の名を冠した昆虫類が対馬には多数生息している。ちなみに、対馬市の鳥には「高麗きじ」が選定され、半島との親近感をアピールしている。

以上挙げた動物[16]は、朝鮮半島との近接性をうかがわせる大陸由来の動物である。これらは対馬海峡を流れる青潮を渡って対馬に入り、日本に根付いた動物たちということができよう。

3. まとめ

以上、青潮海域に見られる動植物のいくつかを取り上げ、その由来について考察するとともに、生活文化にとけ込んだ伝統的な利用法について見てきた。それらは次のようにまとめることができよう。

青潮海域に見られる動植物には、南方由来のもの、北方由来のもの、そして大陸由来のものなど、様々な種類のものが共存している。しかしそのなかで、種類や数、生活への影響上、より大きな地位を占めているのは南方由来の動植

物である。また、同じ南方といっても、華中や華南などの大陸部だけでなく、島嶼部や、より遠くポリネシアとの共通性さえうかがわせるものが散見される。こうした事実は、青潮文化が、対馬海流（青潮）の影響とリマン海流（白潮）の影響とが複合してつくり出されたものであることを意味するとともに、両者を比較した場合、青潮のより大きな影響下に成り立っていることを示唆していよう。

　これら南方を主体とする動植物の多くは、日本の伝統的な衣食住のなかに巧みに取り込まれ、生活を支えるため様々な役割を果たしてきた。また、儀礼や習俗、生業などに影響を与え、広く日本文化を形成する要素・要因となってきた。

[注および文献]
1) 市川健夫（1978）:『風土の中の衣食住』（東書選書）、東京書籍、pp.82-89
2) 五島観光連盟『五島つばき事典』、p.23による。なお同書によれば、戦前の昭和9（1934）年発行の『五島民俗図誌』は、久賀島(ひさか)産の椿油は年産2700石、価額11万円に上り、全国一の長崎県の生産量の約8割を久賀島産が占めたという。
3) 2005年2月22日に放映された、「五島つばき祭」を伝えるNHK長崎放送局の夕方のニュース番組による。
4) 植生学の権威、横浜国立大学名誉教授、宮脇昭氏の命名による。
5) 宮脇　昭（2005）:『この人この世界－日本一多くの木を植えた男－』日本放送出版協会、pp.109-110
6) 柳田國男（1921）:「阿遅摩佐の島」、『海南小記』（1925）所収（『柳田國男全集Ⅰ』ちくま文庫、1989）、ちくま書房、p.512
7) 戸井田克己（2008）:「対馬の暮らしと民俗－朝鮮につづく青潮の島－」、民俗文化20、pp.103-180
8) 市川健夫（1997c）:「リマン海流のもつ特性」、市川健夫編『青潮文化－日本海をめぐる新文化論－』古今書院、p.87
9) 『ウィキペディア』の「ギョウジャニンニク」の項を参照。
10) 大石圭一（1987）:『昆布の道』第一書房、p.20
11) 市川健夫（1987）:『ブナ帯と日本人』（講談社現代新書）、講談社、p.109
12) 市川健夫・斎藤　功（1984b）:「ブナ帯の狩猟と漁撈」、市川健夫・山本正三・

斎藤　功編『日本のブナ帯文化』朝倉書店、pp.84-104
13) 末広恭雄（1995）:『海の魚』ベースボール・マガジン社、p.58
14) 戸井田克己（2014）:「聞き書き　竹島の記憶」、近畿大学総合社会学部紀要 3-2、pp.1-16
15) 前掲書13)、pp.33-34
16) 「朝鮮」を名に冠した動物については、浦田明夫・國分英俊（1999）:『対馬の自然－対馬の自然と生きものたち－』杉屋書店などを参考。

第4章　青潮海域と生業

1節　対馬の養蜂

1. はじめに

　対馬の山あいを行けば、集落近くの日当たりの良い山すそに直径1尺2、3寸[1]、高さ2尺2、3寸の丸太が、上にふたをしたような形で立てかけてあるのをよく目にする（写真17）。これが対馬在来の和蜂(わばち)（ニホンミツバチ）を飼うための蜂の巣、すなわちハチドウ（蜂洞）で、春先から晩秋まで、その周りを多数の蜂たちが飛び交っている。

写真17　ハチドウが並ぶ風景（対馬、2007年9月）

114　第 4 章　青潮海域と生業

　対馬の人々にとって、ハチドウを利用した和蜂飼育と、ハチミツの採取は山での格好の副業である。と同時に、現金収入を得る当てでもあった。西海岸の旧巌原町(いずはら)（現対馬市）阿連(あれ)では、現在もおよそ 10 人がハチミツ採取を生計の一助にしている。
　阿連の神宮武(じんぐうたけし)さん（昭和 12 年生まれ）、そして峰町木坂の島居勝義(みねきさかしまいかつよし)さん（昭和 12 年生まれ）の二人から島の養蜂の一年について聞いた。

2. 養蜂の一年

ハチドウづくり

　木の空洞をハチドウ（蜂洞）（写真 18）と呼ぶ。和蜂が中に巣をこしらえるための外枠、すなわち天然の巣箱となる。丸太の中心を刳(く)り抜いてつくる。ハチミツ採取はまず、このハチドウづくりから始まる。
　勝義さんは、ハチドウには材料木の善し悪しがあるという。スギだと蜂がよく入るが、下の方が腐りやすく、あまり長持ちしない。ハゼ、ネム、サクラ、ケヤキなどは比較的耐久性のある樹種で、このほか対馬ではタブ、マツなども

写真 18　出来立てのハチドウ（対馬、2007 年 9 月）

写真19 平石を土台にするハチドウ（対馬、2007年9月）

使われる。ハゼでつくるのが持ちも良く、蜂もよく入るので最良とするが、大きなハゼの木は今では手に入りにくくなっている。ドウ（ハチドウの略称）の下に平たい石を置いて土台にし（写真19）、その上にドウを載せて腐りにくくする。ふつうであれば6、7年、よく手入れして使えば10年ぐらいもつ。

　ドウの内径は7寸が目安である。かつてはこれを鑿で割り抜いて作ったが、勝義さんは今、チェーンソーで一気にやっている。目分量で空けるので多少広くなったり、狭くなったりする。理想的な内径である7寸の場合、ドウの中にだいたい5枚から7枚の巣が縦方向に平行してつくられ、そこに数千から1万数千匹の蜂が生活するようになる。

　ドウの周囲の木の厚みは2寸以上残す。これは寒さ、暑さに対応するためで、厚いほどよいが、あまり厚くすると内径が小さくなり、取れるハチミツの量が減ってしまう。逆に、蜜を稼ごうと薄くしすぎると、冬の冷え込みの厳しい年には蜂が凍え死んでしまったり、夏にも寄りつかなくなって、やはりハチミツの量が減る。

　ドウの下方の一部を薄く削り、そこに幅2分、長さ1寸半ほどの切れ込みを3本ぐらい入れる。これがドウへの蜂の出入口になる。この出入口が小さいと

蜂の入りが悪く、大きすぎると天敵のスズメバチが入って和蜂を殺し、ハチミツを食い荒らす。ちょうど良い頃合いが大事だが、腕のいい勝義さんはこれもチェーンソーで空けてしまう。しかしそのため、どうしても少し大きめになってしまうことがあるという。

蜂の巣分け

　春3月、陽気がよくなると蜂が飛び始め、4月ともなるといよいよ巣分かれの季節を迎える。この時期に蜂のいるドウのそばに新しいハチドウを置いておけば、巣分かれした一群が自然にそのドウに入って新しい巣をつくり始めることもある。これが「巣分かれ」、すなわち蜂たちの分家である。和蜂は毎年巣分かれし、条件がよければ次第に子孫を増やしていく。

　これに対して「巣分け」は、蜂の分家を人が意識的に行うことである。春先、巣の中で女王蜂の卵が孵(かえ)る前に、それまで巣の主(ぬし)だった女王蜂が働き蜂の半分ほどを引き連れて巣を出ていく習性がある。女王蜂を中心に蜂たちは一塊りとなって、宙を回りながらハチドウをあとにする。ハチドウを出た蜂の一群は、新しいドウが決まっていればそこに行って入るが、そうでなければ近くの木に止まってしばし休んでいる。この時、テボと呼ぶ小カゴを近くの道にでも置いておくと蜂たちが自然にそこに入ることもあるし、手で追い込むようにしてやれば（写真20）、より確実にテボの中に入る。そうして、テボに入った蜂たちを新たにしつらえておいたハチドウへと導く。これが、人が人為的に行う巣分けである。木に止まって休んでいたり、テボに入っている時の蜂はおとなしく、攻撃性がないので刺される心配はないという。

　蜂の巣分かれは4月の穏やかな晴れた日の午前、それもだいたい10時頃から12時頃と相場が決まっている。この時期になると蜂がドウの周りを飛び交うことが多くなり、「見立て蜂」が適当な空きドウを探すため方々を飛び回っている。山仕事に出ると、そうした光景から巣分かれの気配を感じることも多い。この頃、島居勝義さんは必ず巣分け用のテボを持って山仕事に出る。弁当をテボに入れ、そのテボを大テボに入れて、大テボを背負って行くのである（写真21）。これは巣分かれする蜂の一群にいつ出会ってもよいための準備である。大テボは海仕事でも使い、かつてはひじきなどの海藻を採るのによく背負って

写真20　テボに蜂を誘い込むしぐさ（島居勝義さん、2007年9月）

写真21　大テボ（島居勝義さん、2007年9月）

磯浜に出たものである。
天敵対策
　体が小さな和蜂は、スズメバチ、クマバチ、アカバチなどを天敵とする。こ

れらの蜂は体が大きく、凶暴で、スズメバチの大きなものは2寸近くもある。
　阿連の神宮武さんは、スズメバチは、一度和蜂の巣に入り込むと働き者の蜂たちをことごとく追い出し、ハチミツを食い荒らすという。またクマバチは、たとえゴム合羽を着ていようとも、口でゴムにしっかと噛みつき、足を踏ん張ってゴムの上からでも人を刺す。人でさえそうなのだから、和蜂なんぞはひとたまりもない。蜜を奪うため、片端から和蜂を噛み殺してしまうのである。これら天敵の危険が最も高まるのは、夏を過ぎ、少し涼しくなった秋口の10月頃である。この時期、ハチドウの入口に用心のため目の細かい金網を張り、体が大きく、性悪な蜂たちが入り込めないよう防御をする。これが通常の天敵対策である。
　一方、木坂の島居勝義さんのように、「スズメバチ対策で入口に金網を掛けるようなことはしない」という人もいる。ドウの外側にびっしりと和蜂が張り付くほどにまで増えていれば、たとえスズメバチといえどもそう簡単に手出しはできない。大量の和蜂に大挙して覆いかぶされ、高温な体温による攻撃を受けて反対に殺されかねないからである。だから「入口対策」も確かに大事だが、和蜂の密度をいかに高くするかということ、つまりはハチドウの「環境管理」がいちばんの基本なのである。
　その意味で、勝義さんにとって巣につくスムシがもっと質が悪い。スムシは巣の中の蝋を餌にする害虫である。一度スムシに巣を食い荒らされると、和蜂たちは興ざめして巣づくりをやめ、こぞってドウから出ていってしまう。
　勝義さんはスズメバチの撃退にも熱心である。厳重防備の上、片手に殺虫剤、片手にバドミントンのラケットといった出で立ちで山に出る。そうして土の中にスズメバチの巣を見つけると、殺虫剤をかけて巣から追い出しては、ラケットを振って撃退するのである。スズメバチ退治には、ガットを張ったバドミントンのラケットが最も具合のよい道具らしい。
　このように、害虫対策にめいめい気を配りつつ、和蜂飼育を行っている。神宮武さんは例年、20本ほどのハチドウを山に置くが、どこに据えるかも大事な事柄である。付近に岩や木のある涼しげな場所に据え付けるのを良しとする。阿連の集落では、いまも多い人で50〜60本のハチドウを置いているという。

ハチミツ採り

以下は阿連の神宮武さんから聞いた話。

付近の山にはクリ、ハゼ、マテガシ、シイ、カヤ、ミカンなど、そして畑にはソバ、ナタネ、レンゲなどの木々や作物があって、一年中なにがしかの花が咲いている。蜂たちはこれらの花々から蜜を集めるが、花の種類はそれこそ何十とあって、本土などより格段に多いのが対馬の自然である。和蜂の集める蜜は「百花蜜」といって、セイヨウミツバチが集める単一の花の蜜より粘り気がある。味わいも複雑で奥が深く、滋養も高い。

武さんのハチミツ採りは例年9月末頃から始まる。これは島のふつうの人より1カ月ほども早い時期である。まず、ハチドウの上に載せた木の板のふた（これをカガミという）を取り除く。ドウの内部では、カガミから下方に向けて巣が順々に成長しているので、この時、バリッという音がして巣がカガミからはずれる。そうして、内部にできた巣をドウから切り離して取り出す。この動作を「巣をホル」と表現する。

つぎに、巣には蜜がたっぷりついているので、蜜で潤う巣を小さく砕いて笊（これをカゴと呼ぶ）に入れ、その笊を桶（これをツボと呼ぶ）の上に載せておく。この時、杓文字などで巣をさらに細かく砕いてやるとよい。すると、一晩かけてツボの中にポタポタと蜜が落ちるので、それを甕に入れて保存する。この時、陶製で口の広い甕がよい。口の狭いガラス瓶などに入れておくと、中で蜜が固まって膨らみ、瓶が割れることがある。ツボには現在、漬物用のポリバケツがよく代用されている。

蜜は、ハチドウを新しく下ろしたばかりの年でドウ1本につき1升[2]ほど、2年目からは1升5合ほど採れる。武さんの据え付ける20本のハチドウから、毎年ざっと2、3斗のハチミツが採れる勘定である。このハチドウ20本で、1週間ほどかけて蜜を採り終え、10月中旬には養蜂の一年を終いとする。

蜜は自家消費するほか、知人に分けたり、通信販売によって売ることもある。1升瓶か五合瓶に入れて売るが、相場は1升につきだいたい2万円といったところか。和蜂の百花蜜は値が張るので、厳原のスーパーなどでは、小さなカップに入れて小売りされている。

口誦で「巣を早くホルと蜜が柔らかい」という。柔らかくサラサラしているハチミツは品質がよくない証とされる。武さんは人より早く、9月末から10月初旬にかけて巣をホッてしまうが、本来は「亥の子の前後にホルのがいちばんの薬」といわれる。薬になるほど良質な蜜は粘り気が強い。旧暦10月10日の「亥の子」の日、つまり現在の11月上旬に採る蜜が粘り気が強く、最も滋養が高いのである。訳あって少し早く採ってしまった自家製のハチミツを、毎朝スプーンで一杯ずつ飲んでいる。これが武さんにとっての最良の健康法であるという。

越冬の準備

引き続き神宮武さんからの話。

ハチミツ採りの際、蜜の3分の1ほどをホリ（これが1升から1升5合のハチミツになる）、残りは越冬する蜂たちの食料として残してやる。和蜂は厳しい冬の寒さにも弱いが、餌が不足していればなおさら越冬はできない。

つぎに、スズメバチがハチドウに入り込めないよう、前述したように、入り口に金網をかける。このようにして10月中旬頃、越冬の準備が終わる。武さんが少し早めに巣をホッてしまうのは、じつはスズメバチが来る前に越冬の準備を終えてしまいたいからであった。そのくらいスズメバチは厄介な存在だということである。

冬が明けて春3月、和蜂の活動が再び活発になる。この時、入り口の金網をはずし、糞掃除などをして巣をきれいにしてやる。そうしてまた養蜂の一年が始まるのである。

3. 考察

養蜂は古くから全国各地で行われてきたが、対馬においてとりわけ古い起源をもつと考えられる。すなわち、日本書紀は643年、百済の太子、余豊璋が大和の三輪山で養蜂したことを記している。また、元禄年間に書かれた『津嶋紀暑乾』（陶山訥庵、1657〜1732年）によれば、「養蜂は継体天皇（507〜531年）の頃、太田宿祢が山林より巣をとって飼育する方法を村人に教えた」という記

録があり、対馬でいっそう古い時代から養蜂が行われていたことが推測される。

　対馬での養蜂の起源が古いことは、もともと養蜂が朝鮮半島から流入したものであることを示唆している。対馬では現在も和蜂の飼育が比較的さかんな土地であるが、ドイツのルットナーは1986年、形態学的な検討から、和蜂のなかに「本州型」と「対馬型」があることを指摘した。そして1997年、遺伝子のDNA分析で、対馬の和蜂は韓国産のものに近いことを明らかにした。

　和蜂（ニホンミツバチ）は今日、北海道を除く日本各地に生息し、「地蜂」「山蜂」などの名でも呼ばれている。そのなかで対馬の和蜂飼育は、以上のことから、朝鮮半島から流入した青潮文化の一つであるということができる。対馬では、江戸時代になるとかなりの量のハチミツが生産され、朝鮮通信使への差し入れや、将軍、諸大名への進物にハチミツが用いられたことが対馬藩日記などに記されている。現在でも対馬島民と和蜂との関わり合いは深く、そのハチミツは秋祭りの時期に「だんつけもち」や「蜜餅」などとしても使われている。

[注]
1) 尺は長さの単位で約30 cm。寸はその10分の1の約3 cm。分はさらにその10分の1の約3 mm。なお、尺は人の尺骨の長さに基づいて決めた長さであるため、その名がある。
2) 升は容積の単位で約1.8ℓ。その10分の1が合で約180 ccである。反対に升の10倍で斗で約18ℓ、さらにその10倍は石で約180ℓである。基準になっているのは石で、米に換算して1人あたり1年分の食料に相当する。また、斗は灯油の18ℓ入りのポリタンクとして、升は一升瓶として、合は一合の計量カップとして、それぞれ現在に生きる単位である。

2節　隠岐の牧畑

1. はじめに

　牧畑は、「牧」と「畑」とが一体となった農牧地、もしくはその農牧地で行わ

れる農牧形態のことで、農地の条件があまりよくない島嶼部などを中心に、遅いところでは昭和40年代初頭頃まで見られた。国内では隠岐(島根県)のほか、対馬(長崎県)や粟島(新潟県)といった青潮海域の島々に点在したほか、南九州の種子島や屋久島(いずれも鹿児島県)、そして瀬戸内海の平郡島、八島、祝島(いずれも山口県)や、中国山地や中部地方の山間部などでも行われていた。

　これらのなかにあって隠岐は、三橋時雄氏の本格的な論文『隠岐牧畑の歴史的研究』[1]のフィールドになったことや、最も遅くまでこの農牧形態が残存したこと、放牧と農耕の輪転体系が高度に組織化されていたことなどから、全国的によく知られた存在であった。またこのおよそ30年後、野本寛一氏[2]も丹念な民俗誌を綴っている。

　この節では、隠岐の牧畑の歴史的展開をたどるとともに、現在それがどの程度、またどのようなかたちで残されているか、あるいは完全に過去の遺物となってしまったのかといった点について検討する。

2. 牧畑の歴史

牧畑の起源

　文献上、隠岐で牧畑の存在がはっきりと確認できるのは近世初頭、慶長の検地(16世紀末〜17世紀初め)においてである。当時、検地は牧についても実施され、慶長4(1599)年、西ノ島の別府村検地帳には、水田とならんで「石畑馬木」「中馬木」「大谷馬木」「相馬木」の4牧が記載されている。そしてそれぞれの牧について、一筆ごとに畑地の等級、面積、収量が記されている。

　また、さかのぼって12世紀後半、すでに牧そのものの存在は確認されている。このとき、文献記載上の確証は得られないものの、そこで牧畑的な農耕が行われていた可能性がある。すなわち、『吾妻鏡』に記載されている文治4(1188)年の史料には、「犬来牧」「宇賀牧」などの文字が見え、これらが隠岐の「牧」を記した文献上の初出になる。現在の犬来(写真22)(島後・西郷)と宇賀(西ノ島)のことと思われるが、それらが単なる牛馬放牧場としての牧であったか、

写真22　犬来付近の牧（隠岐・島後、2010年11月）

耕作も行われる牧畑であったかを特定することはできない。とはいえ、牧そのものがすでに平安末期には存在したのである。

　またこれと同時期、牧は中ノ島にもあったことが、やはり『吾妻鏡』からうかがわれる。すなわち、承久の変によって中ノ島に配流された後鳥羽上皇が、承久3（1221）年、島南部の崎村から中部の海士村に向かわれる途中、山中の牧を通過したが、そこで放牧牛の闘牛をご覧になって大変面白がられたという。隠岐の牛突きはこれが契機となって始まったものといわれるが、そのときの牧が単なる牧場であったか、あるいは牧畑であったかも定かではない。

　以上のように、牧畑の生成起源について時期を特定することは困難である。しかし、牧畑が牧畜慣行から発展したものと考えるならば、平安末期から鎌倉期という早い段階から少なくとも牛馬放牧用の牧場が存在したことは、のちの牧畑生成の条件として重要であったろう。このように、12～13世紀にはすでに牧場があり、そこで牧畑的な耕作が行われた可能性を否定できない。

牧と畑の融合

　このように、「牧」が「畑」に利用されるに至った時期について特定するこ

とは難しいが、両者が融合していった要因について、三橋氏は次のように推測している[3]。

　本土から隔絶された隠岐島民が、生きるには自給自足しかなかった。
　初めのうちは自宅のまわりの比較的便利な所で耕作し、牛馬は垣をつくって別に放牧地を設けていた。ところが人口の増加とともに耕地を拡大しなければならなくなった。しかし島は平地に乏しく農民達は山地に向けて耕地を拡大するより外はない。ところがそのような土地は痩せているから毎年収穫を上げることは難しい。そこで、作物の出来が悪くなるとその場所は一旦耕作を放棄して、一段上の山手に移動する。このようにしているうちに放棄していた土地の地力が回復し、立派な草地になるのに気が付いた。
　はじめは山の頂に向かって追い上げていた牛馬も、耕作跡地に入れ放牧するようになる。そしてある時、その放牧地から牛馬を追い出して耕作してみると、作物がよく出来た。以来組織的に耕作と放牧の輪転が行われるようになった。

　この説明は中世ヨーロッパで確立した三圃式農法の原理とよく似ている。ヨーロッパでは、二圃式から三圃式への移行によって人口増加を招来したが、隠岐では人口増加にともなう食料不足が牧畑的な農耕を招来し、その新農法がさらなる人口増加を導いていった。

牧畑の輪転

　隠岐の牧畑は、牧柵によって牧を四つに仕切り、それぞれに「麦山」「小豆山」「粟稗山」「大豆山」などといった名をつけるのが一般的であった。これらの牧畑は年々輪転され、順々に名を変えていく。その仕組みは概略以下のようであった（図7）。

　いま仮に第一区牧が放牧中心の牧とすれば、そこへは4〜5月頃から、前年からの馬に加えてほとんどすべての牛馬が集められ、秋まで放牧される。そして秋になるとこれらの牛馬をすべて第三区牧に送り、その跡へ来年の夏に収穫するための麦を蒔く。この時の第一区牧を「来麦畑」「麦山」「アキヤマ（空山）」

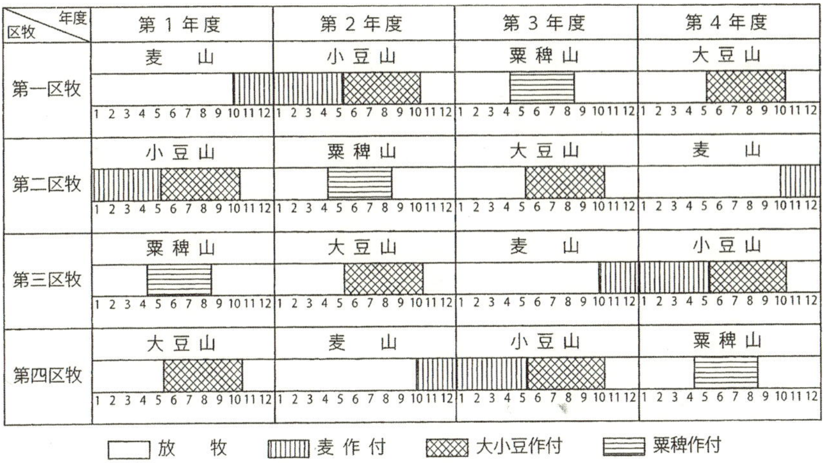

年度 区牧	第1年度	第2年度	第3年度	第4年度
第一区牧	麦山	小豆山	粟稗山	大豆山
第二区牧	小豆山	粟稗山	大豆山	麦山
第三区牧	粟稗山	大豆山	麦山	小豆山
第四区牧	大豆山	麦山	小豆山	粟稗山

□ 放牧　||||| 麦作付　▨ 大小豆作付　☰ 粟稗作付

図7　隠岐における牧畑の輪転法

［出所］三橋時雄（1969）:『隠岐牧畑の歴史的研究』ミネルヴァ書房、p.7 より転載。

などと称する。第二区牧では、前年から作付け中の麦を夏に収穫し、その跡へ小豆を作る。この時の第二区牧を「小豆山」「麦山」「本畑」「本牧」などと称する。第三区牧には粟・稗(あわ)(ひえ)・そばを播種し、そこを「粟稗山」「粟山」などと称する。第四区牧には大豆を作付け、「大豆山」「クナヤマ（空無山）」などと称する[4]。

以上が第1年度の土地利用とその呼称であるが、これを第2年度、第3年度、第4年度と1年ずつずらしていき、5年度目に再び初年度と同じ割り付けに戻る。隠岐の牧畑は、このような輪圃農法を村全体が共同して行うものであった。

図7で、麦山はアキヤマ（空山）であり、耕作されずに「空いている山」のことである。つまり、畑ではなく、牧として利用される山（畑）という意味である。このアキヤマがおもな放牧地となるが、ほかの山（畑）でも作物が栽培されていないとき（図中で白抜きに示されている時期）には放牧が行われる。すなわち、牧畑における家畜の放牧は、牧に草の多くある夏季にはただ1区に限られ（アキヤマ）、ほかの3区には作物が栽培される。反対に、秋に草が少なくなると牛馬を3区に分けて限られた牧草を分け与え、作付けはただ1区に限る（これもアキヤマ）。牧草の供給と消費、肥料還元のバランスといった点

で合理性があり、ここに島民の知恵が見られる。

また、輪転の作物選択にも知恵がある。すなわち、作物はおおよそ「粟（稗）→大豆（小豆）→大麦・小麦→小麦（大豆）」と輪転されていくが、この順番では肥料分を多く必要とする麦類の前後に大豆や小豆などの豆科作物を配している。豆科作物は根に根粒菌を取り込み、土を肥やす働きをする。このように、牧畑の輪転に見られる作付け順序は、地力回復の点でも理にかなったものである。

牛馬の耳切り

放牧した牛馬を識別するため、耳の一部に独特な形の切れ込みを入れて所有者をはっきりさせた。これを「耳切り」という。牧は人が歩いて牛馬を探し出すにはかなり広く、時に何日もかかることがある。そんなとき、「おまえんとこの牛は、どこそこの峰におったぞ」といった情報を互いに交換し合えば大いに助かる。そのためにも、牛馬の耳切りは必要だった（図8）。

この耳切りには村印と個人印とがあり、村ごとに若干の違いはあっても、基本形はだいたい16〜20種ほどであった。これを適宜組み合わせて各自の目印や、集落の印とし、放牧牛馬の所有関係を識別できるようになっていた。また、新しく牛馬を持ったときは、本家、あるいは親方から「耳印」をもらい受け、

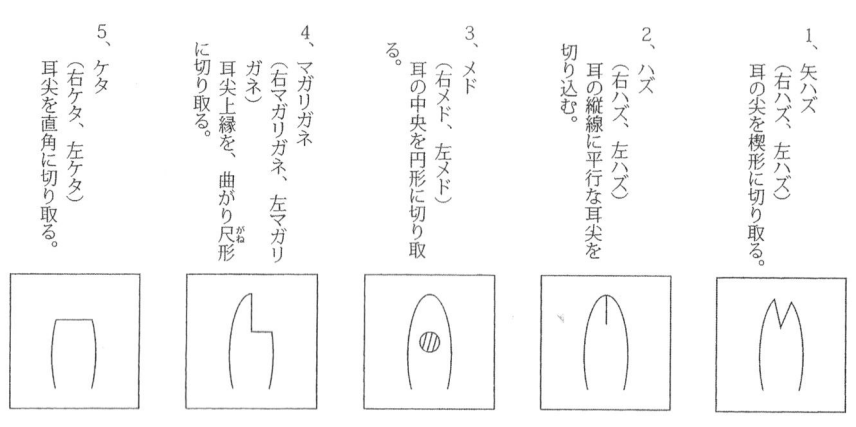

1、矢ハズ（右ハズ、左ハズ）耳の尖を楔形に切り取る。

2、ハズ（右ハズ、左ハズ）耳の縦線に平行な耳尖を切り込む。

3、メド（右メド、左メド）耳の中央を円形に切り取る。

4、マガリガネ（右マガリガネ、左マガリガネ）耳尖上縁を、曲がり尺形に切り取る。

5、ケタ（右ケタ、左ケタ）耳尖を直角に切り取る。

図8 牛の耳切の型

［出所］西ノ島町編（1995）：『隠岐　西ノ島の今昔』島根県隠岐郡西ノ島町、pp.302-302 より転載。

牧司と呼ばれる牧畑監督者に届け出て、耳印帳に登録した。一族、子方は、あたかも家紋のように同一の耳印を使用したといわれる[5]。

牧畑の空間構造

牧畑は、作物（麦類・粟・稗・大豆・小豆等）の栽培と牛馬の飼育とを複合し、輪転して利用される土地または土地利用の方式のことであるが、すべての土地が牧畑であったわけではなく、もっぱら作付けを行う常畑もあった。時間的な変化についてまとめられた図7に、さらに空間的な要素を取り入れて概念的に表すと図9のようになる。

この図のように、牧畑の存在した隠岐の村々では、だいたいにおいて平坦地や人家の近くに多い普通の田や畑（これを「年々畑」、あるいは近世には麻を栽培したことから「麻畑」ともいった）のある所を「カイチ」（垣内、廻中）

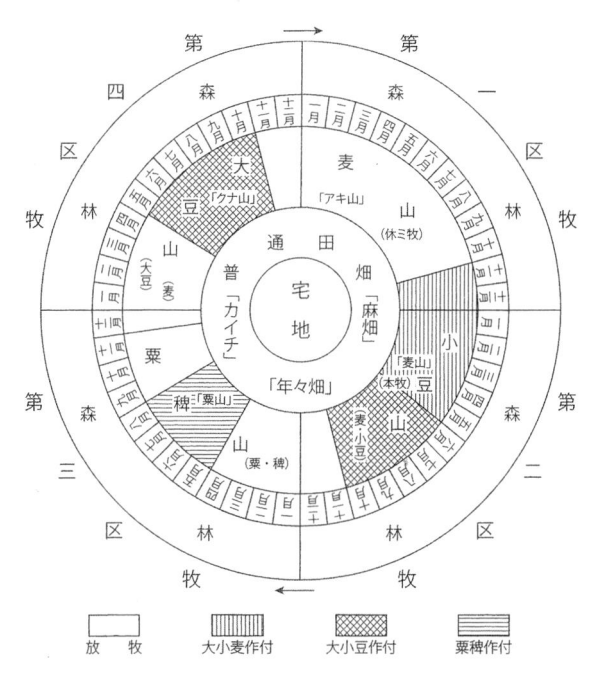

図9　隠岐における牧畑の組織（概念図）

［出所］三橋時雄（1969）：『隠岐牧畑の歴史的研究』ミネルヴァ書房、p.6より転載。

と呼び、そこではふつうの耕種農業が営まれた。「垣内」というのは、実際に「垣」を設けて牛馬を閉じこめる柵（牧柵）[6]としたからで、垣の外は大概において放牧地と畑を兼ねた牧畑として利用された。

牧畑は、前述したように、ふつう4区に分け、4年周期で耕作と放牧とが輪転されることが多かった。このような垣の外の耕牧輪転地である牧畑のさらに外側には、牧畑を取り囲むようにして森林が残存し、薪炭材や建築材が取得された。

図9を、より現実に近いかたちで模式的に表すと図10のようになる。図下部に生活の場となる集落があり、付近に年々畑が配置されている。集落の回りには「コメガキ」（マワリガキ）と呼ばれる石積み[7]の垣がめぐらされ、これより外側の牧畑と区分された。集落内へと通じる道の入口には「キド」が設け

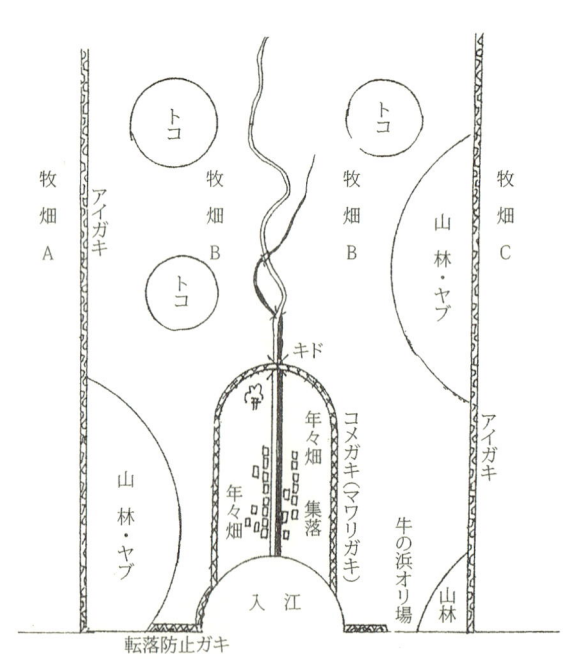

図10　西ノ島における牧畑村落の生活生業空間（模式図）
［出所］野本寛一（1996）：「隠岐牧畑民俗素描」、民俗文化 8、p.114 より転載。

られ、出入りに際してそれを開け閉めし、牛馬が勝手に集落内に入って年々畑が荒らされるのを防いだ。

　牧畑として使われる場所は、山の斜面を利用した段々畑になっており、「タナ」と呼ばれた。タナは等高線に沿って細長い畑が造成されたもので、遠くから見ると縞状に見える独特の景観がつくられていた。山頂の草原は「トコ」と呼ばれ（写真23）、牛馬の餌場として、また休憩場所やねぐらとして利用された。牛馬が集まるトコは、糞尿が多く供給される場所であるため肥沃だが、山頂に近いため強風を受けやすく、実際に作物を蒔くには慎重になった。ある集落の牧畑と、別の集落の牧畑とは、「アイガキ」（写真24）と呼ばれる石垣で境をなした。

牧畑と普通畑の経営比較

　戦後、牧畑末期の資料になるが、牧畑と普通畑とで収穫量と労働時間を比較したものが表4である。

　この表によれば、まず、作付けされている作物として、麦類・粟・稗・大小豆のほか、甘藷（かんしょ）・えんどう・黍（きび）・そばなどがあった。このうち、反当たり収量では、多くの作物で2割から5割ほども普通畑での収量が勝るが、この表では、大豆と稗については牧畑での収量のほうが多くなっている。ただし、普通畑に

写真23　山頂付近のトコ（隠岐・西ノ島、2010年11月）

写真24　牧畑を仕切るアイガキ（隠岐・西ノ島、2010年11月）

表4　普通畑と牧畑での農業経営比較

(単位：石)

	普通畑		牧畑	
	反当たり収量	投下労働力 1人当たりの収量	反当たり収量	投下労働力 1人当たりの収量
大　　麦	1.430	0.080	0.990	0.110
小　　麦	1.200	0.070	0.850	0.094
裸　　麦	1.300	0.072	0.880	0.098
大　　豆	0.760	0.084	0.810	0.135
小　　豆	1.590	0.066	0.700	0.017
甘　　藷	261貫	18貫	220貫	18貫
えんどう	0.960	0.096	0.500	0.083
粟	1.120	0.093	0.780	0.111
黍	1.120	0.106	0.860	0.123
稗	0.24	—	0.610	0.087
そ　　ば	1.00	0.167	1.000	0.250

［出所］「島根県総合開発資料」(1953)より転載。

おける大豆の収量が他の作物と比べていちじるしく少ないこと、稗で資料数値に欠損（「－」）があることなどから、これらは統計上の制約に基づく例外かと思われる。つまり、反当たり収量は概して普通畑のほうが大きく、ほとんどの作物で1石[8]を超えたが、牧畑では1石を超す作物はまずなかった。これに

は地力の優劣のほかに、人家に近い普通畑のほうがより多く手をかけられることから、それが収量に反映している点も見逃すことはできない。

いっぽう、投下労働力1人当たりの収量では、多くの作物で牧畑が普通畑を上回っている。これは牧畑が非常に粗放的な農業経営によることの反映であり、反当たり収量とは表と裏の関係にある。つまり、人家から遠く、土地の傾斜も急になる牧畑では、播種と収穫以外には手を加えることがほとんどなかったことを意味している。しかしいっぽう、牧畑では作物栽培と一体となって牛馬飼育が行われていることを考え合わせると、農耕と牧畜とを合わせた1人当たりの生産性は、普通畑と比べてもそれほど大きく劣るものではなかったとみることもできる。

牧畑の衰退

表5は明治期から昭和戦後期にかけての牧畑の数の推移をたどったもの、図11はその変化を地図上にまとめたものである。

隠岐の牧畑は近世末期からしだいに衰退傾向にあったが、明治に入ってそれが加速した。とくに島後においてそれは顕著で、明治16(1883)年に47牧あったものが、以後一貫して減りつづけ、昭和24(1949)年にはわずか7牧になっている。いっぽうこの間、牧数の上では、島前においてはほぼ現状を維持し続けたことは、島後の様子とは好対照をなしている。

牧畑の衰退についてもう少し細かく見てみよう。表5で明治30年における

表5 牧数の推移

年次 地区	明治16年	30年	44年	昭和2年	10年	24年
島後	47	41	28	14	13	7
島前	43	45	41	43	44	45
計	90	86	69	57	57	52

備考:明治16年は隠岐支庁文書「隠岐島経済事情」、明治30年は隠岐畜産組合連合会調査、44年は隠岐支庁統計、昭和2年は錦織氏「丁島の農業形態」、昭和10年は細川氏「有畜輪栽隠岐の牧畑」、昭和24年は島根県統計による。

[出所]三橋時雄(1969):『隠岐牧畑の歴史的研究』ミネルヴァ書房、p.209より転載。

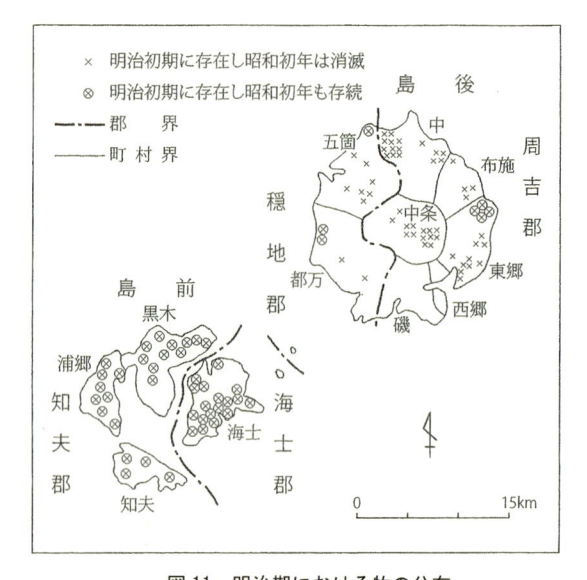

図11 明治期における牧の分布
［出所］三橋時雄（1969）：『隠岐牧畑の歴史的研究』ミネルヴァ書房、p.211 より転載。一部加筆。

牧数は、島後41、島前45で大差がない。しかし、面積の合計では島後が約735万反、島前が約4178万反と、島前が圧倒的な優位（全体の約85％）を占めており、牧牛数も島後の1405頭に対して、島前で4544頭と全体の約76％を占めている[9]。またこの間、牧畑面積の推移を見ると、明治30年に島後で734町、島前で4178町であったものが、昭和24年には島後で310町と半分以下に減少したのに対して、島前では4333町と微増している。

このように、近代前期において島後で牧畑が顕著に衰退したのに対して、島前では一見ほとんど衰退していないかのように見える。しかし牧畑内の耕地の比率を調べてみると、島前においても、昭和2年には全体の64％をしめていたものが、同24年には22％まで低下している。

もともと牧畑の本質は土地の耕作と家畜の放牧とを組み合わせた輪転にあるが、ヨーロッパの三圃式がそうであったように、農耕体系としては本来、主である作物栽培を、従である家畜飼育が補強すべきものである。この点、牧畑面

積が現状維持されながらも耕地面積が減少していることは、本来の牧畑がその機能を失い、牧畜主体の生業に変質しつつあることを示唆している。その意味で、島前では戦後になるまで牧畑が残存したかのように見えるが、その内実は、すでに戦前から本来の牧畑的な機能は失われていったといえるであろう。

牧畑衰退の要因

　前述したように、牧畑は自給自足が完結する離島的な空間において、人口増加に見合うだけの食料増産の手立てとして定着したと考えられる。そのような隔絶された隠岐であったが、近世中期に大きな変化が訪れた。それは西回り航路、すなわち北前船による日本海物流の確立である。北前船は「千石船」（前掲写真4）などとも呼ばれる大きな帆船で、日本海航路（西回り航路）は当時の日本において物流の大動脈であった。

　西回り航路は寛文12（1672）年、川村瑞賢が開拓したとされるもので、近江・加賀・能登・大坂（大阪）などの豪商が、大坂を拠点とし、大坂ー松前間の物資を千石船などで運送した。この航路の日本海岸の要津は、能代・秋田・酒田・新潟・三国・小浜などであり、隠岐は本土側の港に対する避難港・風待ち港として、近世中期以降、航路体系に組み込まれるようになった。その結果、輪島塗や昆布などが移入され、鮑や海鼠などが移出されて、しだいに商品経済が浸透していった。そして、境港や美保関などの比較的近い本土地域との間でも「コモ船」と呼ぶ2人乗り程度の帆船をしつらえ、頻繁に物流が見られるようになる。島からのおもな移出品は薪炭や海産物、移入品は海産物を除いた食料などであった。北前船の隆盛によって外地から食料が流入し、食料増産の手立てとしての牧畑はしだいにその役割を減じていった。商品経済に組み込まれることで、自給食料ではない、商品作物の生産へと傾斜していったのである。

　当時の隠岐の港としては、島後の西郷がその中心であり、それは南向きの、深く湾入した天然の良港だった。かくして、商品経済は島前よりも島後でより早く、そしてより深く浸透し、それが牧畑のいち早い衰退の引き金になったと考えられる。

3. 牧畑の現在

　牧畑は島後において、より早く衰退・消滅し、島前において比較的長く残存した。従来の慣行的な牧畑が最も遅くまで行われたのは最南の知夫里島であって、それは昭和42（1967）年頃までとされている[10]。その後、牧畑はどうなったのであろうか。牧畑の現況について、まず農協[11]で入手した資料をもとに確認する。

牧畑（公共牧野）の分布

　農協などでの聞き取りによれば、島前には現在も牧畑（ただし、現在では「牧畑」の呼称は使われず、「公共牧野」と呼ばれる。以下、「公共牧野」もしくは単に「牧野」と呼称する）の入会慣行がかつてと同じような形で残っている。ただし、畑としての利用はほとんど皆無であり、もっぱら放牧地としてのみ利用されている。個々の放牧地は現在も古くからの「〇〇牧」の名で呼ばれ、平成22年現在、西ノ島町（西ノ島）に19、海士町（中ノ島）に23、知夫村（知夫里島）に4の「牧」が残されている（図12）。

　牧野の合計面積は、西ノ島で約2296 ha、中ノ島で約1434 ha、知夫里島で約654 haである。これらは島の総面積に対してそれぞれ約41％、約42％、約50％に相当する。ごく大ざっぱに言えば、島々のおよそ半分の土地が現在も公共牧野となっている。

　なお、牧野でない残り半分の土地の多くは神社などが所有するもののようであり、これは古くからも牧畑とはならなかった所と思われる。例えば、西ノ島町の中央南寄りに広く牧野でない地域が見られるが、その多くは焼火神社の所領地である。

牧野の利用

　表6は牧野の利用状況をまとめたものである。この表によれば、平成21年度現在、海士町に15、西ノ島町に40、知夫村に30の、計85の牧牛農家があり、うち二つは会社形態を取り、一つは農協が直営している。そのほとんどは基牛から子を取り、その子牛を出荷するものである。基牛は西ノ島・中ノ島・知夫里島の3島合計で1417頭おり、この年、ちょうど900頭の子牛が出荷された。

2節 隠岐の牧畑 135

図12 隠岐島前における公共牧野の分布
［出所］JA隠岐どうぜん資料。一部加筆修正。

ほとんどが牛農家であるが、この表によれば、知夫村に4戸だけ馬を飼う家がある[12]。

　表で、数の上から最も牧牛が盛んといえるのは西ノ島町である。いっぽう、牧野面積に比して最も熱心に牧牛が行われているのは知夫村であり、唯一、す

表6 公共牧野の利用実績 (2009年)

海士町

牧野名	牧野集落	現在の地区名	農家戸数	基牛数	21年度子牛出荷頭数	備考
根木・木戸・鴨入道	大字福井	菱浦	1	68	54	JA直営飼育
	〃	福井	5	56	33	
日平・中・丹後・蔵田	大字海士	西	3	15	16	
横手は中里の補助牧	〃	中里				
高木は東の補助牧	〃	東				
津の山	〃	北部	3	17	10	
津の山は宇受賀の補助牧	大字宇受賀	宇受賀	1	100	37	有限会社隠岐潮風ファーム
長井は東の補助牧	大字豊田	豊田				
日平・中・宇津屋・蔵田	大字知々井	保々見	1	47	37	
御崎は知々井の補助牧	〃	知々井				
後畑・中・宇津屋・三島	旧太井	御波				
高峯第二・中・丹後・三島	旧布施					
唐橋は布施・須賀の補助牧	旧須賀	〃(須賀)				
崎・中・空・高田	大字崎	多井				
高峯第一は崎の補助牧	〃	崎	1	28	11	
			15	331	198	

海士町の牧野管理規程より分類

西ノ島町

牧野名	牧野集落	現在の地区名	農家戸数	基牛数	21年度子牛出荷頭数	備考
先・済・白浦・西・中・耳坪	大字宇賀	宇賀	1	2	1	
中床・上ノ	大字別府	倉の谷				
	〃	物井	2	64	30	内合同会社いざなぎ牧場 46
仁具は宇賀・倉の谷・物井・別府の補助牧						

2節 隠岐の牧畑

大字	区	牧野集落	現在の地区名	農家戸数	基牛数	21年度子牛出荷頭数	備考
	〃		波止				
	〃		市部	3	30	23	
	〃		大津				
	〃		小向	1	2		
	〃		船越	6	51	44	
由良		大字浦郷	浦郷	9	215	134	
赤尾			赤ノ江	3	13	11	
老屋・長尾牧は三度の補助牧		〃	三度	7	153	117	
長尾・中・小		〃	珍崎	6	79	42	
				40	620	412	

聞き取りによる分類

知夫村

牧野名	牧野集落	現在の地区名	農家戸数	基牛数	21年度子牛出荷頭数	備考
東		多沢	3	33	8	
右地区を主体とした他地区の補助牧		薄毛	2	12	5	
西・中		郡	2	7	3	
右地区を主体とした他地区の補助牧		大江	4	24	18	
		来居	3	80	52	馬13 2戸
居島		仁夫	13	211	137	
右地区を主体とした他地区の補助牧		仁夫	2	86	64	馬8 2戸
		古海	1	13	3	
			30	466	290	

聞き取りによる分類
[出所] JA隠岐どうぜん資料。

べての農業集落で牧牛が行われている。これに対して、最も牧牛の集落的な広がりが少ないのは海士町で、おおよそ半数の集落で牛馬飼育が皆無となっている。しかし、宇受賀に「隠岐潮風ファーム」が、菱浦に「JA隠岐どうぜん」が農場を持っている点では、海士町において企業的な牧牛が最も盛んになされているともいえる。

左欄の「牧野名」は図12に示したものと同じであるが、それぞれの牧野について、「牧野集落」もしくは「現在の地区名」が一対一で対応している。これは国の牧野法（昭和25年制定）に基づいて作成された、牧野管理規程によるもので、例えば、「海士町牧野管理規程」（昭和27年）には次のように記されている（一部抜粋、傍点は筆者）。

第1条　本町の牧野の経営維持管理は、この規程の定めるところによりこれを行い、利用者は、本規程を遵守しなければならない。

第3条　この規程は、崎、中崎、空、高田、高峯第一、高峯第二、中、丹後、三島、唐橋、後畑、宇津屋、日平、蔵田、御崎、津の山、高木、横手、長井、根木、木戸、鴨入道の各牧野に適用し、海士町に居住するものは、次の区分により自由に利用することができる。（区分表省略）

第3条で省略した区分表は、牧野名と牧野集落の関係をまとめたもので、表6に示したものと同じである。ここで注目したいのは、第3条の傍点を打った「海士町に居住するものは（誰でも）自由に利用することができる」という個所である。かつて島民のほとんどが農業を営み、牧畑に従事した頃の村のおきてが、牛馬飼育農家がわずかになってしまった現在もなお継続されているのである。

戦後の土地改革によって、それまでの集落所有の土地の少なからぬ部分が個人所有になったものと考えられるから、非農家の、あるいは牛馬飼育を行っていない農家の、個人的な土地を自由に使って放牧を認めるこの規程は、全国的に見ても希有な存在といえるのではないかと思われる。その仕組みについて、今度は西ノ島の事例をもとにもう少し詳しく見ていこう。

牧野管理の仕組み

西ノ島では、かつて牧畑での放牧に関する利用および管理には次のような特徴があった。

ア　個人による土地所有権は維持しながらも、放牧に関しては、島民であれば誰でも自由放牧権が与えられていた。
イ　放牧に際しては、畑作との組み合わせによる放牧場所と時期が大字（旧村）単位で厳密に決められ、牧司と呼ばれる総監督人の指示に従うことが義務づけられていた。
ウ　牧柵の維持管理については、古くは村民全員に平等に割り当てられており、当初は個人単位、その後は隣組単位、さらにその後は集落単位へと、割り当ての単位は大きくなっていったが、基本的には共同管理の仕組みによって維持された。

現在は、西ノ島町が管理者となって旧牧畑区を公共牧野（写真25）として位置づけ、放牧に関する上記の慣習（ア〜ウ）を踏襲するかたちで「西ノ島町牧野管理規程」（昭和38年）が定められ、次のような方法で牧野の管理が行われている[13]。

カ　1頭当たり年間5500円の放牧料を支払えば、公共牧野内に土地を所有していなくても、島内在住の人であれば誰でも牛馬の放牧を行うことができる。
キ　放牧地は原則として、放牧を行う島民の居住地の集落単位で特定の牧が決められている。
ク　牧柵の維持管理については、西ノ島町が管理委託をしている隠岐どうぜん農業協同組合（JA隠岐どうぜん）が担当するが、管理費用は放牧者の支払う放牧料を充当する。

このように、かつて無償で使用できた牧が、現在は有償となった代わりに、

写真25　公共牧野の牛馬（隠岐・西ノ島、2010年11月）

かつては労働力として拠出した牧柵の維持管理を農協が肩代わりしている。つまり、放牧料の拠出と労働時間の省略とによって、かつての牧畑慣行が、かたちを変えて現在に生き残っているとみることができよう。

牧柵の設置・補修

隠岐どうぜん農協（JA隠岐どうぜん）が西ノ島町から委託されている牧野の維持管理は、牧柵の設置を主体とするものである。牧柵はかつては石積みの垣の体裁を取ったが、現在では有刺鉄線を牧野と一般用地との境界、および牧と牧との境界に設置している（写真26）。写真のようにだいたい2mほどの間隔で細い鉄柱を立て、そこに有刺鉄線を2〜3段の密度で張っていく。

隠岐どうぜん農協での聞き取りによれば、100m敷設するためのおよその単価は、鉄柱が1本1500円を約50本で7万5000円、そこに有刺鉄線が100m当たり2700円かかり、合わせてだいたい7〜8万円である。また、ふつうの有刺鉄線は錆びやすく切れやすいが、さびにくいステンレス製のものを使うと100m当たり1万6000円で、これだとだいたい9万円ほどになる。前掲「カ」の1頭当たり年間5500円の放牧料は、この牧柵の設置・補修費を主体にして算出された単価であるとみることができよう。

写真26　有刺鉄線の牧柵（旧コメガキ）（隠岐・中ノ島、2010年10月）

牧野の利用・管理における問題点

　前述したような公共牧野の共同管理に関する新たな仕組みは、これまでのところ大きな問題もなく運用されてきた。しかし、牧畜を行う畜産農家の高齢化による放牧数の減少、とりわけ馬の減少や、特定の多頭飼い農家や一部企業体による牧場経営の出現、集落による人口のばらつき、公共牧野内の土地所有者の放牧離れ、離島ゆえの不在地主の発生等により、近年、以下のような問題が生じ始めている[14]。

(1) 特定の利用しやすい牧野に利用が集中する傾向が見られ、過放牧となって生じる牧野への圧迫や、逆に放牧数が少ないために生じる牧野への雑灌木の侵入など、放牧環境が悪化する牧野が生じ、牧野間での放牧数の調整が必要になりつつある。

(2) 放牧数が減少すると、放牧料だけでは牧柵の維持管理に必要な経費を賄うことができず、農協は国や県の補助事業等を導入するなど、費用確保のための新たな手段を講じることで対応しているが、それでも膨大な牧柵延長・更新のすべてを適切に維持管理することは困難な状況にある。そのた

め、雑灌木の除去等、新たな管理作業が必要な個所も増加しつつある。
(3) 牧畑時代には一軒の農家が飼育する牛馬は数頭程度であり、しかも管理専従者である牧司(ぼくじ)もいたため、牛馬の衰弱死や滑落等の事故は未然に防がれていた。しかし、牛馬の管理が個人にゆだねられ、多頭飼いにより監視の目が行き届きにくくなったり、牧野における野シバの生育状況によって餌不足が生じるなど、牧野での牛馬の死亡件数が増加する傾向にある。現在、牛馬には保険がかけられており、保険給付金の支払いによって農家の損害は回避されているが、死亡件数が増加すれば保険料が高騰し、保険をかけられない農家が発生する可能性もある。
(4) 放牧料はおもに牧柵の維持管理に充てられ、土地所有者には還元されないため、放牧を行わない土地所有者が増えると、多頭飼いの畜産業者や農家と、土地所有者とのあいだで利害対立が生じる可能性がある。
(5) 農協が牧柵の設置や補修、雑灌木の伐採、農道の整備や管理を行うに際しては、原則的に牧野内の個々の土地所有者の承諾を必要とするが、従来は関係集落の区長や在島の親戚等に断れば不在地主の土地においても管理作業はできていた。しかし、公共事業費等の導入に際しては、島の慣例による手続きでは認められず、厳格な対応が必要になる場合も想定される。

上のすべてが今後の牧野利用にとって障害となりうるが、中小農家が牧畜から手を引くことの多い現状に鑑みれば、ことに(4)が島民相互の不協和音の元となっていく懸念がある。とりわけ中ノ島の海士町では、人口減少をくい止めるべく、関西方面などを中心にIターン政策にも力を入れており[15]、聞き取りなどによれば、新興住民が増えつつある。島外からの移入者に、旧来の慣習をいかに理解してもらうかも今後の課題となろう。

4. 肉用牛の生産

①肉用牛の繁殖

隠岐の牧畑は、現在、農作地としての機能を失い、もっぱら家畜飼育に特化

した形でその歴史的慣性をとどめている。隠岐では牛馬のうち、牛の飼育が多く見られるが、その牛の多くは他県の有力産地で生産される肉用牛の子牛（基牛）として生産され、出荷されていく。その子牛の生産は、特に島前の島々における基幹産業の一つになっている。

　西ノ島町の場合、町内の農業産出総額のほぼ100％にあたる約1億2000万円（平成21年度）を肉用牛の生産が占めている。同年、全島40戸の畜産農家が620頭の親牛を飼育し、412頭の子牛を出荷した（前掲表6）。

　肉用牛の生産は、ふつう産まれた子牛を数カ月から1年くらいまで育てて売る「繁殖」と、そこから子牛をさらに2〜3歳の成牛になるまで育てる「肥育」とに分かれるが、なかには両方を一貫して行う農家もある。現在、隠岐においては西ノ島で最も多くの肉用牛が生産されているが、この地における牧牛は、基本的に子牛を1年くらいまでの大きさに育て、それを島外に出荷する「繁殖」である。

飼育状況の推移

　近年の飼育状況を見てみよう（図13）。

　図は1981年〜2010年までの30年間について、西ノ島町における肉用牛の飼養農家数と飼養頭数を示したものである。この間、飼養頭数はだいたい800頭から1000頭の範囲でほぼ横ばいである。ただし、やや細かく見ると、1980

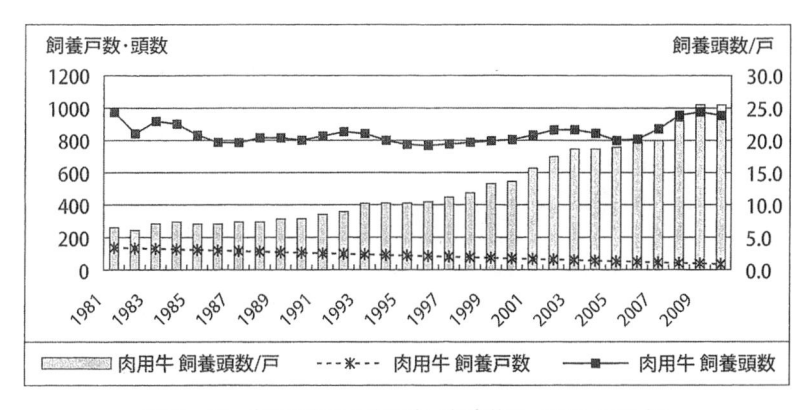

図13　西ノ島町における肉用牛の飼育状況（1981-2010年）
［出所］西ノ島町地域振興課資料。

年代に一度減少し、その後800頭前後で推移したものが、近年になって再び増加に転じている。

この間、飼養農家は一貫して減少したので、その分、1戸当たりの飼養頭数が増加している。すなわち、1981年当時の1戸平均約7頭から、2010年の約25頭へと増加し、多頭化と特定農家への集中がしだいに進んでいる。また西ノ島町では、いざなぎ牧場[16]（前掲表6）による肉用牛繁殖事業への参入がある。こうした事業体の牧畜への参入も近年の一つの特徴といえよう。

飼育に見られる隠岐の特長

現在、西ノ島で行われている飼育方法は、そのすべてが公共牧野を利用した季節放牧である。これはかつて牧畑時代に取られた牛馬飼育と基本的に似た仕組みで、春から秋にかけて公共牧野に放牧し、12月から3月の冬季には牛舎で飼育する。西ノ島における繁殖牛1頭当たりの年間生産費は15万円前後といわれ、国内の他の産地と比べて飼育コストが安い。このように、隠岐における牧牛は、牧野の共同利用によって生産費と労力が節約される点に大きな特長がある。なお、生産費の内訳は、おもに飼料費、衛生費、保険料等であり、牛舎や軽トラック等の建設・購入にかかる費用は含まれていない。

放牧時、餌となるのは牧野に自生する野シバが主体で（写真27）、これを食

写真27　野シバを食む馬（隠岐・西ノ島、2010年11月）

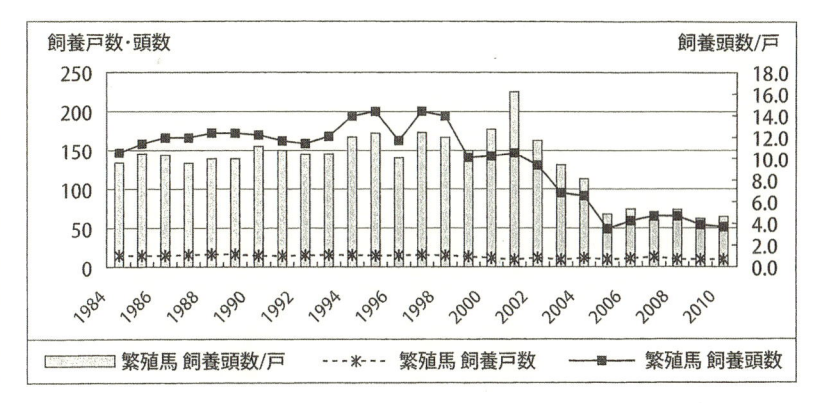

図14 西ノ島町における繁殖馬の飼育状況（1984-2010年）
［出所］西ノ島町地域振興課資料。

べて大きくなることで腹が丈夫になり、冬の舎飼いで濃厚飼料を与えても腹をこわすことが少ない。また、強風が海から運ぶ塩分が野シバに付着するので、ミネラルも自然に補給される。こうして生後約1年で足腰のしっかりした、肉質のよい子牛が育つ。

なお、前掲した表6には表されていなかったが、西ノ島町では牛のほかに肉用馬の生産も行われている。馬は通年放牧で育てられ、11戸の農家が52頭の馬を島西部の公共牧野で飼養している（図14）。また、これ以外に4頭の種馬が農協の管理によって飼養されている（平成21年）。現在、1戸当たりの馬の飼養頭数は5頭弱と、牛よりもずっと少ない。

②子牛の出荷

隠岐の子牛は、生後1年ぐらいまでに競りにかけられ、全国各地の肥育農家に買い取られる。肥育農家ではさらに1～3年ほど子牛を育て、数百kgから1000kgほどになったものを出荷する。この牛はすぐに屠殺処理され、全国の有名料理店や食卓に上ることになる。

隠岐の牛競り

平成22年11月3日、知夫里島で牛競りが行われた（写真28）。以下はその競り市での聞き取りによる。

写真28　牛競りの風景（隠岐・知夫里島、2010年11月）

　島前では、JA 隠岐どうぜんが場を設定して牛の競りを行っている。この競りは繁殖で育てた子牛を販売するためのもので、3月・7月・11月の年3回、それぞれ西ノ島・中ノ島・知夫里島にある競り市を巡回して行われる。いずれも各1日が競り日にあてられるが、日程はその年によって違う。各島の牛農家は、自島の競り市が立つ日に子牛を競りにかけて出荷するが、チャンスは年3回ということになる。

　知夫村には現在30軒の牛農家があるが（前掲表6）、この日は子牛が130頭、ほかに番外として10頭の雌の成牛が出品されていた。競りが始まったのは午前9時半で、昼くらいまで競りはつづけられた。

　競りには雄・雌両方が出されるが、雄はすべて去勢されている。去勢は生殖腺を切り取ってしまうことだが、このようにすると肉質が柔らかくなり、体も大きくなりやすい。一頭一頭の牛には親の血統がわかるように名簿がつくられており、仲買人に渡されている。血統は、肉質と体重の増え具合を決める大事な資料となり、仲買人は競りに先立って体格や毛並みを観察し、血統資料も参考にして落札価格を決めていく。

　島の牛農家は基本的に繁殖農家である。しかしなかには、繁殖用の雌の成牛

を出荷する家も少数ながらいる。知夫村では、繁殖後の子牛は4〜5カ月から7カ月ほどで出荷する家が多く、1年まで育てることはまずないという。7カ月すべてを公共牧野で育てる人もいれば、半分を牧野で、半分を牛舎で育てる人もいる。すべて牧野で育てるのは手をかけないためで、高齢の農家に多い。牛をいちいち移動させるのは面倒だが、出荷前に舎飼いすると牛がよく育ち、その分よい値がつきやすくなる。この日の競りでは、体重230kgの雄に34万円の値がついていた。

この日、競りの仲買人は長野、滋賀、広島、鳥取、島根、徳島などから訪れた。ざっと30席ある競り会場は仲買人や農協の関係者たちでいっぱいで、お茶や缶ビールで喉をしめらせながらの競りがつづいた。仲買人は、落札した牛をしばらく農家に預け、やがてフェリーとトラックで肥育農家のもとに移送する。

③「隠岐牛」の開発

これまで、隠岐の肉牛農家は基本的に繁殖を行っていた。売られた子牛はどうなるのかといえば、兵庫や三重などの肥育農家に送られ、そこで「神戸牛」「松阪牛」などとして育てられる。やがて高級牛肉になることが見込めるほど優秀な牛なのに、子牛で売ってしまうとよそのブランドになる。これが牛の畜産業界での昔からのルールである。

しかし、これではいつまでたっても「隠岐」のブランドは育たないし、産業

写真29　隠岐潮風ファーム（隠岐・中ノ島、2010年10月）

が乏しい離島の隠岐にあって、これは非常にもったいないことである。そこでこの現状を打破するために、島での肥育を手がけ、「隠岐牛」のブランドを作ろうという動きが始まった。その中心になったのが、中ノ島（海士町）の隠岐潮風ファーム[17]（写真29）である。

「隠岐牛」のブランド

島で成牛まで育て上げれば、「隠岐牛」のブランドが名乗れる。ただしその際、ただ育てさえすれば「隠岐牛」ではなく、次の三つの条件すべてをクリアすることが必要である。

（1）島で生まれ、島で育った牛であること。
（2）未経産の牛、つまり出産を経験していない雌の牛であること。
（3）日本食肉格付協会の肉質等級格付けが4等級以上であること。

（1）で、島とは中ノ島・西ノ島・知夫里島、そして島後のことで、海士町・西ノ島町・知夫村・隠岐の島町で産まれ育った牛であることをいう。

（2）の肉用牛を雌に限ることは、高級牛の場合には全国的にしばしば行われている。それは、雌のほうが体格が小さいために（雄は成長して体重が700〜1000 kgほどになるが、雌だと600〜700 kgほどにしかならない）、肉の芯が小さいからである。芯が小さければステーキにしたときの肉に厚みが出るが、芯が大きい雄では、同じ重さであれば薄いステーキになってしまう。ステーキは厚いほど高級感がでるから、しばしば雌牛がブランド牛の条件になるのである。従来の「繁殖」では体格の大きいことを良しとしたが、ブランド牛としては、「芯の小ささ」という隠れた品質が求められる。

（3）の等級は、日本食肉格付協会では肉質を4項目（脂肪交雑、脂肪の色沢と質、肉の色沢、肉の締まりときめ）の観点から5段階に定めている。4等級は、その上から2番目の等級ということである。5等級は全国平均で全体の15％ほどしか認定されない最高位の肉であり、4等級でも相当な高級牛ということができる。これらの条件を満たした「隠岐牛」には、同協会より、「隠岐牛出荷証明書」が発行される。

隠岐潮風ファームの経営

　前述した隠岐潮風ファームのホームページによれば、同社は約50 haの放牧地と繁殖牛舎1棟、肥育牛舎4棟を設備し、繁殖牛100頭と肥育牛300頭を飼育している。一般に、肥育専門の農家は、全国の繁殖農家から子牛を購入し、飼料業者から飼料を購入して飼育をしている。つまり、多くの業者と関係をもち、様々な土地から購入される牛や餌によって飼育を行っている。

　この点、隠岐潮風ファームの経営哲学は、「島内一貫生産」である。この場合の「島内」とは隠岐諸島全体のことであるが、繁殖と肥育を一貫して行うことで、業者取り引きの無駄が省かれるとともに、責任ある畜産態勢が可能となる。また、自然放牧を主体とすることともあいまって、牛にも、島にも負担を少なくし、より優しい畜産経営が期待できるという。

　具体的には、飼料も放牧時には自然の野シバが使われるほか、畜舎での肥育時においても、粗飼料はできるだけ島内で賄うよう心がけ、島内産の牧草と稲わらを使用することにもこだわっている。また、配合飼料については島内では入手が困難なため、購入飼料（とうもろこし・麦・ふすま・大豆粕など）を使用するが、その配合は牛の成長に合わせて独自に行っている。もともと隠岐の牛は島の斜面で放牧されて育つので、本土の牛に比べて足腰が強靭で、免疫力が強く、健康である。病気になること自体が少なく、隠岐諸島の4島を合わせても、ただ一人の獣医で事足りていることがそれを証明している。

　平成22年度の出荷実績は138頭で、うち50.7%が最高級の5等級、31.2%が4等級、残る18.1%が3等級以下の牛であった。つまり、全体の8割強が「隠岐牛」のブランドで出荷されたことになる。ことに、最高級の5等級が全国平均（約15%）と比べてきわめて高率であることが、「隠岐牛」の品質の高さを裏づけている。

5. 考察

　図15を見ると、牧畑はかつて青潮海域を中心に分布していた農法であることがわかる。ことに朝鮮半島に近い対馬や、韓国の済州島でも見られたことを

150　第4章　青潮海域と生業

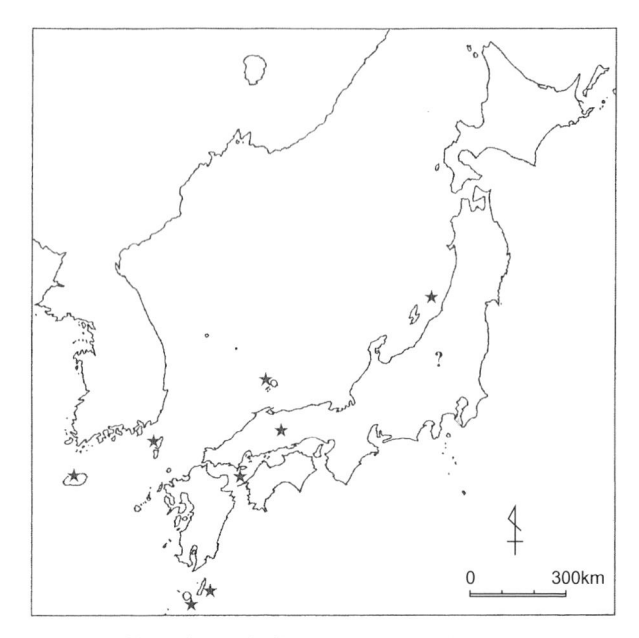

図15　牧畑と牧畑に類する土地利用の見られた地域（★印）
［出所］白坂 蕃（1997）：「青潮文化としての牧畑」、市川健夫編『青潮文化
　　　－日本海をめぐる新文化論－』古今書院、p.53 より転載。一部加筆。

考えると、半島から青潮に乗って、隠岐や新潟県粟島などに伝播した生活文化であることも考えられる。

　また、放牧と耕作とが輪転して行われた牧畑は、ヨーロッパの三圃式農法とよく似た形式の農法である。三圃式農法とは、地力の消耗がとかく激しい畑作農耕において、地力の回復を図るために考えられた農法といえる。それは、3分した圃場の一つに小麦・ライ麦などの冬作物を、一つに大麦・えん麦・豆類などの夏作物を栽培し、残り一つを休閑させたうえ、年々それを交代させるものである。そして休閑地には豚などの家畜を放牧することで、その糞尿を利用して地力を回復させた。三圃式農法の成立期は11〜12世紀頃とされるが、前述したように、この時期が隠岐で牧畑の萌芽が見られた12〜13世紀頃とほぼ対応している点もおもしろい。

　三圃式農法との類似は偶然の所産というべきだろうが、それはヨーロッパと

ある意味で似た環境にある、すなわち畑作に依存せざるをえない隠岐の自然的特性が背景にあるものと思われる。隠岐、とくに島前の地勢は山がちで沖積地に乏しく、それが済州島や朝鮮半島との共通点ともなって、牧畑という生きる知恵が流入し、定着した要因ではないかと考えられる。

[注および文献]

1) 三橋時雄（1969）：『隠岐牧畑の歴史的研究』ミネルヴァ書房
2) 野本寛一（1996）：「隠岐島牧畑民俗素描」、民俗文化 8、pp.111-150
3) 西ノ島町編（1995）：『隠岐　西ノ島の今昔』島根県隠岐郡西ノ島町、p.299
4) 前掲書1）、p.7
5) 前掲書3）、p.301
6) この牧柵は、隠岐対岸の島根県から岡山県にかけての山中（斐伊川上流から高梁川上流の地域）では「カベ」とも呼ばれた。ここで「カベウチ」とは牧柵に囲まれた所であり、「カベソト」とは牧柵で囲い込まれていない所を指す。牧柵に囲まれた所と言えばふつうは放牧場を考えるだろうが、ここではその反対で、「カベウチ」とは牛が入ってはならない所をいう。つまり、牧場ではなく、集落と耕地のほうが柵（垣）に囲い込まれているのである。カベの内と外とが今日一般の感覚とあべこべであるのは、牧畜の粗放性に由来していると考えられる。ちなみに、ふつうは「カベウチ」、「カベソト」と呼ぶが、少しあらたまったときには「カキウチ」、「カキソト」と呼んだ。以上については、石田　寛（1961）：「農業地域における牧畜」、野間三郎編『生態地理学』朝倉書店、p.27 を参考。
7) 垣の材質は石積みだけとは限らない。牧畑の垣と同様の役割を果たしたものに、西日本一帯に広く分布した「シシ垣」（イノシシ駆除を目的とした垣）があるが、その素材について高橋春成氏は次のように述べている。「大規模で恒久的なシシ垣は、石を積んだり、土を積んだりして造られた。石が多い所では、花崗岩、安山岩、石灰岩、砂岩など、それぞれの場所で手に入る石が使われた。沖縄ではサンゴも活用された。石積みのつぎに恒久的なものは、土積みのシシ垣である。〔中略〕しかし、このような大規模なものの他に、木や竹などを組んだ比較的簡易なシシ垣も、古くから各所に設けられてきた。」（高橋春成編（2010）：『日本のシシ垣』古今書院、「まえがき」による）。隠岐の牧畑で用いられた垣の素材もこれとだいたい同じである。

8) 石については、p.121 の注 2）を参照のこと。
9) 前掲書 1)、p.214
10) 市川健夫（1981）:『日本の馬と牛』（東書選書）、東京書籍、p.158
11) 隠岐どうぜん農業協同組合（JA 隠岐どうぜん）。島前三島（西ノ島・中ノ島・知夫里島）を事業範囲とし、西ノ島町に本所と支所を、海士町と知夫村に支所を置く。なお、島後は隠岐農業協同組合（JA 隠岐）が事業範囲とする。
12) 表 6 では知夫里島（知夫村）でのみ馬の飼育が見られるが、実際には西ノ島でも馬が放牧されている。環境省の資料によれば、平成 21 年度現在、西ノ島町全域で 52 頭の馬が放牧されている。
13) 以下、環境省資料（http://www.env.go.jp/nature/satoyama/syuhourei/pdf/cjj_1.pdf）を要約。
14) 前掲 13）に同じ。
15) 山内道雄（2007）:『離島発 生き残るための 10 の戦略』日本放送出版協会。なお、著者の山内氏は島おこしで全国的にも知られた現海士町長で、筆者が面会した 2011 年 11 月には 2 期目を務めていた。
16) 合同会社の形態をとる農事法人で、本業は土木建設業。平成 19（2007）年にこの事業に参入した。2010 年度、島根県事業「地域とともに企業が変える「魅力ある島根農業」への挑戦」に参加したが、その企業紹介欄には次のように記されている。

「公共事業が減少する中、雇用の場を確保し、新分野に進出することを模索する中、「農業（畜産）」に着目。水産業も検討したが、生産から流通のリスクが大きいことを考慮し断念。地域で取り組まれており可能性の高い畜産（肉用牛繁殖）とした。放牧による低コスト経営が期待でき、畜産農家も多いことから新規参入でも十分可能性はあると判断した。」

17) 有限会社の形態をとる農事法人で、本業は土木建設業。平成 16（2004）年にこの事業に参入した。同社のホームページには次のように記されている。

「当社は平成 16 年 1 月に設立し、構造改革を推進する時の内閣府に「構造改革特区」を海士町が申請、同年 3 月に「潮風農業特区」の認定を機に本格的に農業参入した新しい会社です。「地域の農業、林業、水産業があるからこそ会社は存続する」という強い信念のもと、離島というハンディキャップを乗り越え農業のブランド化を目指し、将来の隠岐島を支えうる事業を展開したいと考えています。」

3節　五島〜佐渡〜飛島のイカ漁

1. はじめに

　隠岐・西ノ島の浦郷にある由良比女神社はイカを祭っためずらしい神社で、灯篭の台座にはスルメイカが描かれている（写真30）。神社前の浜辺は「イカ寄せの浜」（写真31）と呼ばれ、かつて毎年11月下旬から2月中旬にかけて、スルメイカの大群が押し寄せて浜に上がった。イカが来るのは波穏やかな夜、月の出入りの時刻が多かった。浦郷の人々は海岸に番小屋を建て、イカを釣るのではなく、それこそ拾って歩いた。多いときには大八車で引くぐらいとれたという。そんな番小屋が戦前には数十もあった。

　世界のイカの消費量は年120〜140万tほどといわれるが、うち約80万tを日本人が食べている。このうち2割前後は輸入物だが、60〜65万tが近海で水揚げされる。青潮海域は多くの漁業資源に恵まれたところだが、なかでもイカは大量にとれた重要な産物である。最も漁獲量の多いのはスルメイカ（写真32）で、五島列島周辺の海域で産卵を行い、日本海を中心に回遊している（図16）。

写真30　由良比女神社の拝殿とイカの灯篭（隠岐・西ノ島、2010年11月）

154　第4章　青潮海域と生業

写真31　イカ寄せの浜（隠岐・西ノ島浦郷、2010年11月）

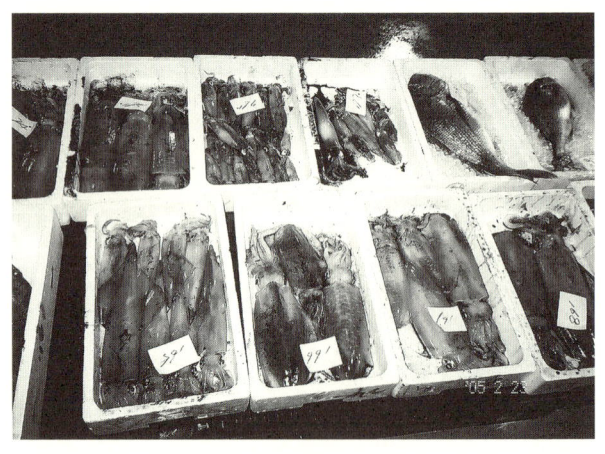

写真32　水揚げされたスルメイカなどのイカ（福江市魚市場、2005年2月）

　これに対して、タコは世界の年間消費量のおよそ3分の2に当たる約16万tを日本人が消費する。しかし、日本近海で水揚げされるのはせいぜい4〜5万トンと少なく、残りは遠く北アフリカなどから輸入されている[1]。タコはたこ焼きなどの味覚で庶民になじみ深いものだが、量的な面においてイカに遠く及

3節　五島〜佐渡〜飛島のイカ漁　155

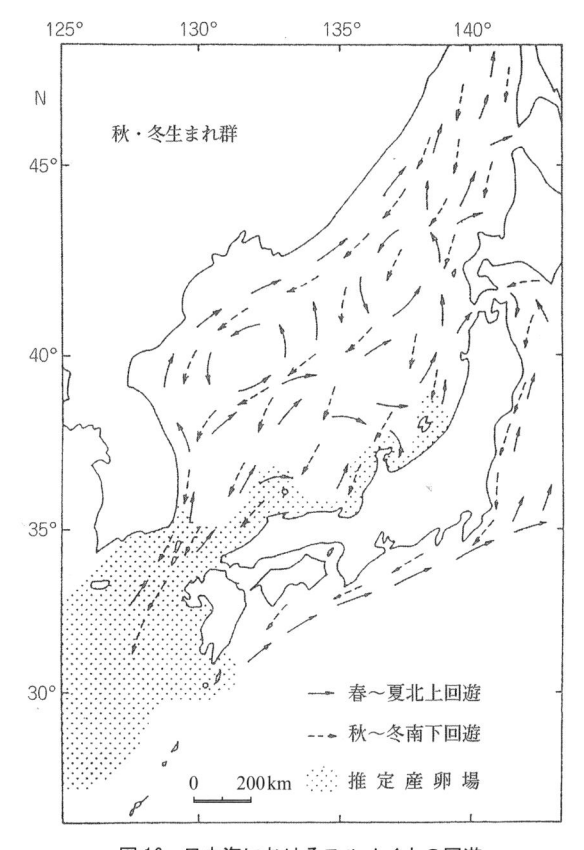

図16　日本海におけるスルメイカの回遊

注）水産庁・笠原昭吾原図
［出所］市川健夫（1997b）：「青潮地域の漁業文化」、市川健夫編『青潮文化
　　　－日本海をめぐる新文化論－』古今書院、p.23 より転載。一部加筆。

ばない。

　消費量の多さからいっても、日本近海における資源量からいっても、イカはまさしく日本を代表する魚介類の一つである。この節では、おもに長崎県五島、新潟県佐渡、山形県飛島に取材し、イカ漁にまつわる習俗について考察する。

2. イカ漁の民俗

イカの種類

　図16のように、スルメイカに代表されるイカ類の産卵域は、青潮海域としては南に位置する五島近海が中心である。これはイカがもともと南洋に出自をもち、黒潮と青潮に乗って日本海に入り込んだ生物であることを示唆している。五島近海で最も高級かつ重要なイカはアオリイカ（当地では「水イカ」と呼ぶ）で、その生息域は北海道南部を北限とし、日本近海から西太平洋、インド洋の熱帯海域にまで広く分布している。水イカを干物にすることを、当地では俗に「スルメにする」と言っているが（その製品を「水スルメ」と呼ぶ）、水イカは丸みを帯びた大型のイカで、スルメイカとはまったく別物である。市場価値が高いため、ていねいに釣り上げられ、生きたまま水揚げされることも多い。年中とれるが、旬は冬場である。刺し身にした時の透明感と甘みは他のイカの追随を許さない。日本では五島列島近海から、南西諸島付近にかけての海域が主要漁場となっている。

　剣先イカも重要である。日本海では概ね能登半島以南、太平洋では伊豆七島以南の海域に生息し、五島近海が主産地であるため、俗に「五島スルメ」とも呼ばれている。新鮮なものを刺し身にすると甘みがあり、このイカもかなりの美味である。

　いっぽう、漁獲量の点で最も重要なのはスルメイカである。近年の年間漁獲量は30万tを超え、日本近海で水揚げされるイカのほぼ半分がスルメイカである。このほか、スルメイカの仲間である赤イカ（スルメイカ、赤イカともにアカイカ科に属する）も量的には多くとれるが、こちらはスルメイカと比べて肉質が劣るため、漁師の間では「バカイカ」とも呼ばれており、それが赤イカの語源だという説もある。さきいかや冷凍フライなどに加工されることが多い。

イカ釣りの漁具

　今日、イカ釣りには延縄を用いるが、これは当初の一本釣りがしだいに糸と針を増やしながら発展してきたものと考えられる。

　イカ釣りの伝統的な漁具は「ツノ」（写真33）という竿で、手元で二股に分

3節　五島〜佐渡〜飛島のイカ漁　157

かれているものは「二本ヅノ」と呼ばれる。ツノの先端にエサに似せて作った「トンボ」（写真34）という大きな釣り針をつけるが、トンボは松や竹、鼈甲、動

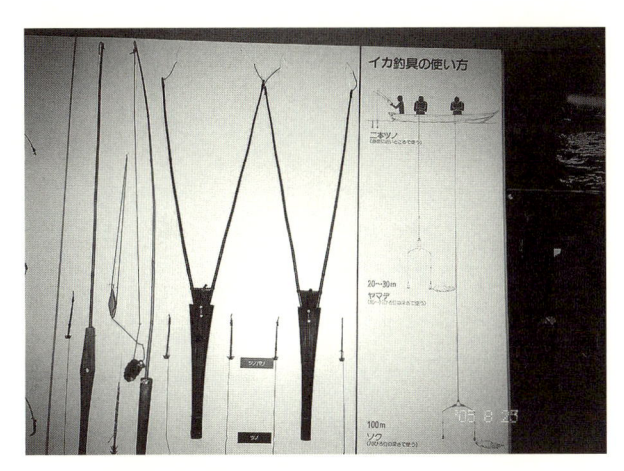

写真33　イカ釣り用のツノ（佐渡、2005年8月）

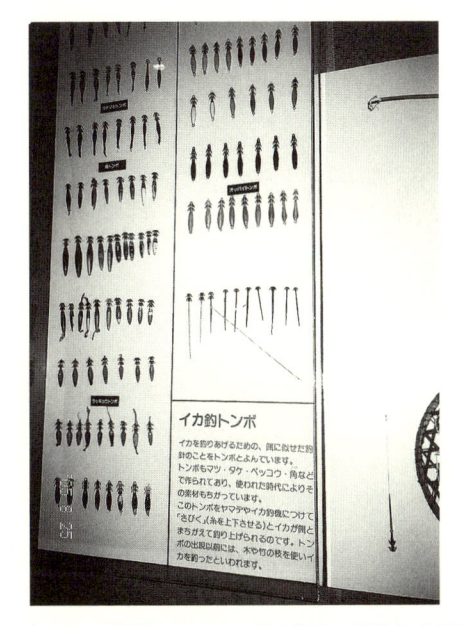

写真34　イカ釣り用のトンボ（佐渡、2005年8月）

物の角などで作り、円環状に多くの針が取りつけられている。これは1匹のイカがエサに食いつくと、連鎖的に数匹が同じエサに食いつくというイカの習性を利用するもので、ふつう一つのトンボには何匹ものイカがかかってくる。ツノは海の最も浅いところで使う漁具であり、水深が20～30mぐらいまでなら「ヤマデ」を使った。イカ釣りの漁具は古くはこの2器であったが、1801（亨和元）年、海底にいるイカを釣る「ソクマタ」が考案された（図17）。

漁具の進化は漁法の深化にも結びつき、二本ヅノを同時に両手で操って、計4本のツノでイカを釣る特異な技能に発展した。水深への対応と、糸・針の増加が同時進行して追求された技術である。以上の漁具の呼称はおもに佐渡におけるものであり、佐渡ではソクマタ・ドンボ・ツノを「イカ釣り三具」という[2]。

イカの民俗

通過儀礼や年中行事には、今も伝統的に決められた食べ物を用意することが多い。そうした「ハレ」の日の食は地域や家によっても差があるが、一般性や共通性が認められる点も少なくない。例えば、「めでたい時の食べ物」としての鯛をはじめ、海老、鮑、昆布、鰹節などの海産物が慶事によく用いられるが、これは全国共通の民俗といってよい。イカもまた、スルメにすることで慶事に用いられてきた代表的な食品である。それでは、なぜイカ（スルメ）はめでたいのか。

古来、イカは干すことによって長期保存ができる有難い蛋白源だった。その

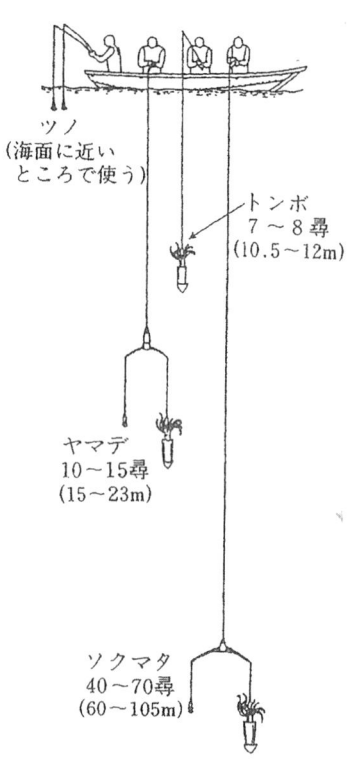

図17　佐渡のイカ釣り具の使い方
注）池田哲夫原図
［出所］山下脩二（1997）：「イカ漁にみる青潮文化」、市川健夫編『青潮文化―日本海をめぐる新文化論―』古今書院、p.33より転載。

ため、海から遠い京の都へ運ぶことも可能であり、美味かつ貴重な海の幸として珍重された。これがやがて神前への供物となり、慶事の食べ物となった要因であろう[3]。

イカは「烏賊」と書き、奈良時代の木簡にも見えることから、古くから食用にされていたことがわかる。平安中期の辞書『倭名類聚抄（わみょうるいじゅしょう）』は、「烏賊」の項で、常に水面に浮上していて、烏がこれを死んだものと思って舞い降りてついばもうとすると、たちまち烏を巻き取り、水中に引き入れて食べてしまうという中国の説を紹介している。つまりイカは、「烏にとって賊」であり、そのために「烏賊」の名があるわけである。こうした言い伝えはイカと人との古いかかわりを伝えている。

バラモン凧（だこ）で知られる五島列島の福江島では、凧のことを「ハタ」と呼ぶ。ハタは「旗」であり、旗を上空に揚げる慣わしは、それがどこか他所にいる者に対する連絡行為から派生したものであることを思わせる。

この凧を「イカ」と呼ぶ地域もある。国語学者の徳川宗賢氏はこの呼称について、「（長崎でバテレンが誅罰されたとき、信者たちは、神の力によって何かがきっと起こると期待している。代官はそれをからかうため）童部共ノモテアソビ（ものの）烏賊幟（いかのぼり）トヤラン云物ヲコシラヘ（ろうそくをともして宵闇の空にあげる。信者たちは、天から光明が下ったとざわめく……）」という、江戸時代初期のキリシタン弾圧書『破提宇子（はだいうす）』（1620年）にみられるこの記述が、イカノボリの初見例だとしている[4]。凧のことを「イカ」と呼ぶ習わしは、鳥取あたりから、佐渡を通って新潟の下越に至る地域に見られ、青潮海域に特徴的に分布する呼称である。

イカの保存

飛島（とびしま）はさしずめイカの島である。この島がいかにイカに恵まれた島だったかを示す描写がある。

「飛島は秋の3カ月を除いて周年イカの漁が続き、文字どおり「イカの島」」といわれておった。春5月ヤリイカの漁が終わるとスルメイカ漁が始まり、北上するイカの通り道にあたるため、1000mそこそこの至近の海で漁をしていたが、むかしは今と違って本土への生出荷は不可能に近く、ほとんどスルメに加

工され、最盛期には、浜は勿論、道路も屋敷までもと、足の踏み場もないくらいに乾されていた」[5]。このように、青潮に囲まれた飛島ではおもしろいようにイカがとれたが、交通不便な離島ゆえ生のまま出荷することはまずできなかった。そこで保存食に加工することが必要だったが、それが「スルメ」であった。

「スルメ」は本来、スルメイカを短く縮めたもので、干したイカを指す言葉ではない。しかし、それが干しイカ全般を指す言葉に転じたわけは、スルメイカの漁獲量が圧倒的に多かったためと考えられる。イカの種類には関係なくイカを干物にすることを「スルメにする」と言ったが、この場合の「スルメ」は乾蔵という方法によって編み出された保存食品である。

ところが、梅雨などの時期には乾蔵という方法がとれない。そこで重要になるもう一つの保存法が塩蔵である。イカの場合、ふつう「イカの塩辛」と呼ばれ、酒の肴やご飯のおかずとして食されることが多いが、飛島のイカの塩辛は調味料、すなわち魚醤としても発達した。魚醤としてのイカの塩辛は能登の「イシリ」などにも見られるが、詳しくは第6章で検討する。

3. 飛島の人びと

「イカの島」とでもいえる飛島について、そこに生きた人びとの生活の一端を眺めてみよう。

①行商と五月船

半農半漁といえるほどの田畑も持たず、ほとんど漁業だけに依存した飛島では、米や麦、味噌や醤油といった、魚貝以外のほとんどあらゆる生活物資を島外に求めなければならなかった。純漁村である飛島の生活には、生きる営為として行商という行為が必然的に組み込まれてきた。

元漁師で、現在は旅館経営をしている本間権四郎さん(大正15年生まれ)(写真35)から行商にまつわる記憶を聞いた。

とった魚は乾蔵や塩蔵し、船に積んで行商に出る。よく持っていったのは、

写真35 本間権四郎さん夫妻（酒田市東大町、2005年12月）

トビシマタナゴ（タナゴ）やトビシマシンジョウ（ホッケ）といった魚、ワカメ、アラメ、エゴ草、テン草、モズクなどの海草、そしてイカである。行商先は、秋田の本荘あたりのこともあれば、酒田の先、内陸の余目にもよく行ったものである。余目の場合、酒田の港で荷車を借り、そこに魚貝や海草を積み込んで内陸へと向かう。当時は商いをもっぱらとする「魚屋」はおらず、みな漁師が売り歩いたものである。

　村に入ると、「シンジョウ早くこないか」と言っては、みな行商が来るのを首を長くして待っている。なにせ農家の力仕事は大変な時代で、タンパクも欲しいし塩も欲しい。今は減塩云々と言っているが、塩蔵の魚は農家の貴重なタンパク源というほかに塩分補給の点でも必需品だった。

　だいたいシンジョウ3匹あれば、米1升と交換できた。漁師にとっては安いものである。飛島でとれるシンジョウは、うまいだけでなく、切り身にして煮ると、身がくずれないのに骨が簡単にはずれる扱いやすい魚であった。

　飛島にはかつて行商の形として「春船」「秋船」という独特の習慣があった。大正末期の時点において、春船は300年来のしきたりといわれ、「五月船」の名でも呼ばれていた。それは田植えの頃を見計らい、魚貝や海草を船に満載し

て、秋の収穫時に米を受け取る約束で、それらの品を農家に納めに行く船のことである。行き先は東田川郡や、秋田県由利郡などが中心で、前者は権四郎さんも通った余目を、後者は同じく本荘を、それぞれ含む地域である。田植えの頃を見計らって出かけるのは、農家にとって、それがあたかも田植え祝いの料理をする材料の欲しい時期であるからで、「檀家」と称する決まった得意先を、毎年同じ宿を取っては回り歩くのが習いであった。

　秋になると、得意先へイカの塩辛などを手みやげに持ち、約束の米を取りに行くが、この時の船が秋船である。春船・秋船（以下、両者を一括して呼称する場合、便宜上、単に「五月船」という）ともに、日を決めて村中そろって出かけたので、留守をあずかる島の者は、毎日主人の身を案じ、帰るときには村を挙げての出迎えとなった[6]。

　『島と漁民－漁村社会経済調査－』[7]という資料から、昭和8（1933）年における飛島漁民の「檀家」の所在地を見てみよう（表7）。庄内平野の中央をほぼ西に流れる最上川を挟み、北を飽海郡、南を田川郡と称したが（田川郡はのち、内陸寄りの東田川郡と、海寄りの西田川郡とに分かれた）、最上郡はこれより上流の新庄盆地を、由利郡は秋田県の最南西部を占める地域である。

　さて、表をみると、東田川郡と飽海郡に檀家が多いが、集落別には、勝浦と中村が東田川郡に、法木が飽海郡に、それぞれ最も多くの檀家を持っている。このほか『島と漁民－漁村社会経済調査－』は、同じ年の檀家の所在地を村単

表7　飛島村における各集落の郡別檀家数（1933年10月）

（戸）

所在地		勝浦	中村	法木	計
山形県	飽海郡	1896	862	1436	4194
	東田川郡	2420	1878	80	4378
	西田川郡	566	490	199	1255
	最上郡	30	0	0	30
秋田県	由利郡	287	0	824	1111
計		5199	3230	2539	10968

［出所］宮本倫彦著・松村勝治郎編（1934）：『島と漁民－漁村社会経済調査－』協調会、pp.65-72より作成。

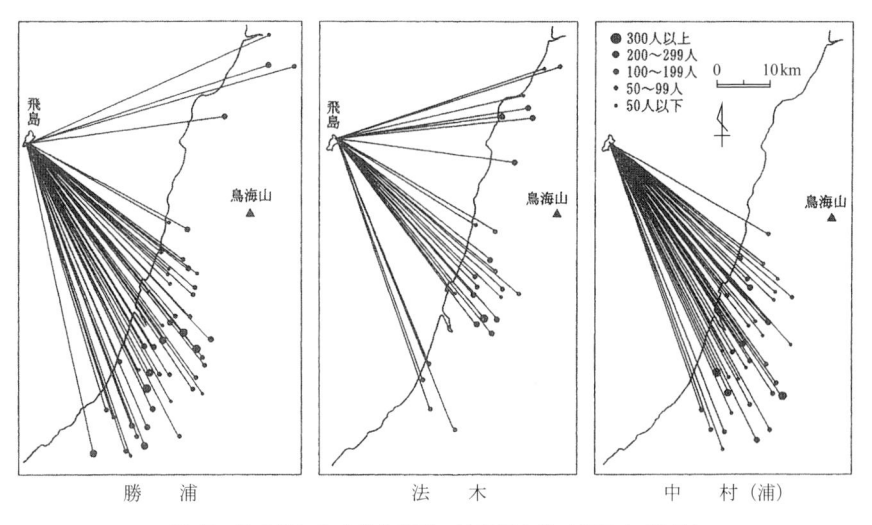

3節　五島〜佐渡〜飛島のイカ漁　163

図 18　飛島村における集落別の檀家所在地（1933 年 10 月）
注）宮本倫彦著・松村勝治郎編（1934）:『島と漁民―漁村社会経済調査―』協調会より平岡昭利作成。
［出所］平岡昭利（2000）:「急激な高齢化に悩む日本海の島　酒田市飛島」、平岡昭利編『東北　地図で読む百年』古今書院、p.129 より転載。一部加筆。

位でも集計しているが、これについては、平岡昭利氏[8]がその資料を使って詳細な地図を作っている（図18）。

　このとき、飛島村における総戸数は181戸、うち檀家を持つもの130戸、まったく持たないもの51戸であった。このことから単純計算すれば、檀家を持つ家1戸当たりの檀家数は約84戸となり、春船でこれらの家に1軒ずつ寄り、米以外の生活必需品を少しずつ集めて回った。収穫の半年も前に魚貝や海草を農家に納める春船には、農家の意識もついつい甘くなりがちで、漁民に有利な比率で米を渡したという。

　権四郎さんから話を聞いたのは、酒田市東大町（ひがしおおまち）にある権四郎さんの別宅である。五月船で本土との間をたびたび往復した飛島の住人の多くは、酒田市内に別宅を設けていた。冬の日本海は荒れることが多く、いまでも定期船が欠航して文字通りの孤島となる期間が長い。そこで冬の間だけ酒田の別宅に居を移す島民はいまも少なくない。現在、権四郎さん夫妻はこの別宅を本宅として住

み、勝浦集落にある本宅には長男夫婦が住んで旅館を営んでいる。

　飛島の五月船の慣行は、のちに行商地である酒田を中心とした本土の地に、別宅を設けさせるという習慣をもたらした。これは島の生活の厳しさと、日本海の荒波が生んだめずらしい慣行といえよう。

②もらい子

　飛島にはもらい子の風習があった。行商で村々を回っていると、どこからともなく自然に、「子供をもらってくれないか」という声が耳に入ることがある。何人も子供がいた家で父親が死に、母親の体が弱いとくれば、泣く泣くもらってもらいたいのが心情だろう。

　飛島では人手はいつも不足していた。今は動力船だが、昔の漁船は帆掛け船で、風がなければ人力で漕ぐしかない。だいたい2t見当の船で、櫓に1人、櫂に2人つき、合わせて3人がかりで漕いだ。だから、手間の足しにと、男子の働き手はいつも必要とされていた。再び権四郎さんの記憶である。

　　飛島小学校には学年に30〜40人の子供がいたが、そこに必ず3〜4人のもらい子が含まれており、余目からも何人か来ていた。もらい子を「素行が悪い」とか、「しっこを垂れる」とか言っていじめたが、気の毒なことをしたものである。

　家にもらい子が来たのは自分が小学2年か3年の頃だったろうか。三つ年長の男児が我が家の養子となった。年上で、体も大きく、頼もしくも思ったが、それはもらい子の兄である。島のもらい子は普通の養子と違って、やがて独り立ちできる年になると自由の身となって島を出ていく慣習があった。なんとも不思議な兄弟の関係だった。

　昭和20年2月、自分は飛島からの第2期志願兵として京都舞鶴にある海兵団に入隊した。19歳の時である。大雪の日で、丸一昼夜かけて汽車で行ったのを昨日のことのように思い出す。ある日、洗面所で顔を洗っていると、トントンと肩をたたく人がいる。何かと思って振り返って見ると、そこに笑みを浮かべて立つもらい子の兄がいた。兄は自分より先に入隊しており、舞

鶴で一緒になったのである。
　兄はこのわずか後、レイテ島で戦死を遂げた。無事終戦を迎えられれば、すぐにも独り立ちして、島から出ていくはずだった人である。

　飛島のもらい子は、労働力の不足を補う手段として、無賃の働き手を雇い入れるうまい方法だった。それはだいたい5～6歳からの幼児を養育しながら、おおむね21歳になるくらいまで労力を提供させるやり方である。仕事は大変でも、やがては自由になれるのだから、もらい子にとってもありがたい成長の手立てだった。島のもらい子を、「南京小僧」と揶揄する言い方が残っている。これには南京袋に入れて盗むようにしてつれてきたからだという説もあるが、本当のところは仕事の手伝いに南京袋で作った前掛けを下げていたからということらしい。
　長井政太郎[9]によれば、昭和7（1932）年に78人、12年に64人、22年に52名、25年に55人のもらい子が島内に存在した。当時の総戸数はおおよそ180戸であったから、ほぼ3軒に1人の割でもらい子がいたことになる。
　また、昭和25（1950）年のもらい子55人について、飛島に渡った年次についてみてみると、昭和9年が1人、10年が1人、14年が3人、15年が5人、16年が4人、17年が2人、18年が5人、19年が4人、20年が3人、21年が5人、22年が6人、23年が7人、24年が7人、25年が1人、その他不明が1人という内訳になっている。ほとんど毎年のようにもらい子が島に入ってきたことがわかる。
　いっぽう、同じ昭和25年のもらい子について、その実家の所在地をみてみると、飽海郡や東・西田川郡などの庄内が33人、最上が2人、由利郡などの秋田が6人、樺太が4人、東京が2人、ほかに北海道・岩手・千葉・山梨などが1人ずつとなっている。相当広い範囲にわたっているが、多くは地元からのものといよう。
　また、昭和8年10月の調査で、どの集落にもらい子が多く入っているかをみてみると、法木が全島の約半数を占めており、中心的な受け入れ集落になっている（表8）。県北の飽海郡や、その北の秋田県からのもらい子が多いが、

表8 飛島村における各集落の郡別もらい子数（1933年10月）

(人)

所在地		勝浦	中村	法木	計
山形県	飽海郡	7	4	9	20
	東田川郡	2	4	3	9
	西田川郡	1	0	0	1
秋田県		2	1	8	11
計		12	9	20	41

［出所］宮本倫彦著・松村勝治郎編（1934）：『島と漁民－漁村社会経済調査－』協調会、pp.89-91 より作成。

これも、これらの地域とのつながりが強い法木がもらい子を多く取っていたことの結果といえよう。

以上から、もらい子と五月船との関係について次のように整理することができる。

(1) 五月船による交易範囲と、もらい子の実家の所在地とはおおむね重なり合っている。五月船で檀家を回り、その関係を通じてもらい子を取るという関係が見て取れるようである。
(2) 一方、もらい子の実家は、五月船による交易範囲よりいくぶんか北に偏る傾向がみられ、飽海郡から秋田県にかけての地域で相対的に多くなっている。
(3) その結果、五月船でこれら地域と関係が深い法木集落でもらい子の数が多くなっている。

③出稼ぎ

飛島では、漁や五月船の行商で島を出る人、もらい子として島に入ってくる人、やがて年季があけて島を出て行くもらい子などがおり、かなり活発に人の出入りがあったといえる。そうした環境のなかで、島民による出稼ぎもかなり盛んに行われた。飛島は人びとが「移動」をいとわない島であった。

女子の場合、大正から昭和初期にかけては紡績女工として、静岡、名古屋、

福島、東京などの製糸・紡績工場に出かけていった[10]。行き先としては全国の農村の場合と大差ないが、島の人口がおおよそ1500人であった大正12（1923）年の1年間で、大挙50～60人の娘たちが女工になったというから、「移動」に対してきわめて積極的な島民精神を読み取ることができよう。あるいは島の狭隘さゆえ、出てゆかざるをえない環境にあったと言ったほうが正しいのかもしれない。

　男子の場合、おもに北海道方面への出稼ぎが中心だった。これは飛島と北海道の漁期のズレを利用した漁業出稼ぎが主だったため、ニシンの刺し網やイカ釣りに従事した。漁であるから、どこかの工員のように事業所に勤めるわけでなく、島から漁船に乗って長期間出漁するかたちの出稼ぎだった。けれども、期間が長いところはまさに出稼ぎそのもので、北海道方面へは7月から11月、その先の樺太方面へは11月から翌3月までが出漁期だった。当然どこかに宿も取りながら、あるいは船に住み込んでの操業が続けられた。

　そのような船を「川崎船」[11]と呼んだ。これは船の所有者が島で乗員を募り、その所有者から報酬を受けるかたちで漁に出るというものだった。だいたいニシン船では10人強、イカ釣り船ではやや少ない10人弱が乗員となり、青潮の大海原へと出かけていった。島と漁期は違っても、同じイカなら主要漁場は青潮海域であるから、青潮を追っての旅だったことが出稼ぎ先にもよく表れている（表9）。

表9　飛島村における出稼ぎ先別の出稼ぎ者数（1932年度）
（人）

出稼ぎ先		勝浦	中村	法木	計
北海道	函館	40	13	11	64
	奥尻	10	4	13	27
	千島郡	0	0	3	3
青森県		0	16	1	17
秋田県	由利郡	0	0	17	17
計		50	33	45	128

［出所］宮本倫彦著・松村勝治郎編（1934）：『島と漁民－漁村社会経済調査－』協調会、pp. 94より転載。一部加筆。

男女とも、飛島の出稼ぎは単に島の貧しさを象徴しているだけとはいえない。これだけ多くの男女が日々・年々出稼ぎに勤しんだ事実は、元来が「移動と交易」に生きた島民の、積極果敢な生き様を示しているといえようか。

[注および文献]

1) 以上のイカとタコの消費量に関する数字は、小学館（1995）:『食材図典』、p.88 による。
2) 山下脩二（1997）:「イカ漁にみる青潮文化」、市川健夫編『青潮文化－日本海をめぐる新文化論－』古今書院、pp.26-39
3) 松下幸子（1991）:『祝いの食文化』東京美術を要約。
4) 徳川宗賢（1979）:「たこ（凧）－17世紀以降の言葉－」、徳川宗賢編『日本の方言地図』（中公新書）、中央公論社、p.167
5) 本間又右衛門（1995）:「飛島の塩辛とタレのルーツ」、石谷孝佑編『魚醤文化フォーラム in 酒田』幸書房、p.28
6) 早川孝太郎（1925）:『羽後飛島図誌』（『早川孝太郎全集　第9巻』、1976）、未来社、pp.363-364
7) 宮本倫彦著・松村勝治郎編（1934）:『島と漁民－漁村社会経済調査－』協調会
8) 平岡昭利（2000）:「急激な高齢化に悩む日本海の島　酒田市飛島」、平岡昭利編『東北　地図で読む百年』古今書院、pp.127-130
9) 長井政太郎（1982）:『飛島誌』国書刊行会、p.61
10) 前掲書7)、pp.93-94
11) おもに東北から北海道で用いられた発動機付きの小型漁船のこと。蟹工船の付属船としても使われた。

4節　奥出雲のタタラ製鉄

1. はじめに

　島根県奥出雲地方は、旧出雲国東南部の中国山地の山あいの地、仁多・飯石・大原の三つの郡を指す。これらの郡はまた、出雲国の最南部にあたるこ

とから、当地は「雲南三郡」という呼称も広く使われている。この地域は日本海からは40kmほど内陸に位置しているが、中国山地の北側斜面にあり、青潮地域の一角をなしていると言ってよい。

　雲南三郡のうち、ことに最も山方に位置する仁多郡横田町（鳥取・広島県境の町）、仁多郡仁多町（広島県境の町）、飯石郡吉田村（広島県境の村）の3カ町村（図19）は、古事記に由来する八岐大蛇神話で名高い、船通山（鳥上山）に源を発する斐伊川の上流域をしめ、古来より鉄づくりの盛んな土地として知

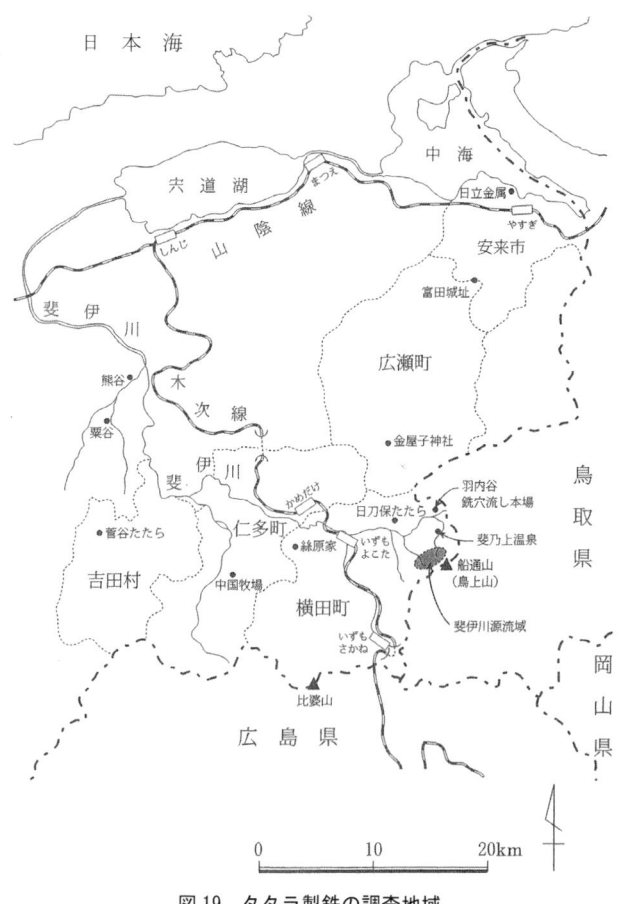

図19　タタラ製鉄の調査地域

られてきた。そこで行われてきたのは、おもに山肌を削って採取される砂鉄を用いたタタラ製鉄である。

　タタラ製鉄がこの地で隆盛をきわめたわけは、一つには多く砂鉄を産した中国山地の地質的な要因がある。そして一つには、タタラ製鉄に必要な木炭の一大生産地であったことである。タタラ製鉄には燃料兼還元剤として大量の木炭を必要としたからである。炭焼きに使う豊富な木材は、冬季積雪をなす青潮海域の気候的要因に負うところが大きい。

　そこはまた、牛馬の生産・肥育・売買や、棚田を使った稲作が盛んに行われた土地としても知られる。牛馬、ことに馬は、生産された鉄の搬出にも使われ、おもに牛は、水田の代掻きに使役された。馬の足につける蹄鉄にも、牛が引く犂にも、タタラでつくった鉄が使われた。このように、奥出雲地方を代表した様々な生業や産業は、相互に一定の連関をもちつつ、自然的風土のなかで成立し、文化的風土を醸し出してきた。

　この節では、とくにタタラ製鉄に光を当て、この地方にみられる民俗的な連鎖と、その消長の様を聞き書きを中心に考察する。

2. 話者からの聞き書き

①両川輝夫さん（昭和2年生まれ、元鋼造りの家8代目）

　かつて鋼造りを生業とした家の8代目、昭和2（1927）年生まれの両川輝夫さん（写真36）からタタラ製鉄の話を聞いた。家系は代々、吉田村菅谷の地で操業した「菅谷たたら」の山内に住み、父の代までタタラ製鉄[1]に携わった。

　山内とは、タタラ吹き、すなわち鉄の製錬[2]を行う建物をはじめ、製錬された大きな鉄塊である鉧を、使いやすい大きさに砕く大小の銅場、銅場で小さくした鉄をある程度まで鍛え（脱炭、精錬）、町や村の鍛冶屋（小鍛冶）が使い易い半製品に加工する大鍛冶場、管理事務所である元小屋などを中心に、炭小屋、米倉といった関連施設と、職人およびその家族の住居をあわせ持ったタタラ関連施設全体の呼称であり、鉄づくりのムラの名でもある（図20）。

　両川家が務めた「鋼造り」とは、銅場に詰めて鉧を細かく破砕し、かつそ

4節　奥出雲のタタラ製鉄　171

写真36　タタラ釜の構造を説明する両川輝夫さん（菅谷たたら、2004年2月）

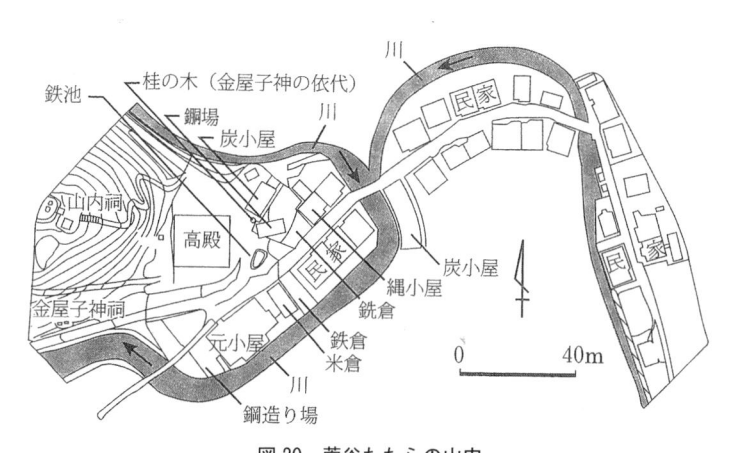

図20　菅谷たたらの山内

［出所］和鋼博物館編（2001）：『和鋼博物館総合案内』和鋼博物館、p.33 より転載。一部加筆。

の選別に当たる職人衆を指す。輝夫さんは今日、吉田村[3)]が出資する第三セクター「鉄の歴史村」に勤め、菅谷たたらおよびその付属施設である山内生活伝承館の管理と、観光客への解説などを任されている。時期によっては忙しいが、筆者が訪ねた2月には他に訪れる人もなく、時間を取ってゆっくり話を聞

くことができた。以下の本文は、輝夫さんの話を生かして文章にしたものである。

菅谷たたら

菅谷たたらは、宝暦元（1751）年に操業を開始し、大正10（1921）年5月に現役の幕を閉じるまで、170年にわたってこの場所で活躍した日本を代表するタタラ遺構である[4]。砂鉄から直接鋼を取り出すタタラ吹きに要する日数は丸3昼夜であり、3昼夜1単位の操業を「一代（ひとよ）」といった。実際は前後に製鉄用の釜づくり（築炉（ちくろ））や、後片づけなどを要するから、それらを含めると、1操業当たりに必要な日数は実質5日ほどとなる。この170年間、計8643回の操業記録が残っており、年平均51回、月平均4回の操業が行われた計算になる。ただし、これは砂鉄から純度の高い鋼を直接製錬する「鉧押し法（けらおし）」の回数だけで、炭素などの不純物の多い銑鉄（ずくてつ）を取る「銑押し法（ずくおし）」については記録が残っていない。これを加えると操業回数はさらに増える。

雪深い奥出雲の地で、菅谷たたらがこれだけの操業を重ねられたのは、創設当初から屋根付きの高殿（たかどの）（写真37）を備えていたからであり、古代以来の露天の野ダタラではそうはいかなかった。菅谷たたらのような高殿付きのタタラを永代タタラというが、それは季節や天候に左右されない通年操業を可能にす

写真37　菅谷たたらの高殿（旧吉田村吉田、2004年2月）

写真38 菅谷たたらの山内地区（旧吉田村吉田、2004年2月）

る製鉄施設であった。

　屋根は当初、草などで葺いていたようだが、やがて付近の山で産する栗の柾目材を長辺1尺2寸[5]、厚さ2mmほどの薄板に削ぎ、それを順に2寸くらいずつずらして重ねたキハダ葺きのものに替えられた。菅谷たたらのこの高殿は、昭和42（1967）年に国の重要文化財に指定され現在に至っている。なお、通年操業が可能とはいえ、気温の上がる夏は酸素濃度が低下するため火力が上がらず、タタラ製鉄には向いていない。そこで夏の2カ月ほどは操業が休止された。

　山内（写真38）には現在も居住者がおり、25戸の民家が軒を連ねている。解説書[6]によれば、明治18（1885）年の山内の総戸数は34戸、家族を含めた総人口は158人であった。しかし輝夫さんによれば、山内の居住者が最も多かった時期はもう少し後で、最大で戸数43、人口183を数えたと聞いているという。職人とその家族はここに住まい、仕事を世襲した。そしてよほどのことがない限り山内から転出したり、山内で職種を換えたりすることはなかった。

ダンサン

　高殿および山内の諸施設の所有者は、土地所有者であり経営者でもある鉄師の田部氏である。この土地の者は当家をダンサン（旦那様）と呼び、職人たち

はもとより、周辺の農民たちも一族を畏れ崇めた。ダンサンは奥出雲にいく人かいたが、とくに規模の大きい田部家、絲原家、桜井家は「奥出雲御三家」と呼ばれ、ともにこの土地を代表する名家であった。なかでも田部家は御三家の筆頭格で、江戸末期、田部家の最盛時には菅谷たたらと同様のタタラを中国山中に56カ所も経営し、全国の鉄生産量の63％を独占したという。この時、従業員の総数はおよそ2300人、一時雇いの近在の農民を合わせると8500人余りにも上った。これらはいずれも家族を含まない数字である。

田部氏は紀州田辺の出身だが、文永元（1264）年にこの地でタタラ製鉄を創業したことが記録に残っている。当初は家族経営的なものだったらしいが、その後規模を拡大し、多くの職人を雇い、しだいにあちらこちらに山内が形成されていった。

山子

タタラ吹きや大鍛冶に必要な炭は山子が焼く。山子もまた山内に住んだ。山子は炭窯づくりから、原木の伐採と運搬、炭焼き、木炭の運搬などを担当する相当な重労働で、タタラ製鉄に関係する諸職のうちでは人数が最も多かった。菅谷たたらの場合、最盛期には30〜40人ほどもおり、山子の長である山子頭の指揮のもと、分担・連携して作業が進められた。

菅谷たたらが閉業した大正10年、従業者はすべて職を失うが、山子にはヤキコの制度が設けられた。これは土地の所有者である田部家からヤマを借り受け、炭を焼いてそれを同家に納める制度である。やがて何年かすると山は炭焼き人のものとなった。近隣に新たな職を求める人もいたが、なかには九州の炭鉱に職を得て転居していく家もあった。この時、鋼造りの両川家では、炭窯をつくって売る新しい家業へと転じた。山子は直接鉄づくりには携わらないが、信仰の対象はタタラ場や鋼場、大鍛冶場で働く職人衆や、経営者の鉄師と同じ金屋子神である。

炭焼き

炭焼きに用いる炭窯は、山の緩傾面に楕円形の穴を掘ってつくられる。炭は水気を嫌うので、窯の底に竹筒を配し、蒸し焼き時の乾留で出る水分の排出に気を配る。よい原料となる楢、栗などの原木を窯のなかにびっしりと立て掛け、

最後に粘土でふたをして炭窯は完成する。窯の深さは2mほど、長径は10mほどもあり、1回の炭焼きでおよそ5tの原木が焼かれた。1週間ほどかけて原木を蒸し焼きにすると、タタラ吹きに使う大炭（くろずみ）が出来上がる。炭窯は繰り返し使えるが、周囲の山の木を切り尽くすと木のあるところに移動し、そこに再度新しい窯をつくった。20回ほども炭を焼くと、およそ10町歩（約10ha）の生木を焼いてしまうので移動が必要になる。菅谷たたらで使う木炭は一代（ひとよ）の操業につき約10tであったから、2窯分、山の面積にして約1haの木を焼いて1回の操業が行われた計算になる。

タタラ製鉄に使う炭は少し柔らかいぐらいのものがよい。柔らかいのは完全に炭化しきっていないためで、炭化の進んだ純度の高い硬い炭だと、原料の砂鉄が線香花火のように火花を上げて燃え尽きてしまう。

砂鉄の採取

砂鉄の採取には、山中で行われる山砂鉄採取（鉄穴（かんな）流し）、河川の中下流で行われる川砂鉄採取、河口や海辺で行われる浜砂鉄採取の別がある。このうち最も基本的なのは鉄穴流しによる山砂鉄の採取で、川砂鉄や浜砂鉄は自然の風化作用によって、あるいは長年の人為的な鉄穴流しによって、砂鉄が下流へと押し流されて蓄積したものである。

鉄穴流しは古くは一年を通じて行われたが、大量の土砂で川の水を汚して水田耕作に悪影響があるので、やがて田に水を必要としない時期に限って行われるようになった。鉄穴流しによる砂鉄採取は、秋の彼岸から春の彼岸までと相場が決まっていた。

高殿

国の重要文化財に指定されている菅谷たたらの高殿（たかどの）は、縦横ともに10間（約18m）、高さ8.6mの大きさがある。高殿の内部には、中央の炉（釜）を囲むように原料の砂鉄を置く小金町（こがねまち）（粉金町、小鉄町とも書く）、炭を置く炭町（すみまち）、釜の材料になる粘土を置く土町（つちまち）、作業統括者である村下（むらげ）が3昼夜に及ぶ作業中、ときおり休憩を取る村下座、そして鉄師やタタラ師たちの守り神である金屋子神を祀った神棚などが設けられている（図21）。

原材料置き場に「町」の字が当てられている理由について、輝夫さんは、「松

図21 菅谷たたらの高殿内部

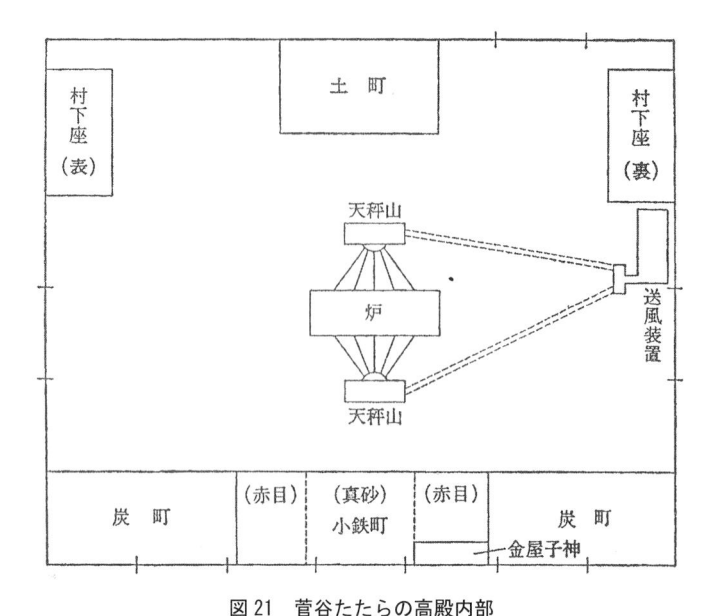

［出所］山内登貴夫（1975）:『和鋼風土記』（角川選書）、角川書店、p.53 より転載。

が転じたものではないかと考えている。かつて野ダタラが行われていた頃、火力を上げるのに自然の風を利用したから、いかによい風が吹く場所に炉を築くかがタタラ製鉄の決め手となった。そのような場所にはたいてい松が自生しており、砂鉄や木炭などの原料を松の根元にでも置いて作業をした名残ではないかという。小金置き場はこちらの松、炭置き場はあちらの松という具合にである。実際、野ダタラの遺構は松が生えるような場所、すなわち風通しのよい尾根的な場所によく残っている。

タタラ吹き

タタラという炉（釜）を用い、砂鉄から直接鋼を製錬する日本古来の製鉄法をタタラ吹きという。タタラという語は様々に用いられ、高殿全体を指す場合にも、また高殿の中の炉だけを指す場合にも、さらには炉の中心である釜を指す場合にもこの語を使う。ただし釜だけを指す場合、釜と呼ばずに大舟というのがふつうである。

4節　奥出雲のタタラ製鉄　177

現在、菅谷たたらの高殿内に保存展示されている大舟は、長辺約3m、短辺約1m、高さ（深さ）1.24mの大きさで、長辺の中央にやや膨らみをもたせており、その最大幅は1.16mである。壁面上部（上釜）の厚さは20cmほどだが、下へ行くほど厚くなるようにしてあり（中釜）、底部（元釜）では左右の壁は傾斜して間隔は3分の1ほどにまで狭まる。このような形が舟を連想させるが、それが大舟の語源だろう。大舟（釜）は付近の山で産する粘土でつくり、一代（ひとよ）の操業ごとに新しいものにつくり替えられた。なお、これは床上に現れた釜（大舟）の部分の構造だが、その下には巨大な地下構造が隠れている（図22）。

タタラ吹きは、釜に炭をくべる職人衆である炭焚き（すみたき）が、まず釜一杯に燃え盛る炭をくべることから始まる。最初は釜全体が十分熱しきっていないので、6時間ほどただ炭を焚くが、釜一杯に入れた炭が4寸（約12cm）ほど下りる頃合をみて、作業統括者である村下がいよいよ砂鉄を投入する。この最初の砂鉄を初種（はつだね）といい、砂鉄は以後、二人の村下が種鋤（たねすき）と呼ぶ、柄が2mほどもある道具を使い、長辺に対して平行に2列に分けて入れていく。投入された砂鉄の上

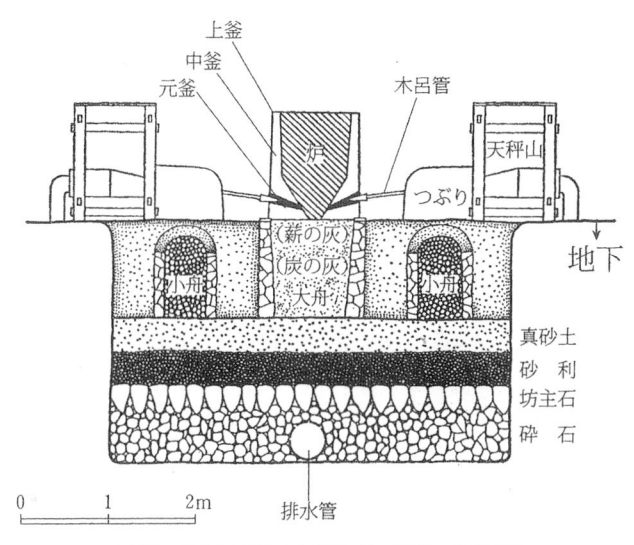

図22　タタラの地上構造と地下構造（断面図）

［出所］山内登貴夫（1975）:『和鋼風土記』（角川選書）、角川書店、p.108 より転載。
　　　一部加筆。

に最初と同じように釜一杯まで炭をくべ、再び4寸ほど炭が下りると同じことを繰り返す。このような作業が3日3晩続けられ、4日目の朝、村下が炎の色などから鉧の出来栄えを判断し、作業の終了を告げる。3昼夜一代の操業で投入される砂鉄の量はおよそ9t、木炭は10tにのぼる。砂鉄は、種鋤でおよそ2500杯分にも相当した。

　砂鉄と木炭の投入は、1日目はおよそ40分間隔だが、2日目には火力が上がっているので20分間隔ほどに短縮される。これには釜の構造が大きく関与する。製錬中、釜底近くの元釜に設けられた送風口であるホド穴が少しずつ広がるよう工夫されており、鞴から送られる風量が増してしだいに火力が強まっていくからである。ホド穴の入り口に挿入された送風管を木呂管と呼び、古くは竹の節をくり抜いてつくられた。木呂管は釜の左右に各20本ぐらいずつ取り付けられ、鞴から出た風を送り込む。

　木呂管と釜に開けられたホド穴からの風により、釜内では木炭による還元反応が盛んに進む。その際、壁面の粘土を熔食して、釜底に近い部分の壁面はしだいに薄くなっていく。釜（大舟）に舟のような構造をもたせるのはこのためであり、粘土が熔食される分、元釜のホド穴が広げられてしだいに火力が増す構造になっている。そうして3日目には、火力は最高潮に達し、砂鉄・木炭の投入間隔が10分ほどにまで短縮される。さすがに10分間隔の作業は無理なので、砂鉄・木炭とも1回あたりの投入量を増やして作業間隔を引き延ばす。熔食された粘土は触媒の働きをし、ノロ（鉄滓）と呼ばれる不純物を、釜の二つの短辺に設けた湯口と呼ぶ三つずつの穴から排出させる。流れ出る真っ赤なノロが熱くうごめく様は、あたかも八岐大蛇を連想させる。

　かくして、還元と同時に不純物が取り除かれ、砂鉄から純度の高い鋼が直接取り出される。大舟は中央をやや膨らませてつくったが、これは長辺を少し湾曲させておくことで、製錬中しだいに薄くなっていく釜の壁面が、途中で炉内に倒れ込んでしまわないようにするための工夫でもある。

　タタラ吹きでもう一つ大事な仕事は、風を常に送り続けることである。風送り専門の職人衆を番子といい、その長を番子頭という。元禄年間（17世紀末）に天秤鞴という足踏み式の鞴が考案され、作業の負担は大いに軽減されたが、

それでも鞴を長時間踏み続けるのは大変な重労働であった。そのため番子は6人ほどもおり、時間交代で鞴を踏んだ。これが「かわりばんこ」の語源である。菅谷たたらでは明治39（1906）年、水車を使った送風に切り替えられ、番子はその役目を終えた。

鉧出し

4日目の朝、大舟を壊していよいよ鉧出しが行われる。鉧（写真39）はまだ大変な熱を持っているので、コロと呼ぶ丸太を床に敷き、テコと呼ぶ棒でその上をゆっくり転がして高殿の外に運び出す。鉧はふつう、そのまま屋外に放置して自然冷却するが、これだと冷えるのに相当の時間を要するため、日清・日露戦争時には高殿前の鉄池に放り込んで急速に冷却した。鉄池は高殿より一段低い所につくられており、傾斜を利用して池の中へと落とし入れた。自然に冷やしたものを火鋼、池で急速に冷やしたもの水鋼といい、水鋼は火鋼よりも粘りがなく脆いが、軍艦のような硬い鉄の材料にはむしろ向いている。

写真39　鉧塊（安来市・和鋼博物館、2004年2月）

鋼造り

大きな鉧の塊は部分によって品位が異なり、良質な鋼ばかりでなく、質の劣る銑、不純物を多く含んだノロ、木炭などが混在している。この鉧塊を小さく

破砕し、選別を行う職人衆が、両川家が代々務めた鋼造りである。菅谷たたらの場合、鉧出しした直後の鉧塊は、重さおよそ3t、大きさは長辺が約3m、短辺が約1mで、厚さは20〜30cmほどある。この鉧塊の破砕に使われるのが、大小の銅場に備え付けられた大きな鉄製の鎚で、最も大きい大銅場（写真40）の鎚（大銅）はおよそ1.5tの重量がある。これを水車の力で5mほどの高さに引き上げて一気に落下させ、大きな鉧塊を破砕する。大割りされた鉧は中銅、小銅と順に使ってしだいに小割りしていき、最後に仕上槌を使って拳ほどの大きさに砕いてから、木炭やノロを除去する。

　鋼の選別には確かな目が必要である。今日ではグラインダーから飛び散る火花の色で鋼の良し悪しがわかるというが、そんなもののなかった鋼造りの仕事場では、目で鋼の性質を判断する経験と勘が求められた。破砕後の鉧はふつう、カネテン（天）、カネスン（寸）、カネカ（可）、カネヤ（や）の4等級に選別され、最上級のカネテン（玉鋼）だけが日本刀の刃の材料に用いられた。これが本来、文字どおりのハガネ（刃金）である。鋼は炭素の含有量が低いため、硬くかつ粘りがあって刃がこぼれにくい絶好の性質を持っている。等級の低い鉧はそれだけ多くの炭素を含み、融点が低く鍛冶作業がしやすい反面、冷めると硬く脆い性質がある。こうした鉧は銑鉄もしくは鋳物鉄と呼ばれ、大鍛冶場で、形状

写真40　大銅場の内部（菅谷たたら、2004年2月）

が包丁にも似た包丁鉄（割鉄、錬鉄ともいう）に加工された。包丁鉄は鍋や釜、農具などの材料として、町や村の鍛冶屋（小鍛冶）が利用する中間製品である。

製品の移出

等級毎に選別された鋼や銑、包丁鉄は全国各地へと移出された。搬出はまず、1駄を24貫目（約90 kg）としたものを2包みに分け、その包みを馬の背の左右にかつがせて山を下った。斐伊川本流に近い飯石郡三刀屋町粟谷、大原郡木次町熊谷などに運び、そこで荷を小舟に積み替えて斐伊川を下った。宍道湖岸の宍道には鉄蔵があり、そこに一度集荷された後、松江や安来に運ばれた。さらに安来で大型の千石船（北前船）（前掲写真4）に荷を積み替え、境港を通って新潟、山形、青森、福岡、熊本、播州三木、そして田部家の支店のある大坂（大阪）などへと出荷された。

職人の給金

職人の給金は日当で支払われた。1日の労働で1升5合の米と、職種によって異なる額の現金が支給された。給金の多寡は職種の重要度や、重労働の程度によって決められた。言うまでもなく、最も給金のよいのはタタラ吹きを指揮統括する村下、今風に言えば製鉄所の技師長である。操業にはふつう村下が二人ついたが、格上を表村下、格下を裏村下といった。裏村下を炭坂と呼ぶこともある。この村下も世襲であり、職人の間にも上下があった。

鉧の選別にも携わる鋼造りには、鋼を見分けるだけの目と熟練が必要である。しかし、高殿に入って鉧そのものをつくるわけでもなく、労働的にも比較的楽なので、給金は相対的に安かった。

農民との関係

「山内」という語はやや侮蔑的な響きをもって使われることがある。土地で多数派の農民は久しく同じ場所に住み、それだけに村民相互の結束は固い。一方で、タタラ職人は山に依存しており、山から砂鉄や炭が得られなくなれば移動を余儀なくされる人たちである。農民と生活様式が異なるだけでなく、移動民であるだけに、農民のように宅地や家屋などの財産も持たない。山内には独自の閉鎖性もある。山内がいくぶん侮蔑的な響きをもって語られたのは、そう

したことが背景にあるのだろう。

　しかし、雪が積もり農作業ができなくなる冬の農閑期には、タタラ製鉄に不可欠な炭焼きなどの仕事は農民にとっても格好の収入源であった。鉄師もまた農民の労働力に依存しており、両者は密接な関係を保ってきたといえる。

　田部家による農民の雇用はまず、物資運搬用や農作業に使役する牛馬を買い与えることから始まる。農民は田部家の命じる炭焼きなどの仕事に従事し、給金はすでに与えられている牛馬の代金と相殺された。古くは牛、のちに馬がおもに利用され、馬は三刀屋町の馬市場から購入された。

②Aさん（男性、昭和42年生まれ、鳥上木炭銑工場従業員、日刀保たたら炭焚き）

　横田町鳥上（とりかみ）の「日刀保（にっとうほ）たたら」（写真41）は、現在操業を行っている世界で唯一の現役タタラである。このタタラで現在、炭焚きの職にあるAさんから話を聞いた。

　日刀保たたらの前身はもと、日中戦争下の昭和8（1933）年12月、初の火入れが行われた靖国鑪（やすくにたたら）である。日本のタタラ製鉄は大正14（1925）年を最後に完全に途絶えていたが、これが8年ぶりの復活であった。しかしこのタタラ

写真41　日刀保たたら（旧横田町鳥上、2004年2月）

は、昭和20（1945）年8月の終戦をもって再び閉鎖された。

　このタタラのあった鳥上木炭銑工場は、大正7（1918）年、現在の日立金属安来工場の前身である安来製鋼所鳥上工場として設立され、純度の高い「鳥上木炭銑」を製造して、いわゆるヤスキハガネ[7]の原料銑を供給した。同工場は昭和34（1959）年10月、子会社として分離独立して現名称となったが、同40年、それまで続けた独自の製法による木炭銑の生産を休止し、以後タタラ製鉄のみならず、木炭を使った角炉[8]による製鉄も途絶えていた。

　木炭を使って製錬した日本独自の鋼である和鋼（玉鋼）[9]の生産が途絶えると、ことに全国の刀剣家たちのあいだで刀づくりに必要な玉鋼の生産と、それを可能にする伝統的なタタラ製鉄技術の復活を待ち望む声が高まっていった。そうしたなか、昭和52（1977）年、かつて靖国鑪のあった工場（高殿）内に伝統的なタタラが築かれ、ついに同年11月8日、久しく途絶えていた初種が装入された[10]。これが日刀保たたらである。「日刀保」とは日本美術刀剣保存協会の略であり、タタラの復活は同協会がその意義を国に働きかけた結果、文化庁の補助事業として実現したものである。

　日刀保たたらは以後、冬季のみ年3回ほど操業し、全国の刀匠およそ300人が必要とする量の玉鋼を供給してきた。ここで行われるタタラ吹きによる製鉄は原則非公開だが、横田町（現奥出雲町）が出資する奥出雲たたらと刀剣館と、安来市が運営する和鋼博物館でその様子が映像公開されている。

　鳥上木炭銑工場の従業員であるAさんは、タタラ吹きの時には釜に炭をくべる炭焚き役のひとりを務めている。工場内も非公開ということなので、立ち話でごく簡単に話を聞いた。以下の本文は、Aさんの話をそのまま記すものである。

炭の良し悪し

　タタラ製鉄に使う炭は、バーベキューなどで使う純度の高い無煙炭でなく、いくぶん純度の低いものがよい。純度の低いもののほうがよく燃えるので（速く燃えるので）、炭が炉（釜）の下に早く下りるからである。

木炭の調達

　このように、一般に出回っている炭では具合が悪いため、近隣の木炭工場で

タタラ製鉄用の炭を特別に焼いてもらい、そこから木炭を調達している。これは契約生産によるものである。

今期の操業

平成16（2004）年冬、今期のタタラ吹きによる操業は、1回目が1月21日～24日朝、2回目が1月28日～31日朝、3回目が2月4日～7日朝の3回であった。なお、鳥上木炭銑工場全体としては通年操業を行っており、タタラ吹き以外の方法でヤスキハガネの原料鉄を製造して、日立金属安来工場に納入している。

村下

村下は現在、常勤職員の木原明氏と、タタラ吹きの時のみ操業に加わってもらう渡部勝彦氏の二人である。木原氏が表村下、渡部氏が裏村下（炭坂）にあたる。

3. タタラ師の信仰

　経営者の鉄師や、タタラ場や山で製鉄に携わる職人衆、そして町や村で鉄関係の職に就く人たちの信仰対象は金屋子神である。伝承によれば、金屋子神は東西に連なる中国山地の東のはずれ、播磨国宍粟郡岩鍋（現兵庫県宍粟市千種町岩野辺）の地から白鷺に乗って出雲国能義郡黒田（現島根県安来市広瀬町西比田）に飛来し、土地の人々に製鉄法を伝授した後、この地に祀られた女神である。岩鍋では製鉄に向く砂鉄が得られないので、これを求めて西進したという。その本社は安来市広瀬町西比田の金屋子神社（写真42）で、本殿は白鷺の飛来地とされる場所にほど近い山腹にひっそりと鎮座している。

　タタラ製鉄では、操業の成否は技師長である村下の経験と勘によるところが大きく、それだけに金屋子神への信仰は篤かった。タタラ製鉄が最盛期を迎える江戸末期になると、鉄師の多くは本社からその分祠を勧請し、いっそう篤く信仰した。金屋子神は桂の木（写真43）を依代にすると伝えられており、社殿や祠、タタラ場の高殿などの近くには決まって桂の木が植えられている。

　金屋子神社に伝わる寛政3（1791）年の奉加帳によれば、その信仰圏は、安

4節　奥出雲のタタラ製鉄　185

写真42　金屋子神社拝殿（旧広瀬町西比田、2004年2月）

写真43　依代の桂の木（菅谷たたら高殿前、2004年2月）

芸、備後、備中、美作、播磨、伯耆、出雲、石見の8カ国に及び、中心は出雲国などの中国山地の山間部であることが知られる（図23）。他に文化4（1807）年と文政2（1819）年に行われた遷宮時には奉加帳（遷宮費用寄進者名簿）が

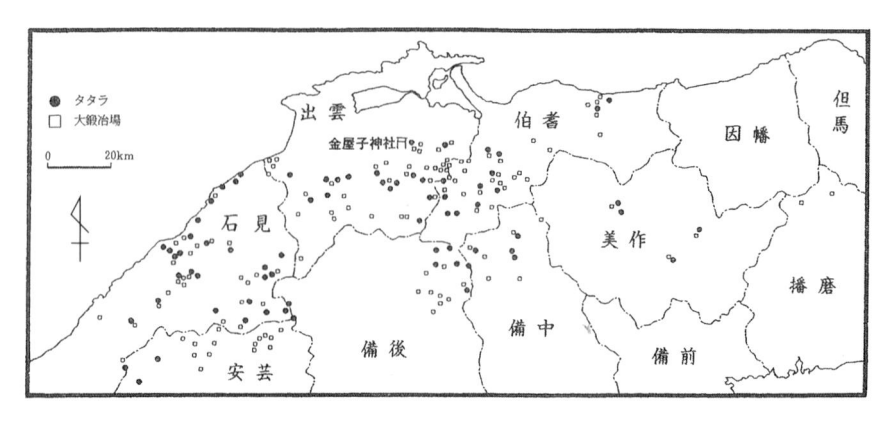

図 23　金屋子神社の信仰圏

注）寛政 3（1791）年の奉加帳による。
［出所］和鋼博物館編（2001）：『和鋼博物館総合案内』和鋼博物館、p.60 より転載。一部加筆。

残されており、これらの史料から、近世タタラの操業場所が詳細に把握される。

　野ダタラによる製鉄は 8 世紀初頭にはすでに行われていたと考えられるが、記紀など古代の記録に金屋子神の記述はみられない。この社が奉加帳に示されたような中国山地一円に信仰圏を確立するのは、菅谷たたらの開設（1751 年）や天秤鞴の考案（17 世紀末）にみられるように、当地のタタラに技術的な改良が加えられるとともに、山内が形成され、生産が飛躍的に増大する時期と重なっている。この時期、神主の安部氏、またその代人が配札と称して陰陽（山陰・山陽）各地のタタラ場を回ったといわれる[11]。この巡回が金屋子神社の信仰圏を拡大し、より強固なものにさせたと考えられるが、それは小椋木地師による小野宮惟喬親王への信仰の場合とよく似ている。

　金屋子の「子」の字は、鼠の「子」の字にも通じる。そのため金屋子祭りは 11 月の子の日に行われる。鼠算と言われるように、子には子が増える、商売の利が増すなどの意があり、これがタタラでよい鉄が多く取れるようにとの連想を生むものらしい。つまり、金屋子の「金」の字だけでなく、「子」の字のほうも製鉄と密接な関係を持っている。かくして、当地ではかつてタタラ製鉄を介して熱心に金屋子神が信仰され、現在もまた信仰されているのである。

4. 農村生活への波及

①話者からの聞き書き（Bさん、男性、昭和5年生まれ、旧横田町馬木出身）

　Bさんは、斐伊川最上流部にある斐乃上温泉（奥出雲町横田）の一軒宿で筆者と同宿した70代の男性で、旧横田町馬木の出身である。奥さんとたまたま湯治に来ていたもので、シーズンオフの2月のこの日、宿泊者はこの老夫婦と筆者の3人だけだった。以下の本文は、Bさんの話をそのまま記すものである。

鳥上の地

　斐乃上温泉のあるこの場所はかつて鳥上村だったところであり、50年ほど前の町村合併で横田町[12]となった。鳥上[13]という地名にはとても由緒があり、出雲大社の祝詞にも、「斐の上の、鳥上の……」という下りがあるほどである。斐は「火」、上は「神」にでも通じるのだろうか。

御三家

　いわゆる奥出雲御三家のうち、土地の者は絲原家（写真44）を、畏敬を込めてダンナさん（旦那様）と呼んだ。ダンナとは鉄師のことで、オヤカタ（親

写真44　絲原家の蔵並（旧横田町大谷、2004年2月）

方)という言い方もあるが、ダンナさんのほうが丁寧な響きを持っている。絲原家の墓地は馬木にあるから、きっと馬木の出なのだろう。馬木の絲原記念館はもと当家の邸宅だった所で、多数の蔵が立ち並んでおり、母屋の一角には今も絲原家3世代が暮らしている。残る御三家の桜井家と田部家にも資料館があるが[14]、今は管理の者がいるだけで一族は住んでいない。

　タタラ場の閉鎖後も、絲原家はこの土地の名士であり、代々政治家の家系としても知られる。現当主の義隆氏はすでに10期ほども町議をしており、後継のワカさん(若様)は町議を一期やった後、今は県議に出ている。隠居した前当主の武太郎(ぶたろう)氏は、宍道から広島の備後落合まで木次(きすき)線(昭和12年開通)を引いた立役者のひとりだった。広島県境の出雲坂根駅には3段式のスイッチバックが残っているが、こんな山奥に鉄道を引いたのは、宍道湖岸の宍道駅まで鉄道を使って鉄を運べば、あとは舟運を利用するにも、山陰線(明治41年開通)で安来の日立金属まで運ぶにも楽だったからだろう[15]。

　もう20年も前になったが、桜井家と田部家は知事選で火花を散らしたことがある。それはもう激しい選挙戦で、一時はどうなることかと思ったが、結局田部氏が勝って知事に就いた。

牛馬の消長

　この土地の農業では、古くから牛馬が使われてきた。昔は牛が主流だったようだが、昭和30年代を境にして、牛よりも馬のほうが多くなった。牛より馬力があることにもよるが、何と言っても賢いことが理由だろう。馬はおもに田起こし(代掻き)に使役したが、手綱(たづな)を少し引くだけで主人の意を解して黙々と働いた。だから牛と比べて、田起こしに要する時間は馬のほうが短くて済んだ。牛馬はかつて横田の家畜市(いち)で売買されたり、博労(ばくろう)(馬喰)から買い求めたりしたが、現在も宍道の家畜市で馬が取り引きされると聞いている[16]。

　しかし、昭和40年代に耕耘機が普及し、牛馬の利用はしだいにみられなくなっていく。50年代には、耕耘機は大型のトラクターへと姿を変え、飼育される牛は役牛から、肉牛や乳牛へと変わっていった。

馬の種付け

　馬木(まき)には種付け、つまり馬の繁殖を生業(なりわい)とする人がいた。その人は立派な種

馬を1頭持っており、それが村中の牝馬に種を付けた。種馬はうまいものをふんだんに食い、毎日の種付けが仕事である。種馬は特別な馬で、体格が並はずれて大きいのですぐにそれとわかる。「生」で付けてやる時など、牝が覆いかぶされてつぶれ込んでしまうほどである。

　牝馬は、種付けの気配を感じると、前の晩から欲情してたいそう落ち着かないものだった。種付けが終わり一物が引き抜かれると、そこから出てくる白い液を瓶に集め、他の牝馬の人工授精にとそれを使った。生で付けてもらえる牝より、人工授精で繁殖する牝馬の方がずっと多かった。

②タタラ製鉄と稲作

　鉄穴流しは水田耕作と競合関係にある。いつの頃からか、鉄穴流しが稲作に悪影響を及ぼさない秋彼岸から春彼岸までと決められたのは、鉄師たちの農民への配慮の跡をうかがわせる。しかし、この土地の随所に棚田が開かれたのは、長年の鉄穴流しが土砂を豊富に供給してきた結果だということもできる。奥出雲の豊かな棚田の風景は、鉄穴流しによる地形改変がもたらした文化景観である。

　鉄穴流しによって流れ出た砂鉄は、さらに斐伊川の水流によって下流へと運ばれ、そこここの水田にも多くの砂鉄が蓄積されている。具体的な根拠は持たないが、その鉄は実り豊かな米を育てる養分の一部になっている可能性がある。仁多米、横田米はおいしい米の代名詞として知られるが、「おいしい」とは、土と水の滋養分が引き出す一つの具体的な形であろう。

　このように奥出雲では、伝統的に稲作が盛んに行われてきたが、それはこの土地の気候環境とも密接に関係している。冬季、雪におおわれる気候下では、麦などの冬作物を選択することはできず、夏作物に依存する傾向が強まる。かといって、山陰の夏はフェーンが相当の気温上昇をもたらすから、稗や粟、黍や蕎麦といった救荒的な畑作物に頼る必要もそれほどはなかった。さらにまた、ゆっくりとした雪解けが用水を安定して供給し、水田耕作をいっそう後押しした。山陰だけでなく、同じ日本海側の北陸や、山形の庄内地方などが早くから「米どころ」となったのもこのためである。奥出雲の農耕で典型的に稲作が

選択されたのは、こうした気候的な特性と、タタラ製鉄による鉄穴流しの影響といえよう。

一方で、奥出雲の生業の中心になった稲作は、タタラ製鉄を支える要因ともなっている。鉄穴流し、製炭、製鉄、運輸などの複合的な要素からなるタタラ製鉄では、1タタラ1炉当たり1000人の労働力を必要とするという指摘もある[17]。用水を汚す鉄穴流しが冬場に限られただけでなく、タタラ吹きそのものが盛夏には2カ月ほども休業したが、それは必ずしも夏の熱暑がタタラ吹きに向かないからだけとは限らない。稲作の繁忙期である盛夏に操業を休むことは、稲作労働との兼ね合いからもやむを得ないことだったろう。そもそもタタラ吹きが熱暑を嫌うという説（p.173）は、長い慣行からくるタタラ職人たちの思い込みだったかもしれない。

むろんこの背景には、副業に頼らざるを得なかった農民たちの生活実態もあっただろう。奥出雲に限ったことではないが、当地でも炭焼きや藁仕事（写真45）をはじめとする様々な冬の副業が農村を支えてきたのである。このようにタタラ製鉄と稲作とは、競合関係にあるとともに、相互に補強し、共生し合う関係にもあった。

写真45　藁仕事をする婦人（横田郷土資料館、2004年2月）

③タタラ製鉄と畜産

　中国山地は今日においても牛馬の有力な産地であるが、それは早くから牛馬を飼育してきた歴史的慣性、すなわち伝統によるところも大きい。その伝統は、鉄道交通が発達する近代以前、炭や鉄の運搬手段として多くの牛馬が使われたことに起因する。なかでも牛は、どこでも手軽に「道草を食う」[18]ので、運搬手段として広く用いられた便利な家畜だった。

　仮に、タタラ吹き一代(ひとよ)の操業に要する砂鉄を10t、木炭を10t、釜の粘土を7t、製品の鉄を3tとし、年50回の操業があったとすると、一つのタタラの維持に年間1500tの物資の輸送が必要になる。これらの物資のうち原料の砂鉄と炭は、「粉鉄(こがね)七里に炭三里」といわれるように、遠ければ十数kmから30km内外の山道を輸送してタタラ場へと運ばれた。タタラ場は山奥にあるのがふつうだから、製品の鉄も長い道のりを経て斐伊川河岸の粟谷(あわたに)や熊谷(くまたに)などの積み出し地へと運ばれた。

　いっぽう、和牛が物を引く場合、瞬間的には体重と同じくらいから、体重の1.5倍ほどの力が出るが、50mの距離を立ち止まらずに引くとなると体重の3分の1ほど（約130kg）、半日働かせるとなると1割強（約50kg）の力しか期待できないといわれる[19]。一代の操業で運搬される物資30tをすべて牛に引かせたと仮定すると、600頭分の牛の労働を要する勘定になる。むろんそのすべてを牛馬が運んだわけではないし、木炭の多くは山子(やまこ)たちの背にかつがれて山を下った。しかしこのようなタタラ場が何十、何百と存在したことは、きわめて多くの牛、そして馬の力が利用されたことを示している。

　力の発揮という点において、馬は牛よりも幾分かましだったから、タタラ製鉄が拡大する近世後半になると、馬の飼育が伸びていく。ことに仁多郡では、宝暦年間（18世紀半ば）以降のおよそ120年間に、馬が5倍以上に急増している。多くの牛馬が人の使役に耐え、奥出雲の風土を育む助けとなった（写真46）。

　牛馬の増加は、多くは鉄師たちの需要拡大によっているが、その需要を支えるのに木炭生産で切り開かれた山が牧場として転用できたことも重要である。木材を伐採した跡地に牛馬を放牧すると、豊富な下草や、年々切り株から生え

写真46　牛馬の鎮魂碑（中国牧場、2004年2月）

てくる蘖(ひこばえ)が格好の餌となる。牛馬が嫌う蓮華躑躅(れんげつつじ)や犬黄楊(いぬつげ)などを残し、やがて草原が形成されて、徐々に牧場らしい景観が作られていく[20]。岡山の蒜山(ひるぜん)高原など、中国山地一帯にいまも牧場らしい景観が見られるのは、そうした牛馬飼育の名残である。一方で、森林が切り払われた跡地をそのままにしておくと、雨の多い中国山地では30～40年もすると落葉樹の森が再生する。このような二次林は再び木炭生産へと利用された。

　明治の中頃から戦前にかけて、旧横田町の旧鳥上村だけでも、船通山(せんつうさん)牧場、山郡(やまごおり)牧場、龍の駒牧場、藤次郎牧場、芦谷牧場、山根側(やまねがわ)牧場、三四郎牧場、羽内谷(はないだに)牧場、小万才(おまんじお)牧場、日向側(ひなたがわ)牧場、滝向牧場、山県(やまがた)牧場と大小12の牧場がみられた[21]。これらの牧場は、所有者が鉄師たちであるにもかかわらず、農民による放牧の多くが入会慣行によって行われた。そして小屋飼いする盛夏には、肥料として糞が採取され農耕にも役立てられた。しかしそうした慣行も、戦後になっていわゆる「入会牧野の近代化」が進められるとしだいに崩れていき、さらには耕耘機やトラクターの普及によって牧場そのものが衰退していった。そのため、牛が草を食(は)む牧場らしい景観はあまり見られなくなったが、舎内飼いによる牛馬の飼育は今も盛んに行われている。

　中国地方、また島根県内で飼育された牛馬は、西日本各地に移出されたが、

4節　奥出雲のタタラ製鉄　193

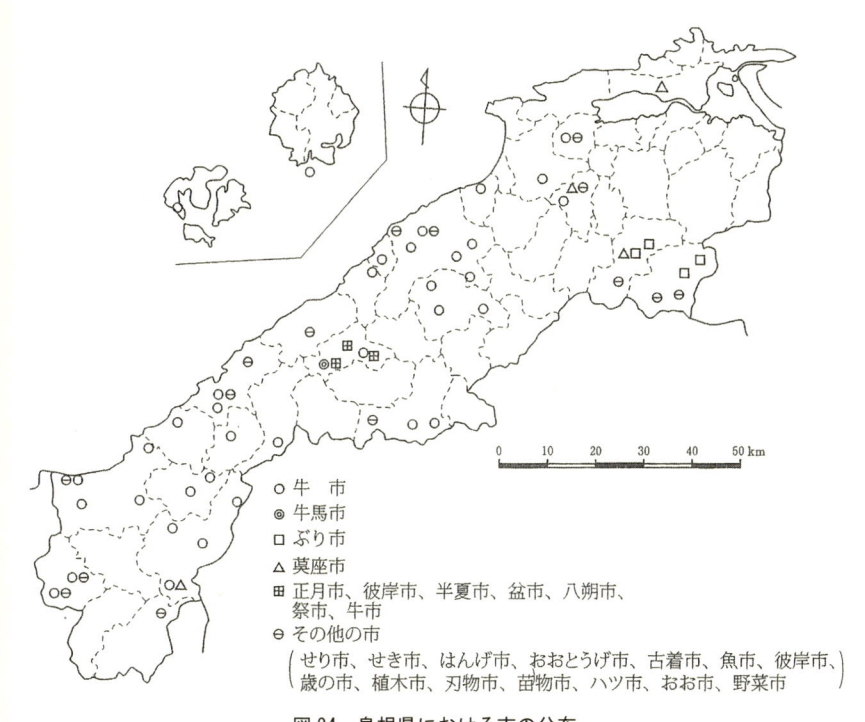

○　牛　市
◉　牛馬市
□　ぶり市
△　蓙市
⊞　正月市、彼岸市、半夏市、盆市、八朔市、祭市、牛市
⊖　その他の市
　（せり市、せき市、はんげ市、おおとうげ市、古着市、魚市、彼岸市、歳の市、植木市、刃物市、苗物市、ハツ市、おお市、野菜市）

図24　島根県における市の分布

注）昭和57～58（1982～1983）年の調査による。
［出所］島根県教育委員会（1984）：『都道府県別　日本の民俗分布地図集成　第10巻』（中国地方の民俗地図　鳥取・島根・岡山・広島・山口）、東洋書林（2003）による。一部加筆。

県内で利用されるものは、県内各地の市や博労（馬喰）を通じて直接農民や鉄師などと取り引きされた。牛は農作業になくてはならないものであるから、少なくとも昭和50年代を通じて牛市が広範囲に存在し、一部には牛馬市もみられた（図24）。これらの家畜市や、地域の特産品を商う様々な市は、常設のものもあったが、盆や正月、彼岸や半夏、八朔、年祭といった季節の節目に開催されるものもあった。そうした数々の市は、運搬、交易上重要な場所に立地し、それを買い求める人たちで賑わっていた[22]。

5. 考察

①地質的要因

　西南日本内帯に属する中国山地は、高く険しい外帯の四国山地と比べて、一般に低くなだらかである。つまり、西南日本に関していえば、黒潮洗う太平洋沿岸は高峻な山地が多いのに対して、青潮洗う日本海沿岸には比較的低平な山地が多い。

　これは地質がかなり古い年代のものであることを示しており、中国山地は日本で最も侵食が進んだ山地の一つとなっている。そのため陰陽（山陰・山陽）の分水嶺になっている中国山地は、山頂高度が概ね 1000〜1200m 内外でそろっており（例えば船通山の 1142m など）、谷もそれほど深くない。しかし長年の侵食は複雑な谷の走行をもたらし、斐伊川や江の川などの河川を大きく蛇行させるとともに、谷沿いを縫う伯備線、芸備線、木次線、三江線などの経路を大きくうねらせる複雑な地形を生んだ。

　地質の古さは、かつての溶岩堆積物である花崗岩の風化が進んでいることを意味している。花崗岩は鉄や珪素などを多く含む母岩であるが、風化はこれらの成分を分離させ、純度の高い砂鉄を生じさせる働きをする。自然に分離した砂鉄は河川によって下流へと運ばれ、中下流域に川砂鉄を、河口付近には浜砂鉄を堆積する。山砂鉄は花崗岩が風化して土砂となったものに含まれる砂鉄で、鉄穴流しは人為的にそれを分離し、砂鉄を採取する方法である[23]。したがって、量からいえば、砂鉄の直接の供給源である山砂鉄の占める割合が圧倒的に多い。

　日本の砂鉄は、磁鉄鉱系のものとチタン鉄鉱系のものとに大別され、前者は三陸、北陸、山陰、北九州などに多く、後者は山形、福島、東海、近畿、山陽、四国などに多く分布する（図25）。タタラ製鉄には磁鉄鉱系の砂鉄が向いており、これを当地のタタラ師たちは真砂砂鉄と呼んでタタラ吹きの原料とした。いっぽう、赤目砂鉄と呼ばれるチタン鉄鉱系の砂鉄では、タタラ吹きから直接鋼を製錬することは難しく、質の劣る銑鉄の原料として利用された。中国山地における真砂砂鉄の分布は、タタラ場や大鍛冶場の分布と酷似し

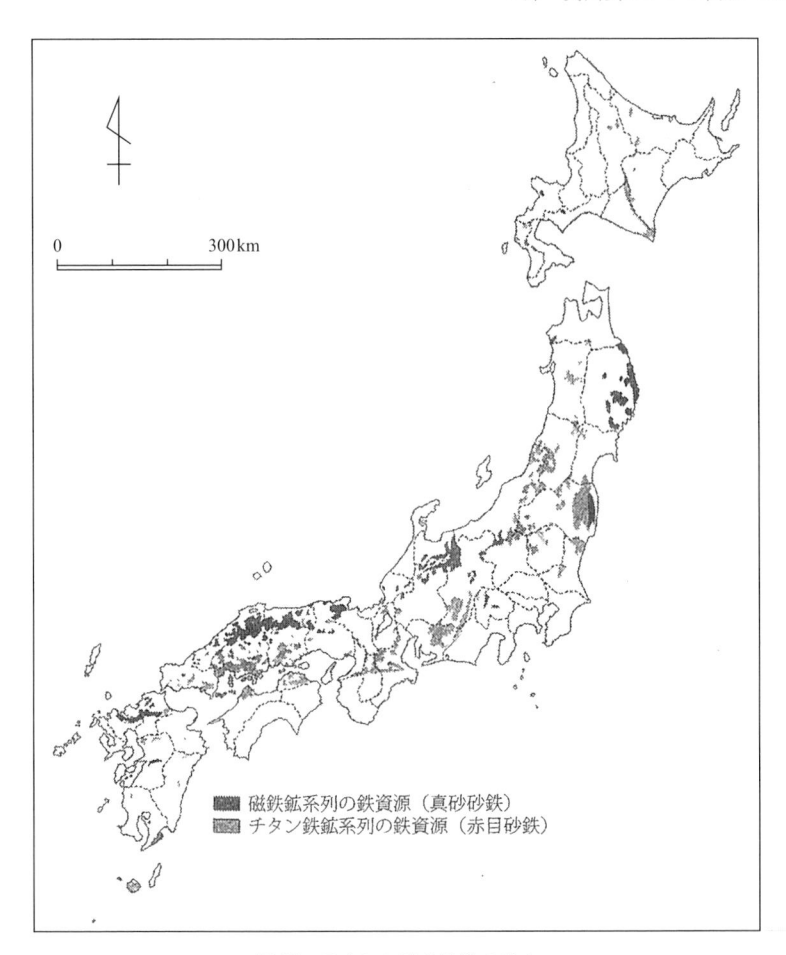

図 25　日本における砂鉄の分布
［出所］和鋼博物館編（2001）:『和鋼博物館総合案内』和鋼博物館、p.26 より転載。一部加筆。

ており、両者が密接な関係にあったことがうかがえる。

このように、古代より奥出雲でタタラ製鉄が盛んに行われた要因の一つは、その地質的特性によっているということができる。

②気候的要因

当地のタタラ製鉄のもう一つの要因は、青潮に起因するその気候的特性にある。

タタラ吹きには大量の木炭を必要とするが、よい炭の原料となる楢(なら)や栗などのブナ科の樹木は、積雪の多い土地に多く自生する落葉樹である。ブナ科植物の、落葉樹としての生態は、降雪期の到来を前に自ら葉を落とすことで、雪の重みで枝や幹を傷めないよう順応した結果である。このことがこの地にブナ科の木々を密生させ、およそ30〜40年といわれる生育と伐採の周期を維持させてきた。広島・島根・鳥取県境の比婆道後帝釈(ひばどうごたいしゃく)国定公園や、大山隠岐(だいせんおき)国立公園の一部である鳥取の大山山麓などは、落葉樹が織りなす紅葉の名所として知られている。

山陰の奥出雲地方（旧横田町）、同じ山陰の日本海側（松江市）、山陽の瀬戸内海側（岡山市）の気候を比較してみよう（表10）。

特徴としてまず、山陽側と比べて山陰側で冬の降水量が多いことが指摘される。この点、陰陽の間にははっきりとした違いがあるが、同じ山陰の横田と松江ではそれほどの差はみられない。冬の降水の多くは雪によるものと考えられるから、中国地方の山陰側（北側斜面）では山間部も平野部も降雪量にそれほどの差はないと考えられる。ただし、もとになっている統計は、松江と岡山で過去30年間の平均値、横田で平成13年の単年値である。

表10　横田・松江・岡山の月別気温と降水量

上段：気温（℃）、下段：降水量（mm）

	1月	2月	3月	4月	5月	6月	7月	8月	9月	10月	11月	12月
横田	0.1	1.9	4.7	10.8	16.9	20.5	24.7	24.1	19.4	14.6	7.3	2.5
	160	95	130	48	172	264	205	186	242	166	131	124
松江	4.2	4.3	7.3	12.7	17.3	21.1	25.2	26.3	22.1	16.4	11.3	6.9
	141	135	128	115	122	198	241	144	202	118	133	218
岡山	4.8	5.1	8.4	14.3	19.0	22.9	26.9	27.9	23.7	17.8	12.1	7.0
	33	46	83	102	115	186	160	91	160	88	51	26

［出所］『理科年表』平成15年および『横田町勢要覧2002資料編』より作成。

表 11　横田・松江・岡山の積雪日数と最深積雪量

	年間積雪日数	最深積雪量
横 田	44 日	57cm
松 江	12 日	50cm 以上なし
岡 山	1 日	50cm 以上なし

［出所］『理科年表』平成 15 年および『横田町勢要覧 2002 資料編』より作成。

　いっぽう、気温の推移を見ると、同じ北側斜面の横田と松江で冬の平均気温に著しい差があることがわかる。このことは降雪の量でなく、積雪の期間や量の違いとなって現れ（表 11）、標高の高い山間部の横田では、平野部の松江と比べて格段に強く積雪の影響を受けることになる。こうした冬の奥出雲の気候、換言すれば積雪が、タタラ製鉄に不可欠な楢や栗などの木々を育て、この地に継続的に木炭を供給した要因と考えられる。その降雪（積雪）の要因として、温暖な青潮の影響を指摘できるのである。

[注および文献]

1) タタラの語には、「鑪」「鈩」「炉」などの炉を意味する字や、炉の入った建物である「高殿」などの字が当てられる。その語源についてはわかっていないが、朝鮮から入った地名だとする説（柳田國男）や、風が立つ、湯を立てるなどの「立つ」を語源にするものだとする説（志賀義雄）などがある（山内登貴夫（1975）：『和鋼風土記』（角川選書）、角川書店、pp.15-16）。ちなみに、「東アジアにおける製鉄の始祖であるタタール人に由来する」という壮大なものまである。

2) 「製錬」とは、鉱石その他の原料から燃料を使って還元する工程を経て、含有金属を分離・抽出する操作をいい、「精錬」と区別される。「精錬」とは、製錬で得られた粗金属（銑鉄、鋼など）の炭素量を下げたり、不純物を除去したりする操作をいう。鉄の道文化圏推進協議会編（2002）：『鐵の道を往く』山陰中央新報社、pp.26-27 による。

3) 2004（平成 16）年、吉田村は近隣 5 町村と合併して雲南市吉田町となった。

4) なお、その後、日中戦争下の昭和14年と15年にも一時操業が行われた。
5) 尺・寸・分については、p.121 の注 1) を参照のこと。
6) 和鋼博物館編（2001）:『和鋼博物館総合案内』和鋼博物館、p.35
7) ヤスキハガネは、日立金属安来工場の生産する特殊鋼の総称である。和鋼博物館での聞き取りによれば、安来は本来「やすぎ」と濁って発音するが、商品名が「ヤスキ」と濁らないのは、全国の出荷先の消費者の多くが「安来」を濁らずに発音したことからつけられたものという。なお、名称はヤスキハガネと片仮名で表記されている。
8) 煉瓦積みで構築することで、操業毎に築炉し直さなくてよい、高さのある炉。縦型の立方柱の形をしているのでこの名がある。上部から原料鉄（砂鉄など）と木炭を投入し、下部から銑とノロを分離して取り出す。のちの高炉の原型になった。
9) 「和鋼」は辞書を引いても出てこない語だが、これは島根県が生んだ著名な鉄鋼冶金学者、俵国一（明治5年生まれ）が命名したものとされる。それは、タタラでつくられた世界に例をみない「優れた日本（和）の鋼」の意であり、「玉鋼」というのはその美称である。
10) 昭和47（1972）年、水質汚濁防止法の規定により鉄穴流しによる砂鉄採取が禁止されたので、以後、タタラ吹きに用いる砂鉄は磁力を使って採取（磁力選鉱法）されている。ただし、横田町（現奥出雲町）はいつでも鉄穴流しが復活できるように、斐伊川最上流部の日立金属安来工場所有地の一角に羽内谷鉄穴流し本場（横田町指定文化財）を現在も保存している。「本場」とは、鉄穴流しに必要な諸施設のうち、鉄と土砂の比重の違いを利用して砂鉄を採取（比重選鉱法）するための複数の溜池と水流施設をいう。
11) 島根県の歴史散歩編集委員会編（1995）:『新版 島根県の歴史散歩』山川出版社、p.32
12) 鳥上地区は明治22（1889）年4月1日、町村制の施行によって、藩政時代の大呂村と竹崎村が合併して鳥上村となった。鳥上村はさらに、昭和32（1957）年9月に横田町、八川村、馬木村と合併し斐上町となり、翌33年、町名変更により横田町となって、その一地区となったものである。以上、斉藤政夫（1979）:『和牛入会放牧の研究－近代林野所有史との関連を中心に－』風間書房、p.29 による。
　なお、横田町はさらに平成17（2005）年3月、仁多町と合併して奥出雲町となった。
13) 吉田東伍は、古事記（712年）や出雲国風土記（733年）から、「鳥上（鳥髪）

の地名について記述した個所を引き、「鳥上山俗に船通山といふ、半腹に滝あり、高五丈許、山の下に鬼神社とて、須佐之男命を祭る」と、その由来に言及している（吉田東伍（1904）：『大日本地名辞書』増補版（第3巻　中国・四国）、（冨山房、1970）、p.399による）。

つまり、船通山（鳥上山、鳥髪山）が出雲神話の素戔嗚尊（須佐之男命）に関係の深い、由緒ある山であるとしているが、素戔嗚尊が八岐大蛇の尾から取り出したという、天叢雲剣（草薙剣）が鉄剣を象徴していることから、すでに8世紀初頭にはこの地が鉄の産地として知られていたことが連想される。

14）桜井家は可部屋集成館（旧仁多町上阿井）、田部家は鉄の歴史博物館（旧吉田村吉田）として、ともにタタラ製鉄の歴史をいまに伝えている。

15）山陰地方の鉄道の開通年代は山陰線（山陰本線）が最も古く、島根県大田市以東はほぼ明治年間に営業を開始している。これに対して、中国山地の山間部では開通が遅れ、ほぼ大正年間に営業を開始した伯備線などの一部路線を除き、多くが昭和6（1931）年以降の開通である。青野壽郎・尾留川正平編（1977）『日本地誌』（第16巻　中国四国地方総論　鳥取県・島根県）二宮書店、p.115による。

16）かつて中国地方では牛が数多く飼育され、千屋（岡山県新見市）、飯石（島根県飯石郡）、比和（広島県比婆町）、神石（広島県神石郡）などの産地を形成した。それらの牛は役牛として多くの牛市で取り引きされたが、その最大のものは中国山地の山陰側、島根県邑智郡瑞穂町出羽の牛市であった。以上、宮本常一（1960）：『忘れられた日本人』（岩波文庫、1984）、岩波書店、p.276による（括弧内は筆者）。

17）市川健夫（1981）：『日本の馬と牛』（東書選書）、東京書籍、p.138

18）牛は道端に生えている萱のような草ならいくらでも食べてくれたので、餌の心配がいらず、それが運搬手段として牛の利用を促した要因の一つだという。宮本常一（1979）：『塩の道』（講談社学術文庫、1985）、講談社、p.57による。

19）上坂章次編（1956）：『和牛全書』朝倉書店、p.287

20）立河秀作・角田年康（1999）：『たたら』さとやま古代たたら倶楽部、p.7

21）前掲書12）、pp.29-72

22）島根県教育委員会（1984）：『都道府県別日本の民俗分布地図集成　第10巻』（中国地方の民俗地図　鳥取・島根・岡山・広島・山口）、東洋書林（2003）所収による。

23）鉄穴流しによる山砂鉄の採取は、きわめて多量の廃砂を下流へと押し流したので、河床の著しい上昇をもたらし、水害の人為的な要因ともなった。かくして、タタ

ラ製鉄が盛んな中国山地の河川の多くでは、鉄穴流しによる廃砂が原因とみられる水害が頻発した。なお、近世の日野川（鳥取県）の水害事例を扱ったものに以下の研究がある。

　徳安浩明（2011）:「19世紀における伯耆国日野川流域の鉄穴流しにともなう水害と対応」、人文地理63-5、pp.1-21

第5章　青潮海域と赤米習俗

1節　はじめに

　近年、日本在来の伝統文化を再評価しようとの流れから、赤米[1]を復活させる動きが全国各地に見られる。しかし、いわゆる「古代米」の健康食ブームに便乗したものから、村おこしの一環として考案されたにわか仕立てのものまで、本当に伝統文化なのか疑わしいものも少なくない。しかしそうしたなか、長崎県対馬の豆酘、鹿児島県種子島の茎永、そして岡山県総社市の新本は、いずれも日本で赤米を守りつづけてきた数少ない土地である[2]。

　豆酘や茎永で赤米が連綿と受け継がれてきたわけは、それが赤米にまつわる神聖な行事、すなわち赤米神事と密接に結びついてきたからにほかならない。神事を執り行う必要から赤米が栽培され、赤米が栽培されつづけたから、赤米神事の継続が可能となった。

　イネの原産地は中国雲南省とも、タイ・ラオス国境付近ともいわれるが、それらの土地はケッペンの気候区分ではAw（サバナ）気候区もしくはCw（温帯夏雨）気候区に分類され、夏の高温多雨を特徴とする地域である。イネはもともとそのような土地に自生する野生植物であった。その野生植物を人が長い時間をかけて栽培植物化し、日本など、より高緯度の土地へと伝播したものである。日本への伝播ルートは、東南アジアから島づたいに北上したルート、中国福建省あたりから直接流入したルート、朝鮮半島経由で到着したルートなどいくつか考えられているが、そのいずれにおいても青潮の流れが関与したことに変わりはない。

　赤米は穂と籾の色がふつうの稲より赤黒く、籾摺りをした玄米も赤みが強く、

精米してもなお薄く赤みを帯びている。明治時代まで赤米は白米(しろごめ)に混じって散見されたが、その後は目にすることもなくなっていった。これは赤米がパサついていて食味が良くないこと、反収が少なく経済的でないことなどがおもな原因である。このことは裏を返せば、日本の稲作の歴史は田からこの厄介者の赤米を駆逐する歴史でもあったといえる。

だが、赤米を駆逐する必要があったのは、それがじつに強い生命力を持つことのさらなる裏返しでもあった。生命力が強く、どんな土地にも適応して生きる米、それが赤米である。したがって、赤米には生命力旺盛な雑穀的性格があり、危険分散のために温存された一面もあるということである。これらのことは、この古代米が悠久の歴史を生き抜いてきたことの証左であり、日本における米の始祖だった可能性の高いことを示唆している。ハレの日に赤飯を食べる風習は、いにしえより日本人が赤い色をした米を食してきた名残だと思われる。このように、赤米は初期に伝えられた米の一種と考えられ、原種に近い米であるとともに、文化的に高い価値を有するものである。

この章では対馬・豆酘と種子島・茎永に伝わる赤米習俗を取りあげ、それらと青潮との関連を検討する。

[注および文献]

1) 赤米の定義は様々な角度から可能であるので、端的に定義するのはなかなか難しいが、赤米研究の碩学、嵐嘉一は、「赤米というのは玄米の種皮の部分に赤色系色素を含んだ米のことである。この粒色には品種、系統によりかなりの濃淡があって淡赤のものからほとんど黒紫色を帯びたものまである。白粒種はこの赤粒種から突然変異によってできたものである。」と説明している(嵐 嘉一 (1974):『日本赤米考』雄山閣出版)。

また、その読み方について、小川正巳・猪谷富雄の両氏は概略次のように述べている。すなわち、赤米は一般にアカゴメという読みとアカマイという読みがあり、柳田國男など民俗学者はアカゴメと、嵐嘉一をはじめとする作物学の関係者はアカマイと発音することが多かった。しかし、前者は訓読み、後者は湯桶読みであるので、日本語の原則としてはアカゴメが自然である。したがって、『好色一代女』『世

間胸算用』などの近世文学、『農業全書』『農稼録』などの農事書、『書言字考節用集』『日葡辞書』などの辞典類のいずれを取ってみてもアカゴメまたはアカコメと読ませている。以上より考えられることは、農学関係者がとくに第二次世界大戦後にアカマイと読んだことから、アカゴメという日本語本来の伝統的な読みに加えて、アカゴメとアカマイという二通りの読みができたものと推察される。なお、赤米は、赤米と言わずに「大唐米」と呼ぶこともある（小川正巳・猪谷富雄（2008）：『赤米の博物誌』大学教育出版、pp.5-7)。

2) 対馬豆酘では多久頭魂（たくづだま）神社が、種子島茎永では宝満（ほうまん）神社が、総社市新本では新庄国司（しんじょうくにし）神社と本庄国司（ほんじょうくにし）神社が、それぞれ赤米を祀る御神体となっている。

2節　対馬の赤米儀礼

1. 赤米の継承

　豆酘（図26）の口承では、「「天道法師（天童法師）」が一粒の種籾を持ってきて、そこから稲作が始まった」という。天道法師は、対馬固有の天道信仰の祖となる人物で、信仰篤き人々の間ではそのありがたい米を「天道様の米」と称したが、ふつうにはその色合いからアカゴメ（赤米）と呼ばれてきた。これはいわゆるジャポニカ種に属する米とされており、朝鮮の洛東江（ナクトン川）流域では、古くから同じジャポニカ種の米が栽培されていたという説がある。つまり、もしこれにしたがえば、日本における稲の伝播ルートの一つが朝鮮半島を経由したものだったと考えられ、それが「天道様の米」として、豆酘の赤米神事に継承されてきたと見ることもできよう。

　その一方で、赤米は炊くのに白米より多くの水を要するが、それでも飯はパサついていて、冷えるといっそうポロポロになる。このような米の特徴は南方系のそれに共通するものであり、雑穀的な性質を帯びた畑作種（陸稲）であることを示唆している。豆酘の赤米はジャポニカ種とはいえ、より原種に近いものであると推察される。

　これらのことから、豆酘の赤米は日本にとっての米の始祖の一つであるとと

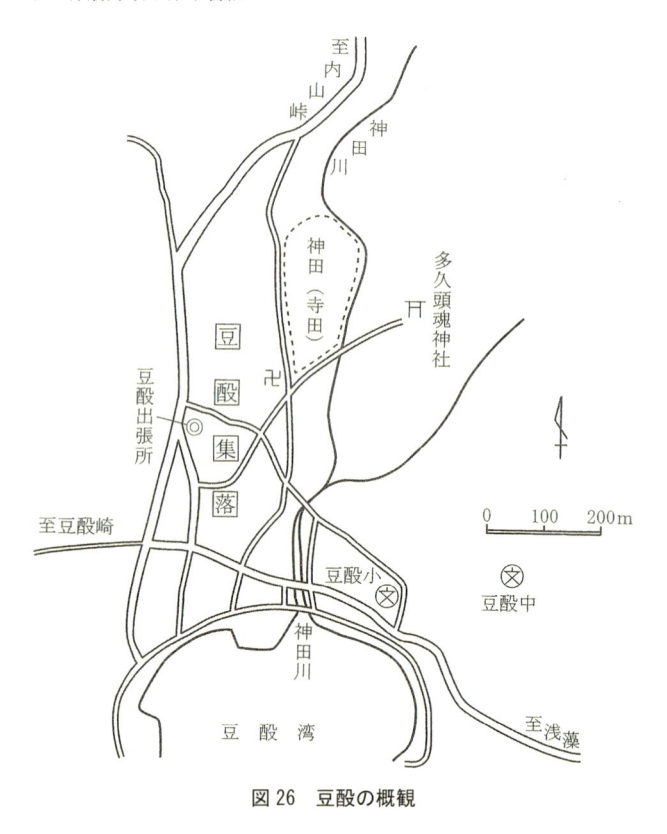

204　第 5 章　青潮海域と赤米習俗

図 26　豆酘の概観

もに、その伝播の一経路として朝鮮半島ルートが、また別のルートとして南洋からのものがあった可能性が否定できない。そしてこれらのルートで伝播されたイネは、そのルートのいずれを通ったにしても、遠く亜熱帯の、イネの原産地にまで遡ることができるといえよう。

　さて、豆酘の集落には神田川という小川が流れており、その中流から海岸付近まで水田が開けている（写真 47）。その一角が現在 1 反 4 畝[1]ほどの特別な田になっており、これを「神田」もしくは「寺田」と呼んでいる（図 27）。この田は赤米神事を執り行うための田であり、昭和 54（1979）年、厳原町の無形民俗文化財に指定されている。なお、本来は神の田（すなわち「神田」）と呼ぶべきであろうが、寺の田（すなわち「寺田」）とも言うのは、神仏混淆の

名残であろう。

　神田（寺田）では、現在も神事に使うための赤米が栽培されている。この田で取れた米が「神様の俵」となり、天道祭祀、すなわち赤米神事の御神体となる。この田には肥料を入れたり、農薬を使ったりしては絶対にいけないとされ、春に柴の青葉を緑肥として入れるくらいで、土づくりの手当てはほとんどなされていない。

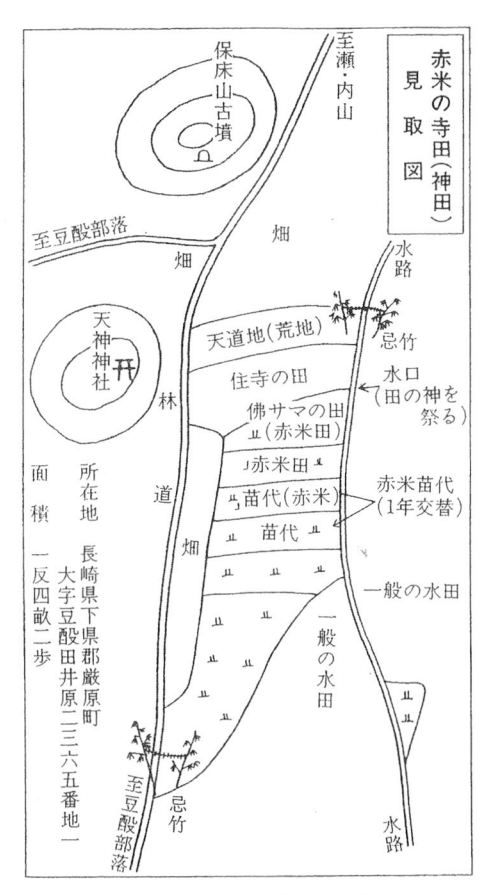

図27　赤米の寺田（神田）見取図

［出所］城田吉六（1977）：『対馬・赤米の村―古代大陸航路と豆酘の秘儀―』葦書房、p.100より転載。

写真47　酘豆の水田風景（対馬、2007年9月）

2. 豆酘の赤米神事

　俗にいう赤米神事は、一年を通じて一連の行事に分かれているが、その中心となるのが旧暦正月10日に行われる「寺田様頭受けの神事」である。「頭」（「当」とも書く）とは、寺田（神田）を耕作する当番にあたる家であり、「頭受け」とは新たにその年の当番になることをいう。つまり、前年の頭から当番を引き継ぐ行事が頭受けの神事なのである。なお、仮名をふれば「とううけ」となるが、実際には「とうけ」と発音されている。

　頭になる家は代々決められており、15戸1組が輪番で務めてきた。かつてはこの頭仲間が四つほどもあり、寺田（神田）も6反以上あったといわれる。しかし、昭和50年前後には一つだけとなり、その後、この唯一の頭仲間も年々その構成員を減らした。平成に入った頃には3戸まで減り、2008年現在はわずかに1戸だけが頭として残っている。「頭受け」もままならない状況だが、非常に手間のかかる諸々の行事が、農業の衰退とも相まって、現代生活のなかでこなせなくなっているのが原因であろう。

　頭受けした家には、一年にわたって厳しい禁忌があった。まず、頭受けした

家は、種籾を神として保存し、残りはその一年の間に自家消費してしまわなければならない。他人に米を分与してはならないので、この赤米を食する機会は頭仲間か親戚以外にはないのがふつうであった。

また、忌中の家は頭を受けることができず、一連の赤米神事にも一切参加することはできない。他方、頭受けした家の者は精進潔斎が求められ、もし親戚知人に不幸があっても決して弔問してはならない。反対に、忌中の者は頭を受けた家に出入りすることはできない。

このように厳しいしきたりや禁忌事項をもつ赤米神事であったが、その一年の流れは概略次のようなものであった。

田植え（村中の田植えが終わった後、半夏生の頃）

赤米の田植えは、村中の田植えが終わった後の半夏生の頃に行われる。半夏生は夏至から数えてだいたい11日目をいい、現在の暦では7月2日頃が相当する。この頃、高温多湿が進んで雑草が急に繁茂するようになるので、田植えをそれ以前に終えてしまうというのがふつうの米づくりのやり方である。

まず、寺田（神田）の道路側の入り口1カ所と、水路側の入り口1カ所にそれぞれ忌竹を立て、注連縄を張る。また、赤米田の水口に茅3本を束ねた上にネズミ藻という海藻を載せ、その上に赤米飯と梅干しを供えて、この年頭受けした当主（頭主）が御神酒を捧げて田の神を祀る。そして、数珠を繰って真言秘法を唱えて拝む。

つぎに田植えに移る。田植えは、田を鋤くことから田植えまでを古式に則り、一日で行う。この時、牛1頭（のちに耕耘機で代替）と頭仲間の各戸より男女1名ずつが出て苗を植える。ただし、女は赤米田のなかに入ることはできない。昼食には昨年収穫された赤米を皆で食べる。

お吊りまし（旧10月17日）

頭仲間の老女二人が、寺田に実った赤米の新穀から長く伸びた芒を、多久頭魂神社（写真48）にある古式の堅杵を使って落とし、種籾6斗[2]を精選する。その種籾を、やはり寺田から収穫した藁でつくった俵に詰め、頭主の家の本座の天井に吊して神として祀る。

写真48　多久頭魂神社（対馬市厳原町豆酘、2007年9月）

　御神体の赤米の俵は、翌年の旧1月10日の頭受け神事の受け渡しまで、天井に吊ったままで保管する。御神体のある本座には、家族といえども、女や不浄の者は絶対入室できない。

初穂米（旧10月18日）
　頭主は、寺田よりとれた赤米の新米3升を多久頭魂神社に持っていき、頭仲間の男だけで神社の裏のカマドで赤米飯を炊く。炊いた赤米飯は二つのショウケ（籠）に盛って御神酒とともに神前に供え、祈祷する。参拝者にも赤米飯を食べさせるが、これも男だけに限られる。

斗瓶酒（旧12月3日）
　1斗入りのカメ（瓶）の中で醸したばかりの赤米の濁酒（斗瓶酒）を多久頭魂神社に持っていき、ザルでこし、釜で煮て、新調した二つのタゴ（桶）に入れて神前に供える。祈祷したあと、神様のお下がりのその濁酒を頭仲間でいただく。

寺田様の餅つき（旧12月28日）
　頭仲間が「晴れ頭」、つまり頭が明ける家に集まり、赤米6升で餅を搗く。この時、女は一切関わることはできないが、翌年頭を受ける家の主も餅を搗か

まず、前日から水に浸しておいた赤米を屋外のカマドで蒸す。赤米は粳（うるち）であるためなかなか蒸れず、3時間近くを要する。蒸し上がったら、縁側に用意した堅臼に入れ、2本の堅杵で搗く。搗くというより、押しつぶすようにする。搗き上がると、本座の天井に吊してある赤米の御神体の下に戸板を敷き、そこで餅づくりを始める。

　餅は独特な臼の形につくる（後掲写真57）。古くは大小650個つくっていたものが、やがて180個となり、その後88個となった。餅は頭仲間に配るので、頭仲間が減るたび餅の数が少なくなった。この臼形餅を大小3組ずつ、受け頭と晴れ頭の家の床の間に、正月用の鏡餅として飾る。

ヨマイリ（旧1月2日、5日）

　旧暦1月2日と5日の2回、それぞれ夜半、丑（うし）の刻（午前2時）より夜明けにかけ、多久頭魂神社にヨマイリを行う。かつて頭仲間が四つあった頃は2日から5日にかけての4晩連続で行ったが、のちに最初の晩と最後の晩の2晩だけとなった。2日と5日は同じことを行うが、それはつぎのようなものである。

　受け頭が、オブキ（神仏に供える飯）として分けておいた赤米1升と、寺田様の餅つきで搗いた餅を持って出かけ、持参した鍋で赤米の飯を炊く。炊いた飯は、オブキゲ（高杯）3杯と、宮枡にオブキを盛って神前に捧げる。また、持ってきた餅を二つに折って供え、経を唱えて祈祷する。夜明けになり、頭仲間が集まると餅を配って終わる。

頭受け神事の使い（旧1月9日）

　受け頭の家から、頭仲間に対して頭受け神事の開催を告げる使いを出す。この使いは少年二人が務める。少年らは、「内かな、内かな、〇〇〇〇（頭受けの主人の名）申します。明日、祝辞礼（しゅうじれい）を致します。時分にして、進んじましょう。」と言って、頭仲間に知らせる。少年らは、翌日の頭受け神事の給仕も務める。

頭受け神事（旧1月10日）

　「内かな、内かな、〇〇〇〇申します。時分でございます。おいでませ。」という二人の少年たちの口上を合図に、神事が始まる。頭受けの家では、本座の

天井に御神体の赤米をつり上げるための準備を済ませ、ご馳走を用意して来客を待つ。客が着くと、ご馳走を出すが、家族といえども女は一切入室できないから、少年らが給仕の役を務める。

やがて亥の刻（夜10時）になると、晴れ頭となる家より御神体の赤米を迎えるための使者を出す。「お頭申し受けに行ってまいります。」と言って受け頭の家を出発する。使者は晴れ頭となる家に到着すると、「めでたい頭役を承ります。」と告げる。

晴れ頭の家では、このあと酒宴を行い、その後丑の刻（午前2時）になると天井に吊された御神体の米俵を恭しく下ろし、御神体をお守りしながら受け頭の家までお運びする。この時、御神体を背中に背負ってお運びする役の者を「お守り申す」という。やがて御神体は受け頭の家に到着し、「お守り申す」が本座の天井に吊す。この一連の神事のあと、少年たちの給仕によって直会の酒宴を開いてお開きとなる。

後祝い（旧1月12日）

晴れ頭の家では、床の間に飾られた肴で酒宴を催し、後祝いを行う。

種下し（旧4月吉日、田植え前45日）

頭の家では、天井に吊してある御神体の赤米を下ろし、新調した樽に種籾1斗を入れる。豆酘浦より汲んできた海水と、海藻のネズミ藻によって清めたあと、清水に浸す。やがて、発芽しかけてから寺田の苗代に播き、田植えを待つ。

豆酘では現在、以上一連の赤米神事が完全なかたちでは行われなくなっている。しかし、これら一連の神事が赤米の栽培を維持させ、赤米を後世へと伝えることを可能にさせてきた。ことに、赤米を入れた米俵を神様として本座の天井に吊るし（お吊りまし）、それを次の頭へと受け継いでいく年々の習わしが、赤米を継承するうえで重要な役割を果たしたと考えられる。

[注]
1) 反は約10aに相当し、もともと人一人の1年分の米が取れる面積を基準にした。反の10倍が町で約1ha、10分の1が畝で約1aである。また、1畝は30坪に相当する。

2）斗をはじめとする容積の単位については、p.121 の注 2）を参照のこと。

3 節　種子島の赤米儀礼

1. 宝満神社

　種子島茎永の赤米は、宝満神社の神田（「御田」と呼ばれる）で栽培されてきた神米である。宝満神社の成立年代は不詳だが、「宝満大明神」として親しまれてきた古社で、神武天皇の母、玉依姫を祭神とする。南の島特有の木々からなる小山の中腹に鎮座し、麓には赤米を植えるためのオタ（御田）が広がっている。

地名のいわれ

　宝満神社の宮司家に伝わる「宝満宮紀」には、この地の地名に関する記述が見られる。いわく、「雌雄神降りて初めて穀種をまく、故に種子島という」云々。雌雄神とは女性神が玉依姫命、男性神がその夫、ウガヤフキアエズノミコトである。また穀種とは、赤米の種籾のことをいっている。つまりその昔、この島に二神が降り立ち、はじめて日本に稲を伝えた。これ以後、島を「種子島」と呼ぶようになったのだという。「宝満宮紀」には、種子島が日本民族発祥の地であるという記述もある。

　玉依姫命とウガヤフキアエズノミコトの二神は、はじめ島の北端の浦田の地で稲作に勤しんだが、のちに南端の茎永に移り住んだ。このことは、赤米はかつて島の北から南まで全域で栽培されたが、しだいに南部へと中心が遷移したことを示唆しているのかもしれない。ちなみに、「茎永」という地名は、赤米の茎丈が 150 ～ 160 cm 以上に伸び（写真 49）、日本における一般的な米（茎丈 120 cm 程度）よりも長いことに由来するといわれる。

宝満の池

　宝満神社のすぐ南西に「宝満の池」がある。この池は面積約 4 万 9000 m^2、周囲約 1200 m で、種子島最大の淡水湖である。隣接する宝満神社の境内とともに池の周囲は神域となっており、手つかずの原生林が残されている。この池

212　第5章　青潮海域と赤米習俗

写真 49　茎永の赤米（写真提供：南種子町教育委員会）

と宝満神社との由緒は深く、つぎのような逸話が残っている。

　昔々、神を畏れない者たちが山を荒らしたり宝満の池で泳いだりしていた。これが神の怒りに触れたのか、干ばつが続いた。困った百姓たちは宝満の池の水を田に引くことにし、水路を掘り進めた。けれども、池の近くまで来たところ大きな岩がごろごろと出て、その岩から真っ赤な血が吹き出したり、怪物が出たりして大騒ぎになった。そこである僧侶が七日間をかけ、「人々の無礼をお詫びします。雨を降らせてください」と祈ったところ、にわかに大雨が降って稲は息を吹き返した。

　やがて雨が晴れ、霧が消えると、池の上に小船に乗った女性が現れた。その美しく気品の高いことといったら、それはこの世のものとも思われないほどだった。そこで僧侶はこれこそ玉依姫のお姿であろうと思い、「どうぞ玉依姫様、茎永の田に稲がよく実りますようにお力をください。玉依姫様を宝

満大菩薩として敬いお祀りいたしますから」と申し上げたところ、軽く笑みを浮かべてすっと消えてしまった。それからお宮を建て、玉依姫を菩薩としてお祀りした。それが宝満神社である。

神仏混淆の跡がうかがわれるので、逸話が生まれた時代は下るのであろう。しかし今日、宝満の池が神域とされるいわれがよく伝えられている。この池も稲作、すなわち赤米栽培と密接な関係を持つといえよう。

2. 茎永の御田植祭

毎年4月3日、その年の豊作を祈願してオタ（御田）に赤米の苗を植える儀式が古式に則って行われる。これが御田植祭で、正式名称を「宝満神社赤米御田植祭」という。平成11（1999）年3月、県から無形民俗文化財（芸能物件）に指定された。

赤米はオイネ（御稲）と呼ばれ、御田植祭ではオタ（御田）のうちのオセマチ（御畦）と呼ぶ田に植えられる。オセマチは聖域である「御田の森」（写真50）に最も近いところの田で（図28）、御田の森とオセマチには女は立ち入

写真50　御田の森（奥）と舟田（手前）（写真提供：南種子町教育委員会）

214　第5章　青潮海域と赤米習俗

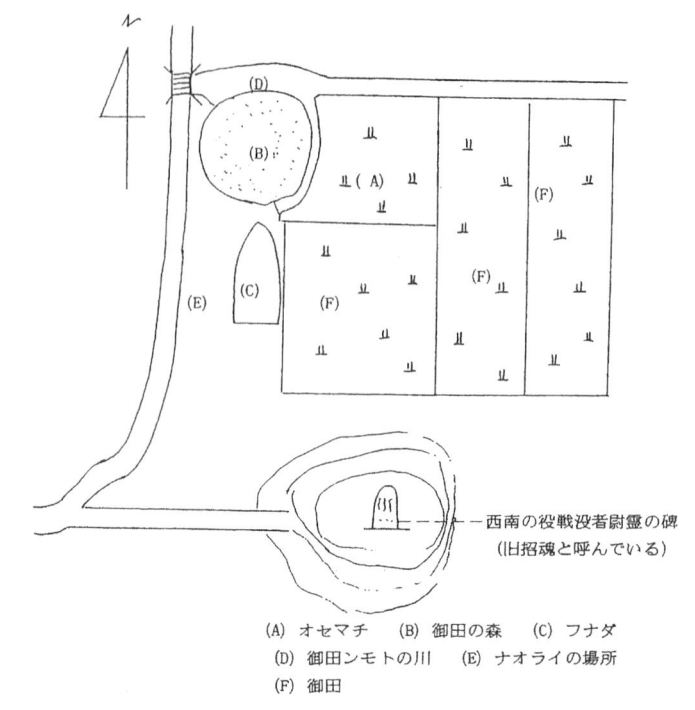

図28　オタ（御田）付近の略図

(A) オセマチ　(B) 御田の森　(C) フナダ
(D) 御田ンモトの川　(E) ナオライの場所
(F) 御田

［出所］南種子町郷土誌編纂委員会編（1987）：『南種子町郷土誌』南種子町、p.1170 より転載。

ることができない。

　御田植祭は村の家々の田植えに先立って行われる。一般の田植えは宝満神社のオタ（御田）に赤米が植えられてからでないと、決してはじめてはならないという習わしがあった。そのため、かつて早生の品種がなかった時分には新暦にして5月下旬頃行われていたものが、昭和9年から11年にかけて早生種が広まったことを受け、その後は4月上旬に早められたものである。それも以前は4月5日だったが、平成に入ってからは茎永小学校の体験学習の一環として位置づけられたこともあり、春休み中の4月3日に行うことになった。

祭壇づくり

　4月3日朝、ホイドンと呼ばれる神職と社人によって祭場となる御田の森の

神木の根元に、米・大豆・焼酎・赤魚（なければ青魚も可）・果物・野菜・赤米のオイネなどのほか、後述するシュエーが供えられ（写真51）、神事の準備が整えられる。

「社人」というのは、社会的信用の高い夫婦健在の老夫婦のうちから選ばれた者のことで、宮司の下で宝満神社に関する様々な神事の世話役をする[1]。オタ（御田）の種籾漬け、種蒔き、田植え、水の管理、収穫、赤米の保管など、赤米に関すること一切を任されている。ふつう「社人爺さん」と呼ばれており、任期はとくに定められていない。

祭壇にある神木はカシの木で、これが降臨する神霊の依代となる。この木の根元は小山状に少し盛り上げられ、その上に平たいサンゴ石（これを「菊面石」ともいう）を置いて祭壇とする。サンゴは穢れなき清浄な石と考えられている。

写真51　祭壇に供えられた神饌（写真提供：南種子町教育委員会）

シュエー取り

祭壇づくりに先立って、当日の早朝、社人が白装束に身を包み、海にシュエー（潮井）を取りに行く。これは海から清浄な海水と、海底から真砂を持ち帰り、御田の森の祭壇に供える儀式である。海への行き帰り、社人はけっして人と逢ってはならず、うっかり出逢ってしまっても、話をすることはもちろん、呼びか

けられても返事をしてはならない。俗人は穢れており、清浄なシュエーが穢れてしまうからである。

　海に着くとフンドシ一丁になり、まず海水でミソギ（禊ぎ）をして身を清めたあと、海中へと進み清浄な海水を桶に汲む。そして海底から真砂を採取する。この時、より清浄なシュエーを汲むために、「七波越えて取る」といい、波々を越えてより遠くの海から海水を汲み上げるような所作する。海岸付近の海は穢れており、少しでも沖の海水が清浄だからである。取った真砂は玉シダか笹竹でツトを作ってその中に入れる（写真52）。ツトは必ず一対、2本を用意する。

　海から戻ると、取ってきたシュエー（海水）で宝満神社、御田の森、御田を清め、真砂を包んだツトをサンゴ石の祭壇に供える。

写真52　玉シダで真砂のツトを作る（羽生源志さん、2008年12月）

降神の儀

　御田の森では宮司の祝詞(のりと)によって降神の儀が執り行われる。「苗に神様のお力を宿らせたまえ」と唱えながら、稲魂（田の神）をお迎えする。これは御田の森に充満する木々の生長エネルギーを、苗に凝縮させる儀式ということもできる。

稲魂を授けられた苗は、最初にホイドン（神職）、つぎに各地区公民館長（区長）[2]、そして社人、苗男の順に苗を授けられ、御田植の儀へと進む。

御田植の儀

格別神聖なオセマチには赤米の苗を、その他のオタ（御田）[3]には白米の苗を植える。これが御田植の儀である。オセマチには女は立ち入れないので、氏子総代が中心となって男だけで行う。現在では体験学習として小学生も参加するが、オセマチに御田植ができるのは子供であっても男児に限られる（写真53）。その他のオタの白米は氏子の老若男女によって植えられる。

御田植の服装はまったくの野良着ではなく、かなりの正装である。写真53の小学生たちも襟元に「宝満神社」と書かれた揃いの白装束を着けている。また、オセマチの周囲には「宝満神社」と書かれた奉納旗が立てられ、御田植の最中には、田の畔で古老が太鼓や鉦（かね）を打ち鳴らして御田植歌を歌う。歌詞は、「苗が早く活着してすくすく生長し、立派な実をつけてください。蔵が七つも八つも九つも建つくらいに実ってください」といったものである。御田植は、この田楽に合わせて行われる。

写真53　男児たちによる御田植の儀（写真提供：南種子町教育委員会）

御田植舞と放踏

　御田の森のすぐ南に舟の形をした「舟田」がある。舟田は玉依姫が種子島にやってくるのに乗ってきた舟を象徴している。前出の宝満の池の逸話でも、霧の晴れ間から現れた美しい女性が乗っていたのは小舟だった。

　小舟を象徴する舟田は、舳先を北へ向け（前掲図28）、あたかも御田の森を目指す格好になっている。実際も海は南の方角にあり、玉依姫（すなわち赤米を携えた渡来民）が南方から黒潮に乗ってやってきたことを暗示しているかのようである。この舟田で社人夫婦が「御田植舞」を奉納する（写真54）。

　御田植舞は、所作のゆったりとした優雅な舞いである。社人夫婦は黒の羽織袴に、白足袋といった出で立ちで舟田に入り、御田植歌に合わせながらゆっくりと土を踏みしめるようにして舞う。両手には赤米の苗を4〜5本ずつ捧げ持ち、それを植えるしぐさをする。土を踏みしめる所作は「放踏」を暗示するといわれる。

　放踏（「踏耕」とも書く）とは、「田に家畜を放ち、土を踏ませる」ことからきた言葉である。苗代や本田に水を張り、そこに水牛・牛・馬などの大型家畜を数頭から十数頭ほども追い込んで歩き回らせ、田の土を踏みつけ、かき回させる。すると、田の耕耘、除草、漏水防止の床締めなどを行うことができる。田のスキ（鋤）を用いないこのような耕作法は、東南アジアの島嶼部やマレー

写真54　御田植舞を奉納する社人の夫婦（写真提供：南種子町教育委員会）

シアなどで広く見られるものであり、赤米が南方から伝えられた証左の一つと考えられる。

　また舟田は、オセマチ（御畔）やオタ（御田）よりもやや高い所にあり、用水の入らない天水田である。御田植舞では、この天水田に溝から手桶で水を汲んで入れる所作があるが、これは赤米が水陸未分化の米で、陸稲としても、水稲としても栽培できたことを比喩しているのかもしれない。

　なお、本来は宝満神社の所在する下之統の各地区（松原、竹崎、阿多羅惜経）の出身者でなければ御田植舞を舞うことはできない。しかし現在、人員の不足などにより必ずしもこの原則は守られなくなっている。

直会

　御田植舞の奉納が終わると、御田の森にすぐ隣接する畑地にゴザを敷いて直会が行われる。直会は神事をしめくくるもので、参加者一同で御神酒をいただき、神饌を頂戴する行事である。一般に、墓前にお供えしたものをあとで食するのと同じ行為であり、神霊が召し上がったものをいただくことにより神霊との結びつきを強め、神の加護を期待する。

　御田植祭の直会では、トビウオ・ツワブキ・竹の子・割干し大根などの煮しめや、赤米の小さなにぎり飯（写真55）、甘酒などが振る舞われる。にぎり飯はオセマチでとれた赤米、甘酒はオタでとれた白米でつくる。これらのご馳走

写真55　赤米のにぎり飯（たねがしま赤米館、2008年12月）

は月桃の葉（シャニンの葉とも言う）に載せて出される。食べ物を器ではなく、植物の葉に載せて供することは、どこか南洋の習俗を思わせる。

マブリ

　直会が済み、御田植の行事がすべて終わると、社人の家にホイドン（神職）、氏子総代、区長などが集まって慰労の酒宴が催される。これを「マブリ」という。マブリでは焼酎、煮しめ、赤米のにぎり飯などが出されるが、この時も食器の代用として月桃（シャニン）やツワブキの葉が使われる。

　酒宴が始まってしばらくすると、一同正座して「めでた節」を合唱する。そうしていよいよ盛大な酒宴へと向かっていく。

　　めでためでたの若松様よ　枝も茂れば葉も茂る
　　　　なおもめでたの思うこと叶うて
　　　　　　末は鶴亀五葉の松
　　とどけ　とどけよ　末までとどけ
　　　　末もはじめの花のごと

　マブリは本来はこの日の直会のあとのほか、旧暦9月9日の宝満神社大祭の翌日、9月10日にも行われた。これが現在は、略式化されて御田植祭当日の直会のあとだけになっている。

3. その他の習俗・儀礼

　宝満神社の赤米神事は、御田植祭に関する以上の諸行事が主体で、現在4月3日に行われている。このほか、赤米を含む稲作全般にかかわる習俗・儀礼としておもに以下のものがある。

水にまつわる正月の行事

　正月には稲の生長に欠かすことのできない、水にまつわるいくつかの行事がある。まず1月1日、元旦の早朝、「初水迎え」を行う。これは年男が、「年あらたまりて初水を迎えるに、水は汲まずに黄金汲め、黄金汲め」といった文句

を唱えながら、桶に柄杓で水を汲む行事である。
　同じ元旦の朝、「チイナビキ」を行う。これは正月の祝膳を前にして、実り豊かな稲穂が頭を垂れて大きく傾くように、男たちがなびき傾いて稲の豊作を予祝する行事である。チイナビキの「チイ」は「露」のことで、露の重みで稲穂が傾くことからきているといわれる。露が関係することから、これも水にまつわる行事の一つと見ることもできる。
　このほか、年間を通じて水に関係する行事がたびたび行われる。これは赤米栽培が天水を頼りにしたこととかかわりがあるように思われる。

臼起こし

　正月2日の早朝、一番鶏が鳴くのを待って臼起こしを行う。これは大晦日に伏せておいた臼を起こし、餅の搗き初めのまねをする儀式である。今年の米の豊作を祝う予祝行事の一つといえる。
　臼には神が宿るといい、縄と御幣の注連飾りで臼を飾る。そこに枡で7合ほどの米を入れ、杵でその米を搗く所作をする。同時に杵で臼のへりをコンコンと軽くたたき、神様をお呼びする。「朝早く搗くほど福の神が寄る」といい、皆競うように早くから搗き初めを行った。

福祭門

　1月7日には「福祭門」を行う。青年や子供が地区の家々をまわり、各戸の繁栄を祈る行事である。正しく読めばフクサイモンだが、なぜかふつう「クサイモン」と言った。「門」は「文」と書くこともある。
　子供たちは家々で餅をもらいながら歩き、やがて「カンザー」という背負い袋がいっぱいになっていく。餅は公民館に持っていき、そこで善哉にして食べた。残った餅は家に持ち帰って家族で食べた。

田のクワ入れ

　旧暦1月8日または11日、田のクワ（鍬）入れを行う。クワ入れはその年の豊作を祈る行事である。
　まず、田の水口にシュエー（潮井）、焼酎、米、塩、大豆、ユズリハなどを供える。そして、「一クワ入れて一千石、二クワ入れて二千石、三クワ入れて三千石。今年も豊作になりますように、田の神様にお願い申す」という文句と

ともに田にクワを入れる。「一クワ入れて千石、二クワ入れて万石、三クワ入れて限りなし」というのもあった。「たねがしま赤米館」の展示資料によれば、江戸期における茎永の米の収穫量はおよそ1000石余りで、これらの文句におおむね対応するものだった。

クワ入れ式は田の耕耘開始を告げる行事でもある。クワ入れ式をやらずに田に入ると病気なったり、たたりがあったりすると信じられた。

種子蒔き祭

旧暦5月初旬、御田植の儀で使う米の種籾を蒔き、「種子蒔き祭」を行う。種子蒔き祭は社人、氏子総代、区役員などが中心になって行う。育苗田の水口に注連縄を張り、御神酒、米、大豆、餅などを供えて稲の健やかな生長を祈願する。

家いえでは祭で配る餅を搗く。搗きたての餅は一升枡に月桃の葉（シャニンの葉）を敷き詰め、そのなかに入れて固める。この餅を2cmぐらいの厚さに包丁で切り、親類縁者、隣近所に互いに配り合い、御田植に供する種蒔きを祝う。種子蒔き祭が終わるまでは、各戸で種蒔きをしてはいけないのが習わしだった。

旧暦の5月初旬頃という時期は、かつての晩生米の農事暦に基づく。昭和初期に早生米になってからは、実際の種蒔きは新暦春彼岸の中日（3月21日頃）に繰り上げられている。

水乞いの祈り

4月3日の御田植祭当日、御田植の儀に先立って水乞いの祈りがあった。宮瀬川の河口に水害防止の水神様が祀ってあり、そこで祈りを捧げた。この行事は現在は省略されている。

雨乞い

稲の生育期、晴天がつづくと雨乞いを行った。阿多羅惜経の集落の裏山に「呪の峰」という場所があり、雨乞いはここで行った。田がよく見渡せる所である。

刈り穂（収穫）

赤米の収穫は、その年の育ちを見ながら9月頃行う。赤米の収穫のことは、以下のようにすべて社人が執り行った。

まず、初穂は実入りのよいものを根ごと二株引き抜き、土を洗い流して宝満

神社の拝殿に奉納する。残りは社人が鎌で刈り、オセマチで干し、乾燥させてから脱穀する。脱穀した赤米は、以前は30～40kgほどの米俵(クブキ)に入れ、土間の梁にはしごで上って載せておいた。保管と乾燥が目的である。そうして春と秋のマブリの際に、にぎり飯などにして順に食した。残りは種籾として保管するが、必ず2年分を取っておくことになっていた。種籾はかつて社人が保管したが、現在は宮司が保管している。なお、脱穀した稲藁と籾殻はオセマチで焼くのがしきたりになっている。

　以上のいくつかの習俗・儀礼のほか、おもなものを示せばさらに以下のものがある（一部旧暦）。

正月11日	百姓祝い
正月14日	ホダレヒキ
田植え前	ウマヤキ（カネヤキ）
田植え終了後	サノボリ
5月28日	立願祭
9月9日	願成就
12月30日	餅搗き（飾り餅、鍬入れ餅）

4. 下中八幡神社と白米

　宝満神社の西、1里ほどの所にある下中八幡神社（しもなかはちまん）では、毎年3月上旬、その年の豊作を祈願して「御田植祭」が行われる。この祭は昭和47（1972）年3月、町から無形民俗文化財（芸能）に指定された。祭の内容は宝満神社とよく似るが、宝満神社の神米が赤米（あかごめ）であるのに対し、八幡神社の神米は白米（しろごめ）である。

　祭はまず、社人による夜明け前のシュエー取りから始まる。海への行き帰りに俗人に逢ってはならないこと、玉シダのツトに真砂を包んで持ち帰ることなど宝満神社の場合と同じである。シュエー取りの後、下中八幡神社で神事が執り行われ、つづいて御田植となる。また、御田植祭の準備として氏子たちが奉

写真56 下中八幡神社の森山と神田（南種子町、2008年12月）

納旗を立て、神社に注連縄を張る。これも宝満神社と同じである。
　御田植は神社前方の、古墳のようにこんもりとした木立のある「森山」（写真56）の脇、神田（オセマチ）で行う。御田植に先立ち、「ガマオイジョー」の姿をした社人が御田植舞を奉納する。ガマは「蛙」、オイジョーは「爺さん」の意である。ガマガエルは湿田の象徴だから、水陸未分化で天水に頼る赤米とは違って、白米が水稲であることを暗示しているようである。この点、宝満神社の御田植舞とは対照的であり、これは陸稲栽培から水稲耕作に移行して後の生産様式に基づくものかもしれない。
　ガマオイジョー姿の社人による御田植舞につづき、オセマチで関係者による御田植が行われる。この御田植は現在、宝満神社と同様に男だけで行う。しかしかつては最初だけ男が植え、つづいて男女が一緒になって植えるのが習わしであった。この点も宝満神社とは違っている。御田植が終わると参加者全員が森山に集まり、直会をしてお開きとなる。これは宝満神社と同様である。

［注および文献］
1)「宝満宮祭典の紀」にはつぎのように書かれている。「宝満宮社人は、松原門、

弥八門、雪の子門の名子の中にて団結したる妻を有し、正直にて夫婦健在するものを選び村役人これを命ずる。名づけて社人という」。茎永には九つの門があったが、宝満神社に距離的に近いこの三つの門から代々社人が出たという。南種子町郷土誌編纂委員会編 (1987):『南種子町郷土誌』南種子町、p.1169 による。

2) 宝満神社の氏子は小字単位で九つの地区に分かれており、こんにち、各々公民館が置かれている。

　九つの地区とは、雨田（あまだ）、上里（かみさと）、菅原、中部（以上、上之統）、仲之町、宇都浦（うとうら）（以上、中之統）、松原、竹崎、阿多羅惜経（あらいきょう）（以上、下之統）の九つであり、名称は異なるが注1) に対応するものと思われる。すなわち、社人は宝満神社に近い下之統の松原、竹崎、阿多羅惜経の3地区からのみ選出された。

3) オタ（御田）は、格別神聖なオセマチ（御畦）と、その他一般のオタ（御田）とに分けられる。オセマチ以外のオタは「ホイドンのオタ」とも呼ばれ、そこで栽培される白米は宝満神社宮司家の糧となる。

4節　考察

1. イネの系統

　生物学的に見ると、イネ（稲）は「インディカ種（Indica）」と「ジャポニカ種（Japonica）」の二大系統に大別できる。インディカは低温に弱く、草丈が長い。籾は細長い長粒型で、食味は香りがやや強くパサついている。ジャポニカは相対的に低温に強く、草丈は短い。籾は丸みを帯びた短粒型で、食味は甘みがあり粘り気が強い。インディカのほうがより原種に近いイネであり、原初的なイネは水稲でなく陸稲であった。

インディカとジャポニカ

　インディカの低温への適応力の低さは、それがイネの原産地に近い熱帯・亜熱帯で栽培され続けたことの証左である。イネはもともと熱帯・亜熱帯がふるさとであり、寒さに弱い植物である。また、草丈の長さは熱帯の多雨への適応

の結果だろうか。雨季における急激な水位上昇に応じて茎を伸ばしつづけるタイの「浮稲」は、茎丈が4m以上にもなるといわれる。

　反対にジャポニカの低温への適応力の高さは、それが温帯域に進出した結果得られた属性といえる。草丈の短さも、熱帯から遠く離れ、雨量が減少するにつれて短くなったものであろう。多雨による増水に対処する必要がなければ、草丈は長いより短いほうが茎が倒れにくく、環境適性は高いといえる。

　日本へのイネの伝播ルートは主として三つのものが想定されている。このうち揚子江河口付近からの「中央ルート」と、朝鮮半島を経由しての「北回りルート」が有力視されてきた。出発地はいずれも温帯に属し、ジャポニカが卓越する地域である。そのため日本に伝播したイネも基本的には短粒で粘り気の強いジャポニカであった。草丈が短く、寒さに比較的強いことも、日本に伝来し、現在栽培されているイネに共通した特性である。

茎永の赤米

　種子島茎永（くきなが）の赤米は、「茎永」の名のとおり茎が長く、インディカの特徴を有する。一方、籾の形はジャポニカと比べればやや細長いものの、インディカほどには長くなく、いくぶん丸みを帯びている。このように種子島に伝わった赤米は、遺伝的にはインディカとジャポニカの特徴をあわせ持つ「ジャバニカ種（Javanica）」だとする説がある。インディカがインドを語源に、ジャポニカがジャパン（日本）を語源にするのに対し（ただし、いずれもそこが原産地というわけではない）、ジャバニカは「ジャワニカ」であり、インドネシアのジャワ島が語源になっている。

　京都大学名誉教授の渡部忠世氏は、ジャバニカの原種を東南アジア山間部に分布する陸稲ではないかとしている[1]。すなわち、インディカに近い原初的な種であるが、現在もインドネシア東部の島嶼群、バリ島をはじめとする島々の山あいなどでおもに栽培されている。ジャワ島は必ずしも主産地ではなく、「ジャワ（ジャバ）」は一つの象徴としての名称だが、東南アジアが原産地であり、インドネシアの島嶼部が主産地になっていることに変わりはない。このジャバニカのイネがフィリピン、台湾、そして南西諸島と順に経由し、第3のルートである「南回りルート」で種子島に伝えられた。これが茎永の赤米だという

熱帯ジャポニカ

　ジャポニカとインディカの中間型である「ジャバニカ」は、遺伝的には両者からまったく等距離だけ離れているものではないとされる。どちらかと言えば、ジャバニカは従来のジャポニカに近い属性を多く帯びているといわれる。そのため、国立遺伝学研究所（現京都産業大学）の佐藤洋一郎氏は、従来のジャポニカを「温帯ジャポニカ」、ジャバニカを「熱帯ジャポニカ」と呼ぶことを提唱している[2]。氏によれば、前者はジャポニカ全体の約93％を、後者は残りの約7％を占めるという。

　温帯ジャポニカは長江中下流域から朝鮮半島にかけて分布し、熱帯ジャポニカ（ジャバニカ）はインドネシア島嶼部を中心に分布する。種子島の赤米は東南アジアのいずれかの場所を起源地とする熱帯ジャポニカであり、南からの第3のルート（南回りルート）を黒潮に乗ってやってきた可能性が高い（前述）。大正末期まで、途中の琉球諸島では熱帯ジャポニカの米がふつうに栽培されていたという。

対馬の赤米

　種子島・茎永の赤米がやや長粒のジャバニカ（熱帯ジャポニカ）であるのに対して、対馬・豆酘の赤米は短粒のジャポニカ（温帯ジャポニカ）である。そして両者の間に系譜上のつながりは認められない[3]。

　前述のように、豆酘の口承では、「天道法師（天童法師）」が一粒の種籾（赤米）を持ってきて、そこから稲作が始まった。いっぽう、朝鮮半島南部を南流する洛東江（ナクトン川）のデルタでは、古くからジャポニカの米が栽培されていた。「天道法師の赤米」は、この地から青潮（対馬海流）を越えて対馬に伝えられた可能性が高いのではないか。

　豆酘の集落には神田川という小さな川が流れており、その下流部で現在も赤米が栽培されている。その田を「神田」もしくは「寺田」と呼んだが、これは天水田でなく用水を引く水田であった。この点、種子島・茎永の「御田」とは少し違っている。また、豆酘で赤米の御田植えは半夏生（はんげしょう）の頃にするものとされ、これは村中の田植えがすべて終わった時期に当たる。これも村の田

植えに先立って、まず最初に苗を植える茎永の御田植えとは好対照をなしている。

その一方で、豆酘の赤米は炊くのに白米より多くの水を要するが、それでも飯はパサついていて、冷えるといっそうポロポロになる。このような特徴は南方系の米に共通するものであり、温帯ジャポニカに分類されるとはいえ、イネの原種に近いものであると推測される。そのルーツは朝鮮半島を通り越し、遠く亜熱帯のイネの原産地にまで遡ることができるのかもしれない。

2. 種子島の赤米と対馬の赤米

種子島・茎永の地で連綿と栽培され、継承されてきた赤米は、「海上の道」を黒潮に乗って伝えられたものである。この米には熱帯特有の生物学的な形質と、熱帯特有の稲作習俗とが認められる。

その形質
豆酘・多久頭魂神社の赤米は、芒が赤くなるのが特徴である。芒とは、穂先の籾についた細い針状の突起で、収穫期をひかえた神田では、芒が田一面を真っ赤に染めるほどである。一方、茎永・宝満神社の赤米の芒は白い色をしている。両者のこの形質上の違いが何に起因するものかは定かでないが、双方の大きな相違点として指摘しておきたい。

また、多久頭魂神社の「神田（寺田）」は水田だが、宝満神社の「舟田」は水のかからない天水田である。しかし一方、「オセマチ」は水田であり、御田植舞では「舟田」に水を汲み入れる所作もある。これらのことから、豆酘の赤米はかなりはっきりと水稲の性質を持つが、茎永の赤米は陸稲の性質をやや強く帯びた水陸未分化の米であると推察される。

さらに、日本書紀に種子島の稲についての記述があり、その性質を「一俎両収」としている。これは一度植えれば年に二度収穫できることを意味する。つまり種子島の赤米は、一度刈り取った株から再びヒコバエが出て、もう一度米を実らすことができる。茎が長いので台風などの際に途中から折れてしまうことがあるが、この時もヒコバエが伸びて生長が復活するという。

種子島の赤米に見られるこうした形質上の特徴は、それが畑作性を帯びた作物であるとともに、熱帯産の植物であることを示唆している。

米づくりの習俗

これは多久頭魂神社の神田（寺田）での赤米栽培も同じだが、宝満神社のオセマチには肥料・農薬を一切使わない。土中に含まれる養分こそが赤米の生長を司る実際上の神霊となる。この際、宝満神社では収穫行事である「刈り穂」で、脱穀したあとの稲藁と籾殻を焼くが、焼くのは必ずオセマチでなければならない。田畑で収穫物や植物を焼くという行為は焼畑を想起させる。人為的に肥料を投下せず、畑から得られる養分のみに依存するこうした耕作法は、熱帯の山あいで普遍的に見られる焼畑耕作を彷彿させるものがある。

これも多久頭魂神社と同様だが、宝満神社の御田植えは男のみで行う神事である。女はオセマチに入ることも、御田の森に足を踏み入れることもできない。これを女の穢れゆえと受け止め、女性蔑視の思想であると見る向きもある。しかし実際はそうではない。本来、田は陰（女）であり、そこに陽（男）が入ることで生殖が完結する。生殖とは言うまでもなく、稲の実りのことである。茎永で男だけによる御田植えは、女の排除や蔑視などではなく、反対に男女協力の形と考えられるのである。

すでに見たように、御田植舞の所作はホイトウ（放踏、踏耕）を暗示するものである。ホイトウは、種子島では明治期まで実際に行われた耕作法で、かつては南西諸島全域に広く見られたという。ふだん「マキ」と呼ぶ放牧場で飼育している馬を使い、田の耕耘や除草、床締めなどを一緒に行う。スキ（鋤）を使わないホイトウのような耕作法は、現在も東南アジア島嶼部の山間地で広く見られるものである。

かつて種子島の稲作では箕（丸口箕）を使って風選が行われた。穀殻を箕のような道具で風選する様式は、東南アジアや南アジアで広く見られるものだが、ことにバリ島では種子島と同様の丸口箕が使われてきたという。脱穀したばかりの籾には、藁やゴミ、実の入っていない空籾や籾殻などが相当多く混じっている。それらの「ゴミ」を籾もろとも空中に放り投げ、風の力を利用して重い籾だけを選り分けるための道具が箕である。じつにありがたい農具である箕は、

写真57　豆酘・多久頭魂神社の鏡餅（奥）（たねがしま赤米館、2008年12月）

あたかも呪力をもった道具として農村儀礼全般にも深くかかわってきた[4]。その箕が種子島とバリ島で共通している点も興味深い。

　豆酘・多久頭魂神社の赤米は、「鏡餅」（正月用の供え餅）にして神前に供えられる。その多久頭魂神社の「鏡餅」は、ふつうのものとは思われない独特な臼の形をしている（写真57）。対して、茎永・宝満神社では供え餅（鏡餅）自体をつくらない。多久頭魂神社の供え餅がなぜこういう形をしているのか、宝満神社ではどうしてそれがつくられないのか。わからない点が多いが、大いに興味をそそられる事実である。

3. 米の食文化複合

　インディカは粘らない米、ジャポニカはよく粘る米で、種子島の赤米はその中間的な性質を持った米である。粘り気の強弱に代表される米の食味は、そのイネを選択した民族の食への嗜好性とも結びついており、できるだけそれを満たそうとする結果、より広範な「食文化複合」を生じさせる。ここで食文化複合とは、多様な個々の食文化が互いに関連を保ちつつ、全体として一つの大きな食の文化を形成することをいう。

粘りと調理

　粘り気を好む民族は、粘り気の強い状態で米を食そうとする。その結果、米の調理法（炊き方）にも工夫を凝らすこととなり、「炊干し法」が選択される。炊干し法とは、炊き上がりが即、水分を使い切るといった具合の炊き方で、米からにじみ出る粘り成分を炊き上がった米に付着させるやり方である。日本をはじめジャポニカを取り入れた地域では、基本的にこの炊干し法が採用されている。この炊き方では米を炊く際の水の量、すなわち「水加減」が重要になる。

　これに対して、インディカを取り入れた民族は米の粘り気を嫌う。そのため、米の炊き方も「湯取り法」が選択される。湯取り法とは、たくさんの湯を使って米を柔らかくなるまで煮るやり方で、炊飯時に米から湧出した粘り成分を、炊飯後、湯もろともに捨ててしまう炊き方である。インディカが分布する地域では、基本的にこの湯取り法が採用されている。この炊き方では「水加減」という概念が存在しない。

　種子島・宝満神社の赤米神事では、赤米のにぎり飯が節目節目に神に供えられたり、氏子たちが食したりする。赤米のにぎり飯がたびたび用いられるのは、対馬・多久頭魂神社の場合も同様である。米の粘りを利用した「にぎり飯」という食べ方は、ジャポニカの特性をうまく利用した調理法といえる。それだけに、ジャポニカを受け入れた文化地域では、神饌として、にぎり飯が重要な意味をもったと考えられる。

粘りと箸

　箸は中国・漢代に早くも一般化した最も身近な道具の一つであり、2000年来の歴史をもつ古い食器である。この食器は粘りの強い米を食するのに都合がよく、中国、朝鮮、日本など、おもにジャポニカが伝播した温帯アジアに受け入れられた。

　これに対して、粘りの少ない米を箸で食するのは至難の業で、インディカが取り入れられた熱帯・亜熱帯アジアには、ベトナムなど中国と密接な関係をもつ一部の国を除いては、箸はまったく定着しなかった。素手（指）で食べるか、匙を使うかするのがこれらの土地での米の食べ方となり、それは現在も継承さ

れている。結局、米自体のもつ性質は、その調理法や食作法とも密接な関連を保ち合い、全体として大きな食文化複合を形作っている。

ちなみに、ヨーロッパにフォークが登場するのはかなり後になってからで、最も早かったイタリア王室でも15世紀、最も遅かったイギリス庶民にいたってはやっと18世紀になって広まったといわれる。それまで肉を切り分けるナイフはあっても、切り分けた肉を口に運ぶ食器は存在しなかった。そのため素手で食べざるを得ず、指先はいつも肉汁で汚れていたから、手をきれいにするためのナプキンや、食卓のフィンガーボウルが重宝された。小麦のパンはいまも手づかみで食べるが、これらも食文化複合の一環としてとらえることができる。

このように、何を使って食べるかはおもに主食の性質に依存している。粘るジャポニカを好んだ人びとが、最も食器の開発に意を尽くした民族であったのは偶然ではなかったと考えられる。

粒食する米

今日、世界の三大穀物は米・小麦・とうもろこしであり、三者の生産量はそれぞれ年間6億t内外でほぼ同じくらいである。このうち小麦ととうもろこしは、基本的にパンやトルティーヤの形で粉食されるが、米はそのまま粒食される。手をかけて一度粉に挽くのは、それが粒食に耐えられないからで、そのまま粒食できる米のほうが優れた主穀と言うこともできる。

粒食される米は、それ自体の性質により強く依存する食品となる。粉食であれば、異なる性質の粉をブレンドして性質を均一にすることも可能だが、粒食ではそのようなことは難しい。以上比較したインディカとジャポニカ(温帯ジャポニカ、熱帯ジャポニカ)の性質の違いは、そのまま民族の食の嗜好性に直結している。粘る米を好む民族は粘る米を選び、粘る米を嫌う民族は粘る米を避ける。平成5 (1993) 年、東北地方が深刻な冷害に見舞われた時、タイからインディカの長粒米が緊急輸入された。しかし、その安価さにもかかわらず、全国のスーパーで売れ残りが続発してさらなる社会問題となった。

今日、米の国際交易量はとうもろこしの数分の1、小麦の10分の1程度と大変に小さい。粒食できることが異なる性質のあいだでの米の交易を抑え、そ

れぞれの地域での食文化複合をより強固なものにしている。

［注および文献］
1）渡部忠世（1993）:『稲の大地－「稲の道」からみる日本の文化－』小学館、p.168
2）佐藤洋一郎（2005）:「照葉樹林文化とイネ」、科学 75-4、pp.441-444
3）小川正巳・猪谷富雄（2008）:『赤米の博物誌』大学教育出版、p.20
4）柳田國男監修（1951）:『民俗学事典』東京堂出版、p.549

第6章　青潮海域と衣食住

　本章では、青潮海域に典型的に見られる衣食住を取り上げ、その性格を考察するとともに、起源地と考えられる地域との文化的な連続性や非連続性、伝播ルート等について検討する。ただし、いちおう「衣食住」という語で括ってはいるが、「食」を題材とした考察が多くをしめている。
　題材としては、南方由来の食文化として、魚醤、焼酎、石焼の料理を、同じく南方由来の住文化の一環として石焼の風呂を取り上げる。また、北方由来の文化としては、アイヌの衣食住に注目し、その食文化と衣文化を中心に検討する。

1節　魚醤

1. はじめに

　第4章3節でイカの保存法について述べ、スルメにする乾蔵と、塩辛にする塩蔵にふれた。そして、山形県飛島では塩蔵のバリエーションとして魚醤が作られてきたことを指摘した。魚醤とは、醤油や味噌などの穀物を使った穀醤に対して、塩漬けにした魚を発酵させて作る調味料の総称である（写真58）。
　飛島のイカの塩蔵品、すなわち塩辛は、「飛島の塩辛」と呼ばれる一風変わった食品である。ふつうの塩辛がオレンジ色をした内臓にただイカをまぶしただけの即席塩辛だとすると、この塩辛は褐色の液体に長期間漬け込んで作る熟成塩辛である。その食べ方も、ふつうの塩辛のようにイカの身（胴や脚）だけを食べるのではなく、身と、発酵したその液体の両方を食べる。液体のほうは調

236　第6章　青潮海域と衣食住

写真58　魚醤の数々（さかた海鮮市場、2005年12月）

味料として使われる魚醤である。つまり、飛島の塩辛は魚醤に漬け込んで作る塩辛であり、塩辛づくりを通じてさらに魚醤が作られていく。このような魚醤が飛島ではいまも日常的に食されている。

　この節では魚醤と青潮との関連について考察する。

2.　飛島の塩辛

①作り方

　山形県漁業協同組合飛島支所で女性部長を務める斎藤栄子さん（昭和13年生まれ）から飛島の魚醤づくり、すなわち飛島の塩辛づくりについて話を聞いた。

1年目の作業

　飛島の塩辛は、毎年10月20日頃に仕込みが始まる。まず、海洋深層水[1]を汲み上げ、これを2〜3斗[2]ほどの大きさの樽に入れる。そして、そこにたっぷりと食塩を加え、濃度20％の食塩水を作る。つぎに、この樽にイカのキモ（肝臓）を入れて漬け込むが、キモは樽の半分くらいまで入れるのがちょうどよい。食塩水半分とキモ半分で樽はいっぱいになる。あとは翌年までこの樽をねかせ

これとは別に、翌年の6〜7月頃、新鮮なイカの胴と脚をふつうの塩辛と同じように細切りにし、これを塩漬けにする。この時、塩以外には何も加えない。これは遅くとも土用（8月7日、8日頃）までにやるものとされ、それを過ぎると「水切れが悪くなる」のでよくないといわれる。これは時期によってイカの種類や質が変わってくるからだが、水切りが悪くなると味が薄まってしまい具合が悪い。

　土用頃になると、昨年作っておいた樽の中でキモと水とが分離して、水は底のほうにたまり、固形物は上のほうに浮いてくる。下にたまった水はちょうど秋田のショッツルと同じ魚醤で、褐色だが、澄んでいて深い味わいがある。この水を「タレ」と呼び、あとで使うが、これは飛島の塩辛になくてはならないものである。

2年目の作業

　翌年の10月20日頃、塩漬けしておいたイカの切り身に水を足し、塩抜きをする。「甘くなるまで」といって、できるだけ塩分を抜き取るようにする。塩が抜けたらそこに重石を載せて十分水切りをする。繰り返しになるが、この時、土用までに漬けておいたイカでないとよく水が抜けない。

　つぎに、樽の下にたまったタレ（魚醤）を、底に近いところに取りつけてある栓をひねって取り出す。そして、水抜きしたイカの切り身と、このタレを瓶の中に詰めていく。瓶詰めするのにはビール瓶がよく、島では昔からビール瓶を使っている。瓶に色がついているので発酵が抑えられ、だいたいどこにでもあるから都合がよい。大瓶ならイカ300gの見当で入れ、そこに口までタレを継ぎ足していく。あとは栓をすれば飛島の塩辛の出来上がりである。手のこんだこの塩辛は、瓶から出して食べるのも面倒だが、瓶に詰めるのはもっと手間がかかる。

　この間、樽の中身が減った分、海洋深層水と食塩とイカのキモを継ぎ足し、前年と同じように仕込みをして翌年を待つ。各家にはいくつかの樽があり、あれは昨年からの樽、これは今年からの樽といった具合に、新旧の樽を要領よく使い分けていく。家族の人数にもよるが、一世帯でだいたいビール瓶100〜

200本の塩辛をつくり、春頃まで食べつなぐ。その際、食べるのは漬け込んだ身だけでなく、タレ、すなわち魚醤のほうも調味料として利用する。

②商品化
「飛島の塩から」

　島民がつくるビール瓶の塩辛は、自家用や、知り合いへのおすそ分けにされるものである。これがもう少し小さな瓶に入れられて、「飛島の塩から」（写真59）という、一部を平仮名にした商品名で観光みやげとして売られている。一般にイカが基本の塩辛だが、島には昔からタレにサザエを合わせたものもあり、こちらも商品化されている。いまも現役の山居倉庫に併設された酒田市観光物産館や、酒田港旅客ターミナルの隣、さかた海鮮市場などでこれらの食品を扱っている。

　ふつうの塩辛しか知らない人にとって、飛島の塩辛はかなりしょっぱい代物である。しかしそれは珍味としてそのままつまんでしまうからで、本来これは、大根おろしと一緒に食べる「おかず」というべき食品である。タレの魚醤もそれ自体が立派な調味料であり、イカがなくなった後も大事に取っておき、料理の隠し味や醤油代わりとして利用する。

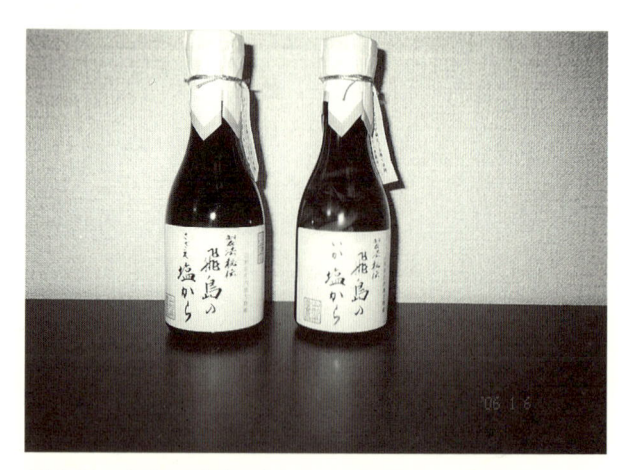

写真59　サザエの塩辛（左）とイカの塩辛（右）（2006年1月）

「潮ラーメン」

　塩辛そのものでなく、タレ（魚醤）のほうを使った商品もある。酒田市役所に近い川柳食堂の「潮ラーメン」（写真60）は、薄味しょうゆのスープのだしに魚醤を使っている。具材にはわかめ・コーン・むきエビ・チャーシュー・かまぼこ・しなちく・ほうれんそう・ねぎのほか、飛島近海でとれた小魚のつみれが入っているのも特色である。味はさっぱりとしており、コクがあるのにクセはない。酒田で食べる飛島味のラーメンである。

　酒田ではこのほか、「日本海ラーメン」という名でみやげ用の魚醤ラーメンも開発された。また、トビウオを原料にして作った魚醤入りの特性醤油も商品化されており、「飛魚のつゆ」（前掲写真58）などの愛称で販売されている。

写真60　川柳食堂の「潮ラーメン」（酒田市中町、2005年12月）

3. 青潮と魚醤

①能登のイシリ

語源から

　飛島のほか、日本海の青潮海域の各地には、魚醤文化が今も点々と残っている。奥能登に古くから伝わるイシリ（イシル）もその一つである。イシリは、イ

カ、イワシ、サバなど、日本近海で有り余るほどとれる魚貝を利用した、風味豊かな調味料として伝承されてきた。「イシリ」「イシル」、「ヨシリ」「ヨシル」など様々な呼び方があるが、これらの呼称を語源から整理すると、「イカ汁→イシル→イシリ」の系統と、「魚汁→ヨシル→ヨシリ」の系統の二つに分類することができる[3]。つまり、元来は「イカ」を原料にした魚醤がイシリであり、その古語がイシルだと考えられる。また、イワシやサバなどの「魚」を原料にした場合にはヨシリとなり、その古語がヨシルである。今日、イカか魚かにかかわりなく「イカ汁」の系統の語、すなわちイシル、イシリがよく使われており、しかも、そのはっきりとした名詞形を思わせる「イシリ」が最も広く用いられている。

　これらのことから、イシリは現在では魚がおもな原料とされているが、伝統的にはイカが最も重要な原料だったのではないかと推察される。この点、もっぱら「イカの塩辛」として伝承されてきた飛島の魚醤と、青潮で目と鼻の先にある能登のイシリとは、相互に密接な関係を持って伝播・伝承されてきたものと考えられる。

イシリの製法

　イシリは、毎年11月頃に仕込みが始まり、翌年5月頃に仕込みが終わる。その製法はいたって簡単であり、新鮮な魚貝に食塩を混ぜ、あとは放っておくだけである。イワシを原料とする場合、イワシを丸ごと使用し、20％の食塩濃度の樽の中で、時どき攪拌しながら半年から1年間ねかせる。イカを原料とする場合には、イカの内臓の脂肪分がイワシよりも多いため、食塩濃度を18％程度とやや低めにし、やはり時どき攪拌しながら2年ほどねかせる。食塩を加えることにより腐敗細菌の繁殖が抑えられ、自己消化酵素によるタンパク質の分解や、自然発酵が進んで独特の香りと旨味が熟成される。樽の下層に半分ほどたまったイシリを、樽の下部につけられている栓をひねって取り出し、煮沸殺菌すれば出来上がりである[4]。

イシリの食法

　能登の味覚に「イシリの貝焼き」がある。イシリを数倍に薄めてだしを取り、そこに大根、なす、きのこ類などの野菜を入れ、さらにイカやエビ、白身魚な

どを入れて、焼きながら、というよりも、煮ながら食べる。この場合、イシリはだし、すなわち調味料として使われ、料理に用いられることが前提の調味料になっている。「貝焼き」というのは貝を鍋代わりに使うためだが、調味料の「イシリ」が料理名として使われているのは興味深い。ふつうなら、「〇〇の貝焼き」の〇〇には、魚貝や野菜など、焼かれる（煮る）素材の名がくるところだろう。

　また、野菜をイシリで漬ける「べん漬け」というものがある。糠(ぬか)味噌の代わりにイシリを使う漬け物で、魚醬としての用途は飛島の塩辛と同じだが、飛島では魚貝を、能登では野菜をという具合に、漬けるものに違いがある。このほか、ふつうの醬油と同じように、魚の刺身や、おひたしなど、何にでもかけて使われる。

比較考察

　以上から、能登のイシリを飛島の塩辛と比較すると、次のようなことが言えるだろう。

　能登のイシリはイカ（あるいは魚）を丸ごと使用し、時間をかけてねかせることで、イカ（あるいは魚）から魚醬を取り出すことを目的にしている。これに対して、飛島のイカの塩辛は胴や脚といったイカの身を少しでも長く保存し、それをおいしく食べることに力点が置かれている。この際、魚醬は副次的な産物であり、いわばイカの味つけに利用されているわけだが、イシリは料理に使うことを前提に作られており、魚醬づくりそのものが目的化されている。

　別な言い方をすれば、飛島の塩辛はイカを材料にした味つけ食品だが、能登のイシリは他の食品を引き立たせるための調味料である。飛島の塩辛は、純漁村としてイカに強く依存し、たんぱく源としてイカをたくさん食べなければならなかった人たちの必要から生まれた発明品とでもいえようか。あるいはまた、漁場に出ては料理ができないことからくる「携帯食」の発想が、その根底にあったのかもしれない。

②秋田のショッツル

語源から

　ショッツルは、350年ほど前から秋田の海岸一帯で自家用の調味料として作

られてきたもので、語源は「塩魚汁」がなまったものと言われる。つまり、魚を使うので、イシル（イシリ）とヨシル（ヨシリ）の2系統ある能登の魚醤のうち、ヨシル（魚汁）と同系統の言葉がこのショッツルだと考えられる。この語源からも青潮を通じた能登との交流の跡がうかがえるが、語源上、より距離的に近い飛島との共通性はみられない。

　ショッツル・ヨシル・イシルと、「汁」の字を当てるのはそれが文字通りの汁であり、そもそも調味料と考えていたことを示唆するのだろう。これに対して、飛島に「汁」の字を当てる呼称が残らなかったのは、最初から調味料としてよりも、魚貝の保存手段として受け入れられたことを示す証左といえるのではなかろうか。飛島ではあくまでも塩辛なのであり、それは主語として「○○の」に当たる部分、すなわちイカやサザエを必須とする概念なのである。

　しかし、これは必ずしも交流の有無を示しているのではなく、生業の違いからくる食文化の違いと捉えることもできる。すなわち、能登や秋田の沿海部が食品の種類が多い半農半漁の生業地域とすれば、飛島はもっぱら漁業に依存する島として、具と調味料とが一体化した塩辛を必要としたのだろう。

ショッツルの製法

　一般に、ショッツルの原料はハタハタと相場が決まっている。しかし、これは秋田で漁獲量が多かったことや、味が淡泊で臭みがないことからくる一つの典型であり、イワシなどの小魚を使うこともあった。新鮮な魚を使うのがポイントであって、魚は何でもよいといっていい。

　毎年12月頃、樽にハタハタなどの魚を入れ、だいたい20～30％の食塩をまぶして仕込みをする。ショッツルの場合、米麹を入れることがあるのも特徴である。2年、3年と時間が経ち、熟成が進むと、樽の中の魚は頭部と背骨を残すだけになっている。そこで、液体となった部分だけを取り出し、煮沸と濾過をかければ出来上がりである[5]。

　食法としては「ショッツル鍋」が有名だが、これも「イシリの貝焼き」と同様、調味料が主語になった、思えば一風変わった料理名である。また、イシリの貝焼きと実質的に同じ料理もみられ、調味料として広く使われてきた。これらの点でも、ショッツルはイシル（イシリ）との類似性が高く、能登半島と秋

田沿岸部とのつながりの強さをうかがわせる。

4. モンスーンアジアと魚醤

　以上のように、飛島の塩辛は能登や秋田のイシリやショッツルとやや異なっているが、これらはすべて魚醤という範疇でくくることができるものである。日本で魚醤は、かつてはかなり広く利用されたと考えられるが、現在ではこのほか、瀬戸内地方の「イカナゴ醤油」や伊豆諸島の「クサヤ」などにその残照をとどめるにすぎない。そうしてみると、これら青潮海域に点々と残る魚醤の存在は注目すべき事象といえよう。
　世界の魚醤のルーツになっていると考えられるのは東南アジアのインドシナ地域で、じつに様々な種類の魚醤が利用されている[6]。大陸部のタイ、ラオス、カンボジア、ミャンマーでは、淡水魚で作る塩辛が発達しており、そのままおかずにしたり、塩辛に野菜をつけて食べたりしている。強いて言えば、おかずにする前者の食べ方が飛島流、野菜につけて食べる後者が能登・秋田流である。また、塩辛の汁は醤油のようにも使われるが、これもどちらかといえば後者、能登・秋田流の利用法である。
　また、カンボジアやミャンマーには、ミンチにした魚肉から作った塩辛もある。味噌のようなペースト状なので、調理の際に水に溶けやすく、スープの味つけや煮込み料理などにも使われている。反対に、ベトナムの「ニョクマム」は魚肉がすべて分解するまで漬け込んだ完全な魚醤で、イシリやショッツルとほぼ同じものである。類似の魚醤はタイ、ラオス、カンボジア、ミャンマー、マレーシア、フィリピンなどにもある。フィリピンではこのほか、海水魚の塩辛が庶民の日常的な食べ物になっている。
　さらにまた、青潮が洗う朝鮮半島には海水魚で作る「ジョッカル」という塩辛があり、重要な副食品となっている。この名はどこか「ショッツル」を思わせる響きがあるが、接点があるかどうかははっきりしない。いっぽう、中国では現在、局地的にしか塩辛の利用が残っておらず、モンスーンアジアにおける魚醤の空白地域になっている（図29）。

244　第6章　青潮海域と衣食住

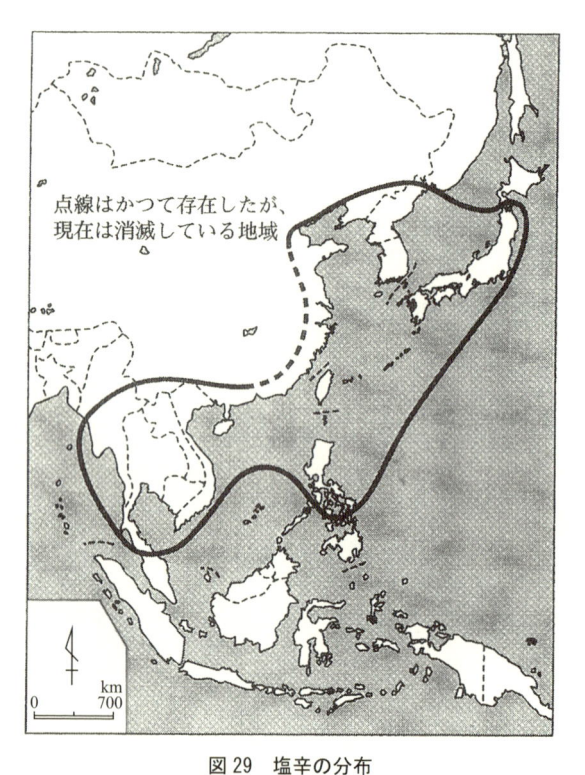

点線はかつて存在したが、
現在は消滅している地域

図29　塩辛の分布

［出所］石毛直道（1995）:『食の文化地理－舌のフィールドワーク－』（朝日選書）、
　　　　朝日新聞社、p.232より転載。一部加筆。

　以上のことから、モンスーンアジア沿海部に魚醤（塩辛）の利用文化圏があり、その核心地をインドシナに求めることができる。魚はとれるが気温の高いこの地域で、魚の保存法として発達したものと考えられる。そして、温暖な自然条件を持つモンスーンアジア一帯に、黒潮や青潮を介して伝えられたとみることができよう。

5.　考察

　飛島の塩辛は、今日ふつうに言われる塩辛と、能登・秋田に見られる魚醤（イ

シリ、ショッツル）との折衷型といえる。かつて飛島では秋の少しの期間を除けばそれこそ一年中イカがとれ、一年中イカが干された。しかし、梅雨時などで長雨が続くと干すことができないから、そうした時期はさぞ気をもんだことだろう。やむなく塩蔵しようにも、なにせ量が多いのですべてを処理はしきれず、海中投棄しなければならないイカも相当量あったにちがいない。飛島ではより高度なイカの塩蔵技術が求められており、そうしたなかで編み出されたのが飛島特有の塩辛づくりだったのかもしれない。

　飛島の郷土史家、本間又右衛門さんは、飛島の塩辛のルーツを能登の「イシリ（イシル）」に求め、次のように述べている。「これを証する確たる文献は見あたらないが、周年イカの島であって、北前船の日和待ち湊であった飛島に、300年を下らない頃から根付いて広まったことは疑う余地がない。つまり対馬海流に乗って伝えられたということであり、同じ日本海の離島であっても北前の寄港しなかった新潟県の粟生島には魚醬の伝統がないのである。」[7]

　対馬海流、すなわち青潮が持ち出されており、その存在が北前船（西回り航路）の成立に深く関係することを示唆している。そして、寄港地でなかった粟島（文中の「粟生島」[8]は旧称）に塩辛がないことをもって、魚醬文化が北前船によってもたらされた民俗であることを指摘している。さらに、飛島の塩辛と能登のイシリが似ていることから、そのルーツを暗に北前船の寄港地である能登に求めている。

　前述したように、魚醬文化は今日、瀬戸内や伊豆諸島などにも残存しており、魚醬が狭義の青潮とだけ関連を持っているわけではない。しかし、その主要な残存地域が青潮海域であるのは間違いなく、その流れを利用した北前航路の寄港地との関係性は重要であろう。また、より大きな視点に立ってみるならば、東南アジアに核心地域のある魚醬文化が、黒潮と青潮に乗ってこの日本まで運ばれてきた可能性が小さくない。青潮は魚醬を運ぶ海のハイウェーでもあったのではあるまいか。

[注および文献]
1) 水深200m以上の海を循環する海水。太陽光が届かないため微生物が少なく、陸

からの生活排水などの影響も受けない。このため腐敗を促進する要素が少なく、発酵食品の材料として好適である。また、マグネシウム、カリウム、カルシウムなどのミネラル分に富んでいる。

2) 斗その他の容積の単位については、p.121 の注 2) を参照のこと。
3) 船下智宏 (1995):「魚醤油「いしり」の活用法」、石谷孝佑編『魚醤文化フォーラム in 酒田』幸書房、p.47
4) 佐渡康夫 (1995):「いしるの製法と特徴－能登の魚醤－」（前掲書 3）、p.40）
5) 菅原久春 (1995):「しょっつるの製造と利用－秋田の魚醤油－」（前掲書 3）、p.33）
6) 石毛直道 (1995):『食の文化地理－舌のフィールドワーク－』（朝日選書）、朝日新聞社、pp.232-233
7) 本間又右衛門 (1995):「飛島の塩辛とタレのルーツ」（前掲書 3）、p.28）
8) しかもこの字を「あわしま」でなく、「あおしま」と読んでいる。このことは粟島の語源が「粟」ではなく、「青」から派生した語であるをことを思わせ、青潮との関係を連想させるものとして興味深い。

2 節　焼酎

1. はじめに

　アルコール度数の高い蒸留酒である焼酎は、日本の風土によくあった醸造酒である清酒（一般に「日本酒」と呼ばれる）とは違って、南方由来の酒である可能性がある。その場合、日本に焼酎をもたらした原動力として、黒潮、そして青潮の流れが考えられる。この節では、青潮のただなかにある壱岐の焼酎を中心に、九州全般の焼酎および沖縄の泡盛を青潮との関連から検討する。

2. 焼酎という酒

①焼酎の語源

　中国と韓国では、焼酎にあたる酒を「焼酒」（中国語の読みは「シャオジュウ」、

韓国語の読みは「ソジュ」）という。焼酒の「焼」は蒸留するときに火を使うからと考えられ、蒸留酒を意味している。中国・韓国の酒と日本の酎で字が違うが、「酒」は文字どおりの酒を、「酎」は「よく醸した酒」すなわちアルコール度数の高い酒のことで、両者は発音も似かよっている。蒸留酒のアルコール度は醸造酒のそれよりもかなり高いのがふつうだから、実際上は、焼酎も焼酒もほぼ同じものを意味する語ということになる（「酎」はアルコール度数が高い酒だということをいう直截的な用法、「酒」は酒全般を指しての一般的な用法）。つまり、中国・韓国・日本で、焼酎（焼酒）は同じ語源と、ほぼ同じ発音をもつ、同根の酒ということができる。

　また、沖縄地方では焼酎に「泡盛」という別な呼称を与えている。その語源については、蒸留酒である泡盛は蒸留したてに盛んに泡が立ち、その盛り上がる様から「泡盛」になったという説がある。泡盛は度数が高いほど蒸留時の泡立ちがよく、それで蒸留後、最初に出てくる度数のとくに高い酒を「アームリ」とか、「アームル」と呼んだのが語源だという[1]。

②清酒と焼酎

　酒には醸造酒と蒸留酒の別がある。醸造とは、発酵を利用して酒や醬油、チーズなどをつくることで、醸造酒とは、そのようにしてつくられた酒のことである。これには糖質をアルコールに変えるという、アルコール発酵の仕組みが用いられる。

　いっぽう、蒸留酒とは、醸造酒をさらに蒸留してアルコール度を高めた酒のことである。狭義の焼酎は、清酒という米の醸造酒をもとに、蒸留によってつくり出した高濃度の米の酒ということもできる。これは日本における酒の場合であるが、醸造酒と蒸留酒のこの関係は、ビール（醸造酒）に対するウイスキー（蒸留酒）、ワイン（醸造酒）に対するブランデー（蒸留酒）など、広く世界にみられる。

　清酒は、北は北海道から南は沖縄県まで全国各地で醸造されてきた日本在来の酒[2]である。一般に「日本酒」と呼ばれているが、清酒大国の日本において、清酒づくりの副産物として早くから焼酎もつくられてきた可能性がある。清酒

をつくる過程で、精米するときに出るぬかや、醪を搾って清酒をとったあとの酒粕など、もはや清酒にはならないそれらを原料にした。このため歴史的には、清酒醸造業者が焼酎製造業者を兼ねることが多かった。その歴史的慣性は、今日、焼酎の蔵元の起源を考察する手がかりともなっている。

　酒粕を蒸留してつくる焼酎のことを「粕取り焼酎」という。この粕取り焼酎、すなわち清酒づくりと一体となった焼酎づくりが、農民生活のなかで生まれたという説がある。

　福岡県筑後市に住む吉田大氏によれば、粕取り焼酎を専門につくっていた当地の業者たちが集まって、昭和23（1948）年、全国粕取焼酎協議会を発足させた3)。その会員の所在地をみると、菅原道真を祭った天満宮の神領田があるところが多かった。神領田で米を作る農家は、米をたくさん作れば作るほど年貢米を納めたあとの手取り分が増える。そこで、田に肥料を施してなんとか収量を増やしたいと思うが、清酒の粕をそのまま肥料にすると、アルコール分のために稲の根がやられてしまう。そこでこれを蒸留して焼酎をとり、そのあとに残った粕を入れてみたところ、米の収穫量は倍増した。このことにより、稲の肥料づくりと焼酎づくりという、一石二鳥を兼ねた粕取り焼酎が福岡県を中心に広まり、やがて天満宮の神領田の小作農家を通して九州各地に伝わったのではないかという。

　これらの土地では、粕取り焼酎は稲作儀礼に欠かせない御神酒ともなった。田植えが終わったあと、田の神を饗宴する行事であるサナブリ（早苗饗）祝い（「サナブリ」は福岡での呼称。宮崎では「サノボリ」、大分では「サナボリ」という）に用いられる粕取り焼酎を、当地では「早苗饗焼酎」と呼んだ。清酒だけでなく、九州では焼酎（粕取り焼酎）が御神酒とされたのである。

③焼酎の分類

　戦後の酒税法（1953年）によれば、日本の酒類は、発泡性酒類、醸造酒類、蒸留酒類、そして混成酒類の4種に大別される。このうちの蒸留酒類に分類されるのが焼酎である。

　酒税法上、焼酎は甲類と乙類に分類されてきたが、両者の大きな違いはその

製造法にある。前者は「連続式蒸留焼酎」とも呼ばれ、連続的に蒸留できる蒸留機を使って蒸留する。後者は「単式蒸留焼酎」とも呼ばれ、非連続式の蒸留機で蒸留する。両者の性格の違いについて以下に述べる。

焼酎甲類

連続式蒸留機で蒸留する甲類は、かつて「新式焼酎」と呼ばれたこともある。これは明治20年代になって連続式蒸留機がヨーロッパから導入され、それまでの伝統的な焼酎製造法に比肩しうる新しい製造法となったためである。

連続式蒸留では、原料を糖化し発酵して生まれる醪(もろみ)は連続的に蒸留塔に供給され、蒸発・分縮・還流という複数の作用により高純度のアルコールが連続的に取り出され、無色透明で、癖のない味わいとなる。癖がないので汎用性が高く、酎ハイやサワー、お湯割り、カクテル、果実酒、薬用酒など、幅広い用途に利用される。酒税法上、アルコール度数は36％未満とやや低めに規定されている。

なお、平成18 (2006) 年の酒税法改正により、従来の甲類は「連続式蒸留焼酎」という名称に改められた。

焼酎乙類

アルコール発酵した醪(もろみ)をそのつど単式蒸留機で蒸留する乙類は、日本では500～600年の歴史を有する、伝統的な製法による焼酎である。それで、連続式蒸留機の台頭にともなって「旧式焼酎」とも呼ばれた。蒸留の仕組みが単純なので、アルコール以外の香味成分も一緒に抽出され、それが原料独自の風味や深い味わいとなる。原料の性質が生かされるので、元原料の種類がバラエティに富むようになり、現在では米、大麦をはじめ、さつまいも、そば、黒糖のほか、さまざまな原料が用いられている。

酒税法上、乙類は「本格焼酎」とも呼ばれ、混ぜものをせずにオンザロックやお湯割りで飲まれ、焼酎本来の素朴な味わいを楽しむことが多い。壱岐焼酎をはじめ、昔から九州各地でつくられてきた多種類の焼酎や、沖縄の泡盛などはすべて乙類に属する。酒税法上のアルコール度数は45％以下と、甲類よりやや高めに規定されている。

なお、2006年の酒税法改正により、従来の乙類は「単式蒸留焼酎」という名称に改められた。

泡盛

「酒税の保全及び酒類業組合等に関する法律施行規則」(略称「酒団法」)は、単式蒸留焼酎(焼酎乙類)のバリエーションとして、沖縄伝来の焼酎に「泡盛」の呼称を認めている。同法第11条の5は、泡盛を、「米こうじ(黒こうじ菌を用いたものに限る。)及び水を原料として発酵させたアルコール含有物を酒税法第3条第10号イに規定する単式蒸留機により蒸留したもの(水以外の物品を加えたものを除く。)」と規定し、(1)黒麹菌を用いて発酵させること、(2)単式蒸留機で蒸留すること、(3)一切の添加物を加えないこと、の3点を「泡盛」という焼酎の条件としている。酒団法上で「泡盛」の独自性が認められ、同法にこれが表示されたのは昭和58(1983)年のことである。

なお、黒麹は琉球(沖縄)の酒づくりにおいて伝統的に用いられてきた米麹で、高温多湿に強い品種である。現在、沖縄以外の九州では黒麹の亜種である白麹が、九州以外の各地では清酒と同じ黄麹が焼酎の発酵に用いられている[4]。

以下、原則として焼酎甲類を「焼酎甲類」、焼酎乙類と泡盛は一括して「本格焼酎」と呼称する。

④焼酎の製造工程

焼酎の製造工程は、原料を発酵・蒸留してつくる「本格焼酎」と、ほとんど蒸留工程だけで製品化できる「焼酎甲類」とに分けて考える必要がある。以下の記述では、特に断りをしない限り、日本の食文化の一部として長年にわたって継承されてきた「本格焼酎」の製造工程を問題にする。

一般に、本格焼酎の製造工程は、「製麹→1次醪製造→2次醪製造→蒸留→貯蔵熟成→調合瓶詰め」の6工程に大別される[5]。ただし、沖縄の泡盛は、醪製造が2段階を取らない5工程からなっている。

製麹

蒸米(米の代わりに麦を使う場合もある)に麹菌というかびを生やし、麹をつくる工程である。蒸米に麹菌の種子(胞子)をまき、温度が37〜40℃に保たれたドラム(写真61)をゆっくり回転させながら菌をまんべんなく攪拌させる(ただし、業者によっては手づくりにこだわり、機械を用いずに製麹する

写真61　製麴用の攪拌機（与那国島・入波平酒造、2009年12月）

ものもある）。これを一昼夜ほど続けると、麴菌は芽を出し、菌糸（糸状の菌体）を盛んに伸ばして成長をはじめる。ここでドラムの回転を止め、送風して温度を34～36℃に調節しておくと、およそ二昼夜で酒の母なる麴が出来上がる。

焼酎の麴は、清酒のそれとは種類が違う。清酒用の麴菌は、うぐいす色（黄色）の胞子をつける黄麴菌だが、焼酎に使われるのは黒褐色の胞子をつける黒麴菌（近年ではその亜種である白麴菌も）がふつうで、沖縄ではこれを「泡盛菌」と称している。黒麴菌は、黄麴菌と比べて酸味のもとであるクエン酸を数十倍も多くつくり、高温多湿な環境下で醪を雑菌から守る働きをする。

1次醪製造

「1次醪」とは、清酒の酒母にあたるもので、清酒づくりでは麴と水に蒸米を入れて仕込んで作る。これに対して、焼酎づくりでは蒸米を入れずに、麴と水だけで仕込むのが特徴である。蒸米を添加しないので麴のクエン酸を薄めない効果があり、雑菌に対してより強く、安全な仕込みが可能となる。

麴と水だけといったが、実際にはそこに少量の焼酎酵母か、すでに発酵した1次醪を加える。すると間もなく発酵がはじまって発熱し、およそ7日ほどで1次醪が出来上がる。

2次醪製造

1次醪ができたら、これに2次の原料と水を加える。このとき加える2次原料（これが主原料となる）によって、「いも焼酎」「米焼酎」「麦焼酎」「そば焼酎」等の種類が決まる。いも焼酎で10～15日ほど、米・麦・そば焼酎では15～20日ほどで発酵が終わる。1次醪に主原料を加えてつくった醪を「2次醪」という。

蒸留

発酵が終わった醪のアルコール分はだいたい18％前後で、清酒と同程度である。清酒ではこれをそのまま圧搾機で搾るが、焼酎では2次醪を蒸留してアルコール度の高い酒を取り出す。

蒸留機内で醪から立ちのぼる蒸気は、上部の導管を通って冷却水槽で冷やされ、焼酎となって下から垂れてくる。はじめに出てくるものはアルコール分が70％程度ときわめて高く、たいへん香気に富んでいる。これを沖縄県与那国島では、泡盛の「花酒」（端酒）と呼ぶが、一般には初垂れ（初留）ともいっている。アルコール度が70％にもなる初垂れの販売が認められているのは、沖縄県でも与那国島だけである[6]。また、香気に富むものの、前回蒸留した末垂れ（末留）が混入することもあり、一般には初垂れを取り分け、次回の蒸留用に回す。

初垂れの次に出てくる、アルコール度がやや下がったものが本垂れで、これが一般の泡盛となる。蒸留をつづけるにつれてアルコール分はさらに低下するが、おおむね10％以下になると後垂れと呼ばれる。後垂れは品質が劣るので本垂れと分け、一般に製品にはしない。

貯蔵熟成・調合瓶詰め

蒸留したての焼酎は、味が荒く、ガス臭があり、穀物由来の油で白濁している。これをタンクに貯蔵するとやがて臭気は消え、油分が分離して表面に浮かんでくるので、これを除去する。ふつう、数カ月貯蔵して味をならす。

味がなれたところでブレンドして品質をととのえ、瓶詰めして出荷する（写真62）。沖縄の泡盛では、甕に3年以上ねかせて熟成させた「古酒」も製品化されている。

写真62　泡盛の瓶詰め作業（与那国島・崎元酒造所、2009年12月）

⑤焼酎の原料

　焼酎甲類（連続式蒸留焼酎）の場合、大正年間には切り干しのさつまいもが多く使われていたが、しだいに精糖産業の副産物である糖蜜[7]が原料となり、さらに糖蜜からつくった粗留アルコールが原料として海外から輸入されるようになった[8]。近年では、癖のなさすぎる甲類の風味付けに、米・大麦・とうもろこしなどの原料が添加されることもよくある。

　いっぽう、本格焼酎の場合、2次醪の製造に使われる原料が主原料となり、味の種類が決まる。主原料には、さつまいも・米・大麦のほか、そばなどの雑穀、さといも・大豆・にんじん・しそなどが使用されるものもある。ただし、前述したように、これらの原料を糖化するための麹はふつう米（時に大麦）からつくられるので、「○○焼酎」と主原料をうたっていても、麹として米または麦が使われているのが普通である。

　逆に言えば、麹と水だけで仕込む1次仕込み（1次醪製造）と、主原料を追加して発酵させる2次仕込み（2次醪製造）という2段階製造法（2段仕込み）の開発によって、多種多様な原料を利用する焼酎づくりが可能になった。世界の多くの蒸留酒において、主原料のいかんによって味わいが大きく異なり、そ

の主原料が何かを推測しうるような、深く、素朴な味わいをもつ酒はあまり例がない。

3. 九州各地の焼酎

①世界ブランドの焼酎

　焼酎といえば九州、九州といえば焼酎というほどに、焼酎は九州全域で広く製造されている。その焼酎は、いも・米・麦・そば・黒糖など、様々な原料を使った多彩なものが連想される。じっさい、福岡・佐賀・長崎・熊本・大分・宮崎・鹿児島の九州7県と沖縄県は、すべて焼酎(泡盛)製造の盛んなところで、鹿児島県のいも焼酎や、大分県の麦焼酎、宮崎県のそば焼酎など、その土地ならではの原料を用いることで知られる。

　しかし、このように様々な原料を使う焼酎産地が九州各県にみられるものの、いわゆる「地理的表示の産地」に指定されているものは四つの地域(4銘柄の焼酎)しかない。地理的表示の産地とは、世界貿易機関(WTO)によって定められ、1995年1月に発効した「知的所有権の貿易関連の側面に関する協定」(通称「TRIPS協定」)[9]に基づくもので、発効の年に「壱岐焼酎」「球磨焼酎」「琉球泡盛」の三者が、2005年には「薩摩焼酎」が指定を受けている。これを契機に、以上4地域の焼酎が日本を代表する世界ブランドの焼酎(以下、「ブランド焼酎」と呼ぶ)として認定されることとなった[10]。これらのうちまず、壱岐焼酎を除く三者について簡単に見ておこう

薩摩焼酎

　鹿児島県は、西の薩摩半島を含む旧薩摩国と、東の大隅半島を含む旧大隅国からなるが、このうちの薩摩国が日本における焼酎づくりの起源地(ただし泡盛を除く)といわれる。その嚆矢は16世紀の前半頃とされ、ポルトガル人商人がフランシスコ・ザビエルに宛てた報告(1546年)や、鹿児島県大口市(現伊佐市)の郡山八幡神社にある落書き(1559年)などに焼酎のことが記されている。この神社の落書きは普請にあたった二人の大工が書いたもので、「この時の座主(宮司)はたいそうけちん坊でござらっして、一度も焼酎

をたっぷり飲まさなかった。なにとも迷惑なることかな」と薩摩弁で書いているという[11]。この日付入りの落書きにある「焼酎」の文字が、日本におけるその初出事例とされる。落書き中で、焼酎が当たり前のように語られていることから、薩摩ではおおむね16世紀の前半には焼酎が存在したであろうと考えられる。

　当時の焼酎は、米もしくは麦類などの穀物を主原料にしたと思われるが、今日、薩摩焼酎の「薩摩」の表示が認められるのは、「鹿児島県産のさつまいもと水を使い、鹿児島県内で製造・容器詰めされた本格焼酎のみ」[12]であり、これが「薩摩焼酎」の定義となっている。したがって、たとえ県内産であっても米焼酎や麦焼酎には「薩摩」表示はできないし、奄美諸島で製造される黒糖焼酎も「薩摩」表示の対象外となる。鹿児島でさつまいもが栽培されはじめたのは1705年のことで、それを使っていも焼酎が製造されたのは1782年以後のことであるとされる。

　このように、さつまいもを使う薩摩焼酎は比較的に起源が新しいブランド焼酎といえるが、他の地理的表示の産地と異なるもう一つの点は、主原料のさつまいもを鹿児島県産に限定していることである。2007年に鹿児島県酒造組合連合会が発した「薩摩焼酎宣言」には、「メーカーが地元のさつまいも生産農家と連携を深め、品質向上を目指し、鹿児島の自然環境の保全にも取り組みながら、薩摩焼酎を取り巻く豊かな伝統、文化の発展に努めること、さらに世界の人々との交流促進や健康的飲み方の啓発にまでつなげること」とあり、地産地消によって品質の高い焼酎製造をめざすことが謳われている。なお、同県のさつまいもの生産量（2013年）は全国第1位で、全体の約40％をしめている。

　その一方で、薩摩焼酎の製造業者は県内各地に分散しており、県内における集積度は相対的に低いものになっている。この点、蔵元が特定地域にある程度集積する他のブランド焼酎とはやや対照的である。

球磨焼酎

　「球磨焼酎」は、米を主原料とする焼酎で、蔵元は旧薩摩国に隣接する熊本県南部の人吉盆地、すなわち球磨川流域（球磨地方）を中心とする地域にかたまっている。この地域における焼酎づくりの歴史は薩摩国同様に古く、日本に

おける焼酎起源地(ただし泡盛を除く)の一角をなしている。球磨川流域は県内における米の主産地で、原料調達の優位性が県内における産地形成の一因になっている。

　しかし、当初の球磨焼酎は、貴重品である米よりも、むしろ大麦などを用いて自家製造されていたと考えられる。それが 1898(明治 31)年になって、法律で焼酎等の自家用酒の製造が全面的に禁止されると、1902 年頃より業者による本格的な製造・販売が進み、それとともに主原料が米へと切り替わっていった。ただし、当時は玄米が用いられており、原料に白米が使用されるのは 1913(大正 2)年頃以降である。この時、1 次仕込みと 2 次仕込みからなる 2 段階製造法(前述)が球磨焼酎ではじめて採用された。

　現在、九州本土の焼酎には白麹菌が使われているが、米焼酎が確立した当初の球磨焼酎では、清酒づくりと同様に黄麹菌が用いられた。これが 1940(昭和 15)年頃より、高温多湿に強い黒麹菌を使うようになり、さらに戦後の 1950 年頃より現在の白麹菌に代わっていった。なお、白麹菌の使用がほぼ 100%になるのは 1970 年代以降である。また、戦後の約 5 年間は米不足により公式には米焼酎の製造が不可能であり、その間はいも焼酎や麦焼酎が製造された[13]。

琉球泡盛

　九州本土の焼酎の起源が 16 世紀前半頃と考えられるのに対して、泡盛の起源はさらにさかのぼり、おおむね 15 世紀末頃と考えられている。その根拠として、琉球王国の文書に泡盛のはじまりを示す史料は見あたらないものの、薩摩の島津家に残る 1575 年の記録に、琉球から届けられた泡盛らしき酒の記述がある。そこには琉球からの使者が、唐焼酎一甕・老酒一甕・焼酎一甕を携えてやってきて、「60 年前と同じ贈り物を持ってきました」と言って献上したという。最後の「焼酎一甕」が泡盛だった可能性は高く、60 年前と同じというから、1515 年にも泡盛を献上したのではないかと考えられる。16 世紀の初頭に泡盛が贈答品に用いられるくらいであったから、少なくとも 15 世紀末頃には蒸留酒づくりの手法が確立していたのではないかと推測される[14]。

　泡盛の源流をタイの蒸留酒に求める考察があり[15]、琉球王国による東南ア

ジア貿易、換言すれば、黒潮による南方からの伝播の可能性が指摘されている。薩摩、球磨にはそのまま黒潮と青潮の流れに乗って、さらに数十年のちに伝播したのではないかとの推測もできよう。そのきっかけが、この琉球王府による島津家への焼酎（泡盛）の献上記録である。

現在、沖縄県内には48カ所（沖縄県酒造協同組合が直営する1カ所を含む）の泡盛の蔵元があるが、そのすべてで同一の米が使用されている。それは、「琉球泡盛」の原料米にはすべてタイ米が用いられ、そのタイ米を沖縄県酒造協同組合が一括して購入する仕組みが取られているからである。国産米からタイ米への切り替えは、昭和初頭に進んだという[16]。

タイ米を使うわけは、インディカ種（長粒種）のタイ米は粘り気に乏しいため、黒麹菌をまんべんなく攪拌するのに都合がよいからである。かつては国産米を使っていたが、これだと粘り気が強いために菌を十分攪拌できず、よい仕込みができない。そのタイ米も蒸し加減が非常に重要で、柔らかすぎず、堅すぎずの頃合いが泡盛製造には欠かせない。

沖縄の泡盛のもう一つの特徴は、本土の焼酎とは異なり、仕込みを2度に分けて行わないことである。本土九州では大正年間に醪を2度仕込む2段仕込みが普及したが、沖縄にこれが伝わることはなかった。

沖縄県では多数の島が広範囲に分布するため、泡盛の蔵元も広域に分散しているようにみえる。しかし、島嶼部の面積合計では鹿児島県の面積のほぼ4分の1を占めるにすぎず、そこに鹿児島県と比べてほぼ2分の1の蔵元が分布している。このことから、土地面積に対する集積度は鹿児島県の約2倍ということもできる。ことに県西部の八重山諸島における蔵元の集積度が高く、全県に占める人口が約4%の土地に、県全体の約21%にあたる10の蔵元が所在している。本土に近い沖縄本島よりも、最西南の八重山地方で泡盛づくりはいっそう盛んである。

その八重山でも、単純計算の数字になるが、人口あたりの蔵元数が最も多いのは最西端に位置する与那国島（面積約29 km^2）で、人口約1600人の島に三つの蔵元が操業している（写真63）。人口500人に1軒の高い割合である。与那国島は琉球泡盛で唯一、酒税法の規定を超える高アルコールの「花酒」が認

写真63 「花酒」の蔵元（与那国島・国泉泡盛、2009年12月）

められている。前述したが、中国語の「酎」が「アルコール度数の高い酒」という意味をもつことを思えば、焼酎（泡盛）という酒の性格をもっともよく継承してきた島といえるかも知れない。

②その他の焼酎

　ブランド焼酎以外の焼酎についてもふれておきたい。これらの焼酎は、目下のところ地理的表示の産地指定を受けていないが、将来認定を受け、ブランド焼酎に数えられる可能性もある。

　大分の麦焼酎

　麹もすべて麦でつくる100％の麦焼酎は、大分県が発祥の地である。一般に、麦焼酎は壱岐が発祥地といわれるが、麹には米が用いられており、純度100％は大分麦焼酎の特色である。1970年代の焼酎ブームのなかで生まれ、わずか四半世紀のあいだに、いもや米の伝統焼酎を凌駕する本格焼酎となった[17]。

　大分麦焼酎の特徴は、味わいがマイルドで、自己主張の少ない点にある。これは本来、焼酎甲類のもつ性格ともいえるが、癖のある本格焼酎になじみが薄い消費者を新たな顧客として取り込んだことが急成長の要因であろう。その後、

100％純度の麦焼酎は大分県を主産地としながら、福岡・佐賀・鹿児島・宮崎などの各県へと波及している。また、原料である大麦の癖のない性格は、ごま焼酎や、他の種々の原料名を冠した焼酎のベースとしても貢献し、非常に汎用性の高い焼酎となっている。

原料の大麦は60％近くまで精白して使われる。麦麹は米麹と異なり、水分が過多になったり、麹の温度が急上昇しやすかったりと、醸造段階での難しさがある。こうした短所を補うため、低温発酵や、減圧蒸留、蒸留後のイオン濾過技術などが開発されたが、それらの技術革新によって癖のない本格麦焼酎の製造が可能になった。

宮崎のそば焼酎

宮崎県の北西部、熊本県との県境にある九州山地の山あいの町、高千穂・五ヶ瀬・日之影の3カ町は、そばを中心に、とうもろこし・あわ・ひえなどの雑穀焼酎の産地として知られる。全国で消費されるそば焼酎のほとんどが農業的には恵まれないこの中山間地域でつくられている。そば焼酎はそばを主原料とする焼酎であるが、ふつう1次醪の原料には米が使われ、そばは2次醪の原料となる[18]。

そば焼酎を日本ではじめて開発したのは五ヶ瀬町にある蔵元であり、それは昭和48(1973)年のことであった。つまり、そば焼酎も麦焼酎と同様、当時起こった焼酎ブームの産物といえる。やはり麦焼酎と同様、まろやかな口当たり、ほのかな甘味、癖のない味わいが特色となっている。そばという、従来は焼酎の原料としてまったく省みられなかった雑穀を用いて高い評価を得たことは、その後の焼酎原料の多様化を促す大きなきっかけとなった。

奄美諸島の黒糖焼酎

奄美大島・喜界島・徳之島・沖永良部島・与論島の5島からなる鹿児島県奄美諸島は、さとうきびの黒糖を使った焼酎の産地として知られる。当地は、時代によって琉球王朝と薩摩藩の支配を代わるがわる受け、それぞれから文化の流入をみた。このことは、早くから泡盛および焼酎の製造・飲用が行われていたことを推測させる。

江戸末期の焼酎づくりについて記した名越左源太の『南島雑話』によれば、

当地では、米・さつまいも・しいの実・そてつの実・あわ・くわ・ゆりの根・かぼちゃなど、様々な原料を用いて焼酎がつくられていた。このなかに、「留汁焼酎とて砂糖黍をすましたる汁を入れることあり、至りて結構なり」という記述があり、ここに黒糖焼酎の原形をみることができる[19]。

　世界の蒸留酒のなかでは、糖類を原料とする酒は「ラム酒」[20]に該当し、黒糖焼酎は、本来的には「焼酎」に分類できないものである。これを「焼酎」に分類しているのは、第一に税法上の問題からであり、第二に、従来からさとうきびを用いた焼酎づくりがこの地に広く行われていた事実を評価してのことである。

　奄美諸島は昭和28（1953）年12月、沖縄県に先立って米国統治から日本に復帰したが、当時の酒税法では焼酎とラム酒との間に相当の格差があった。すなわち、日本固有の酒でないラム酒には高い税率がかけられていた。そこで、奄美諸島の製造業者を保護育成するため、必ず麹を併用することを条件に、焼酎乙類に指定して税率を低く押さえたのである。日本において、焼酎の原料に糖類の使用が認められているのは奄美諸島だけである。

　製法上、ラム酒と異なる最大の点は、米麹を用いることである。米（米麹）と黒糖の割合は1：1.8前後が一般的とされ、これによって他の焼酎にはない、洋酒風の独特な甘い香りが醸し出される。しかしそれでいて、ふつうのラム酒と比べると、麹からくる風味と黒糖の甘さがほどよくミックスされ、しつこくない、軽快な味わいがつくり出される。

4. 壱岐焼酎の展開

①焼酎づくりの歴史

　壱岐は一般に麦焼酎発祥の地として知られる。壱岐酒造協同組合が作っている販売用パンフレットにも、「麦焼酎発祥の地「壱岐の島」」という字が躍っている。しかしそれは、大分麦焼酎のような麦100％の麦焼酎ではなく、厳密には「米麦焼酎」と呼べるものである。「壱岐焼酎」の米麹と大麦の比は、ふつう1：2である。

ブランド焼酎たる壱岐焼酎が「麦焼酎」と言われる所以は、その歴史の古さにあるだろう。前述した大分麦焼酎は、1970年代の焼酎ブームに乗って登場した新しい焼酎だが、これ以前、麦は焼酎に用いられることはあまりなかった。そうしたなか、壱岐では伝統的に麦を用いて焼酎を製造してきており、麦焼酎といえば壱岐焼酎、壱岐焼酎といえば麦焼酎といわれたのである。壱岐で焼酎は伝統をほこる島の地場産業であり、現在も長崎県における焼酎の主産地になっている。

草創期

麦焼酎の歴史が古いといったが、壱岐では焼酎に関する史料で江戸時代よりも前のものはまったく残っていない。このため、起源について正確にはわからないが、その歴史は概略16世紀頃からと考えられる。琉球泡盛が15世紀末頃、薩摩焼酎と球磨焼酎が16世紀になってからとされるから、壱岐焼酎の起源は前者より新しく、後者とだいたい同か、少し後ではなかったかと思われる。

朝鮮半島・中国大陸に近い壱岐は、古来より大陸文化の中継地として文物・技術が多く流入し、蒸留法もまた伝わったと考えられる。ことに1592〜1598年の文禄・慶長の役では、朝鮮に出兵した豊臣秀吉が、焼酎をつくる朝鮮人技術者を連れ帰ったといわれるが、壱岐はその往復路にあたっている。

江戸期

江戸期には、壱岐は長崎の平戸藩に組み込まれていたが、同藩の「町方仕置帳」（1795年）には次のように記されている[21]。

- 一　酒屋株は現状維持、年版として代表二名を定め置くべき事
- 一　古酒、新酒、焼酎の値段は祖時の穀物の相場、ならびに下ノ関、大坂の売酒の値段等勘定し、奉行所と協議の上決定すべき事。次に新造り入りの酒、焼酎売出す節は役所に持出させ、試味の上不出来の場合は値段を引きさげせしむべき事。よろしからざる風聞あれば不時に持出させ、試味の上よろしからざれば値段引きさげせしむべき事。各酒屋平戸の町え一ケ所の出店差し許すべき事
- 一　酒頭師、麹師上方より雇入れに関する事

一　荒生の焼酎、酒屋一軒に一升宛囲わせ置き、諸士中其外病用に就き所望これ有候節は指紙相渡、代銀引替に売渡させ申す可き事

つまり、平戸藩は焼酎の価格を穀物や他国での相場を勘案して決めたり（2項目）、武士の刀傷の消毒用に島の酒屋に焼酎を常備させたりしていた（4項目）。4項目の「荒生」は「阿刺吉」であり、それは度数の高い焼酎のことで、これを消毒に用いていたことがわかる。

この史料にはないが、壱岐の酒屋は古くから粕取り焼酎を製造していたという伝承があり、「荒生の焼酎」もおそらくは清酒粕を原料にした粕取り焼酎だったのではないか。当時、壱岐の方言で焼酎のことを「カラセゼ」と呼んだが、カラは「籾殻」、セゼは「煎じる」の意であると考えられる。酒粕を熱して蒸留する際、籾殻を混ぜて蒸気の通りをよくしたことからくる俗称ではないかと思われる。このことから、商業的な焼酎製造は、清酒醸造の副産物である粕取り焼酎を母体にしたのではないかと考えられる。

一方、平地が多く肥沃な壱岐では、平戸藩が米を年貢として取り立てたので、島の百姓は麦を常食とした。麦は年貢とはならなかったから余剰も生じ、その余剰麦を使って、自給用の麦焼酎がつくられたのではないかと推測される。明治初期まで、壱岐では小さなカブト釜が各戸にあって、麦麹に蒸麦と水を甕に仕込んで自家用焼酎をつくっていた。

酒屋では粕取りの米焼酎、農家では麦焼酎がつくられたことが、やがて両者が融合し、壱岐焼酎の原形となっていった。米麦1：2の、壱岐独自の本格麦焼酎は、このようにして誕生したと考えられる。

明治以後の展開

明治43年（1910）年の酒税法によって、焼酎は5石を製造の最低限度として製造免許を与えることとなった。同年に免許を受けた牧山武吉は、麹米6.8石、麦11.4石で麦焼酎を製造している[22]。仕込みの方法は清酒のそれがそっくり取り入れられ、麹にも清酒用の黄麹が使われた。この時期に始まった焼酎製造業は、多くが清酒製造業から派生したものと考えられ、清酒と粕取り焼酎の兼業がみられた。

この酒税法によって零細焼酎業者の淘汰が進み、明治39（1906）年に清酒業者14名、焼酎業者23名であったものが、大正元（1912）年にはそれぞれ14名と19名に、大正15（1926）年には12名と11名になっている[23]。この数は大正年間を通じて変動しなかったが、昭和に入ってからの製造法の変化により、再び製造業者の数は変動した。

　すなわち昭和6（1931）年、焼酎の製造法がそれまでの清酒製造を主体とする粕取り焼酎から、焼酎麹（黒麹）と水で1次醪をつくり、これに蒸麦をかけて2次醪とする仕込み法に代わった。この方法は南九州で先行していたもので、球磨焼酎の場合、大正2年頃以降に普及していた（前述）。つまり、現在と同じ2段階の焼酎製造法が南九州から導入され、これを機に清酒と焼酎の兼業から、焼酎製造への専業化が進んだ。さらに1970年代の焼酎ブームと、これとは裏腹の清酒需要の低迷とがあいまって、昭和59（1984）年には島の清酒製造業者は皆無となり、焼酎製造業者ばかり13名となった。

②今日の壱岐焼酎

　現在、壱岐の焼酎製造所は7カ所に減った。しかしそれでも、島の面積（約134 km^2）に比して相当高い密度で分布しており、これが他のブランド焼酎にない大きな特徴の一つとなっている。壱岐はさしずめ「焼酎の島」ともいえる、ブランド焼酎のメッカである。壱岐にある7カ所の製造所を総称し、「壱岐七蔵」[24]と呼ぶことがある（写真64）。

　沖縄の泡盛を除き、基本的に本格焼酎はまず酒母をつくり（1次醪）、次に主原料を加えて発酵させる（2次醪）。この2段仕込みを壱岐焼酎の製造工程も取っている[25]。

　壱岐焼酎の場合、まず米麹をつくる。これが壱岐以外の新しい麦焼酎との大きな違いであり、また、他のブランド焼酎で麦を主原料とするものはないから、ブランド焼酎・壱岐の大きな特色になっている。原料の米は、タイの砕米もしくは国産米を使うが、これは蔵元によって、あるいは銘柄によっても違う。壱岐七蔵のうち、現在、麹室で手づくりの麹を作っているのは2カ所だけであり、残りの蔵元は機械による製麹である。これは円筒形のドラム式製麹機（前掲写

写真64　麦焼酎「壱岐」の蔵元（壱岐・玄海酒造、2007年9月）

真61）を使い、米の浸漬・蒸し・種付けを一日かけて行い、三角棚（三角室ともいう）でさらに一日かけて麴菌を繁殖させる。つまり、製麴に2昼夜をかけ、麴菌には白麴菌が使われている。

　この1次仕込みのあと、1週間ほどしたら2次仕込みに入る。ここで大麦を入れるが、このとき使う麦の量は1次仕込みで使った米のちょうど2倍とする。麦は主としてオーストラリア産などの外麦が使われるが、国産の大麦を使う蔵もある。

　蒸留法は、使用する蒸留機によって蔵でまちまちであり、貯蔵法・貯蔵期間・製品化する際のブレンド比率などの違いによって多彩な商品が生まれる。これらはそれぞれの蔵によって異なり、同じ蔵でも製品によって使い分けられている。しかし、7蔵すべてが「米麦1：2」の鉄則を守ることで、壱岐焼酎の個性を継承している。

5. 考察

　面積の小さな島という事情もあるが、四つの「ブランド焼酎」のうち、蔵元

が最も濃密に分布するのは壱岐焼酎である。その意味で、壱岐は焼酎製造のメッカの一つに数えられよう。しかし、その狭さから現在の蔵元の総数は7軒と少なく、これが壱岐焼酎の名を必ずしも全国に知らせきれていない要因となっている。

　日本では古来、「酒を醸す」という言葉があり、酒は醸造されるものであった。醸造には米麹の力が利用され、それには日本独自の黄麹が用いられた。しかしこの黄麹を利用した酒づくり、すなわち清酒醸造にあっても、酒粕をさらに蒸留し、アルコールを抽出するという営為が少なからず存在した。これが焼酎の起源と考えられるが、その意味で、日本で酒は本来「醸造」するものであったものの、一部には「蒸留」という観念も早くから存在していた。

　蒸留をもっぱらとする濃度の高い酒は、主として南方から伝来したと考えるのが自然であり、沖縄では、名称も焼酎とは違う「泡盛」があてられている。この南方系の蒸留酒は、仕込みに高温多湿に強い黒麹を利用するところに特色がある。しかし、そうしたなかにあって、朝鮮とわずかな距離しか隔たっていない壱岐では、半島経由で北方系の焼酎づくりの影響を受けた可能性があり、「焼酎」という、中国や韓国のそれにも似た発音の呼び名を沖縄を除く日本各地に伝えた。

　このように、日本で蒸留酒は、琉球（沖縄）から黒潮・青潮に乗って北上したとみられる経路と、朝鮮から対馬を通って南下したとみられる経路とがあり、両者が邂逅したのがちょうど壱岐あたりであると仮説することもできよう。

　ところで、第2章1節で言及したが、鹿児島県の東シナ海に浮かぶ下甑島に「青潮」という名を持ついも焼酎がある。この焼酎は、諸般の事情から平成19（2007）年に鹿児島県本土、薩摩川内市に製造所が移転したが、以後も「青潮」の名で薩摩焼酎が製造されている。その名は甑島列島の主峰・青潮岳（511m）から取ったものであり、焼酎を伝えた主体である青潮という海流を象徴している。

　日本文化は、南方からの文化要素と、北方からの文化要素とが融合し、さらにそこに朝鮮半島を経由して流入した文化要素が複合して、日本の風土にみあった文化へと変容・錬成されてきたと考えられる。その例証の一つに焼酎が

あり、焼酎の場合、壱岐はその終着点であるといえるかもしれない。

[注および文献]
1) 東恩納寛惇（1934）：「泡盛雑考」、『東恩納寛惇全集』第3巻（1979）、第一書房所収、pp.323-350による。
2) 日本古来の酒は、正しくは「濁酒(にごりざけ)」であり、無色透明の「清酒」ではなかった。ドロドロとしたその液体を、古語では「飲む」といわず、「食(く)ふ」といった。酒を飲む、つまり、現在の清酒に近いさらさらの酒がつくられるようになるのは中世から近世にかけてのことである。当時、酒づくりの最終工程で酒袋を使い、それで酒を搾って清酒にした。
3) 菅間誠之助（1984）：『焼酎のはなし』技報堂出版、PP.176-177
4) 日本酒造組合中央会は、焼酎づくりに用いる「黄麹菌（きこうじきん）」を、ホームページで次のように説明している。「〔前略〕沖縄県を除いて明治末期まで、焼酎の麹はすべて黄麹菌でつくられていた。ほかに黒麹菌と白麹菌があり、現在これらの麹菌の使用分布をみると、黒麹菌は沖縄県の泡盛、白麹菌は九州諸県の焼酎、黄麹菌はそれ以外の諸地域の焼酎に使われている。」
5) 前掲書3）、p.23。なお、以下の本文で、製造工程についてはおもに同書を参考した。
6) 戦後、酒税法により本格焼酎のアルコール度数の上限が45度と定められたが、これ以前からの製造・販売の慣例により、既得権として認められているという。
7) さとうきびなどの糖汁から原糖（粗糖）を製造する際に発生する副産物で、比重の大きい、粘性の高い茶褐色の液体。砂糖製造の副産物とはいえ、その中には40～60％の糖分が含まれているが、通常の方法ではもはや糖分を結晶させることが困難であり、発酵工業の原料として利用される。アルコール製造用の原料や、製パン用イースト、うま味調味料のほか、家畜飼料などともなる。
8) 前掲書3）、pp.14-15
9) 同法の第22条「地理的表示の保護」は、以下のように規定している。
　(1) この協定の適用上、「地理的表示」とは、ある商品に関し、その確立した品質、社会的評価その他の特性が当該商品の地理的原産地に主として帰せられる場合において、当該商品が加盟国の領域又はその領域内の地域若しくは地方を原産地とするものであることを特定する表示をいう。

(2) 地理的表示に関して、加盟国は、利害関係を有する者に対し次の行為を防止するための法的手段を確保する。(以下、行為に関する (a) (b) の記述を省略)

10) 世界的には、たとえばウイスキーの「スコッチ」や「バーボン」、ブランデーの「コニャック」や「アルマニャック」、ワインの「ボルドー」、発泡性ワインの「シャンパン」なども地理的表示の産地指定を受けた酒であり、この点において四つのブランド焼酎と対等である。

11) 司馬遼太郎 (1978)：『沖縄・先島への道―街道をゆく 6 ―』(朝日文庫)、朝日新聞社、p.196

12) この定義と以下の概要は、南九州酒販のホームページなどを参考。

13) 以上の概要は、球磨焼酎酒造組合のホームページなどを参考。

14) 沖縄県酒造組合連合会のホームページによる。

15) 萩尾俊章 (2004)：『泡盛の文化誌―沖縄の酒をめぐる歴史と民俗―』ボーダーインク、pp.29-39

16) 与那国島の入波平酒造での聞き取りによる。

17) 野間重光・中野元編著 (2003)：『しょうちゅう業界の未来戦略―アジアの中の本格焼酎―』ミネルヴァ書房、p.30

18) 前掲書 17)、p.39

19) 前掲書 17)、p.42

20) ラム (rum) とは、さとうきびを原料としてつくられる、西インド諸島原産の蒸留酒のこと。

21) 前掲書 17)、p.35

22) 前掲書 17)、p.36

23) 前掲書 3)、p.166

24) 壱岐焼酎協同組合 (商標「壱岐っ娘」)、株式会社壱岐の華 (商標「壱岐の華」)、猿川伊豆酒造場 (商標「猿川」)、重家酒造合名会社 (商標「雪洲」)、玄海酒造株式会社 (商標「壱岐」)、有限会社山の守酒造場 (商標「山乃守」)、天の川酒造株式会社 (商標「天の川」) の七つ。なお、壱岐焼酎協同組合は、1984 年に篠崎酒造・吉田酒造・長谷川酒造・石橋酒造・殿川酒造・原田酒造の 6 社によって結成された。

25) 以下、金羊社 (2005)：『焼酎楽園』5 の「特集　麦焼酎の故郷　壱岐」(pp.2-13) を参考。

3節　石焼の風習

1. はじめに

　青潮海域には焼いた石を利用して加熱する生活文化が点在している。例えば、新潟県粟島(あわしま)のワッパ汁（ワッパ煮）は、杉を曲げてつくった「ワッパ」と呼ばれる椀に、焼いた魚やネギなどの食材を入れてお湯を注ぎ、そこに真っ赤に焼けた石をぶち込んで煮え立たせて食す豪快な料理である。これと類似の料理が男鹿(おが)半島や対馬(つしま)などにも見られる。

　また、同じ焼き石を利用する生活文化でも、風呂を沸かす熱源に焼いた石を使う地域もある。この節では、こうした焼き石の文化を「石焼文化」ととらえ、その広がりを青潮との関わりから検討していく。

2. 石焼の料理

①青潮と石焼料理
対馬の「石焼き」

　対馬の郷土料理に「石焼き」がある。これは火で平たい石を熱し、その上で新鮮な魚貝を焼いて食べるもので、アマ（海人）の習慣が起源となったといわれる。長時間海に潜って仕事をするアマは、単に呼吸の苦しさだけでなく、しだいに体温が失われるきびしい仕事である。そのため陸に上がったアマは火で暖を取るが、ついでに取ってきた魚貝を火であぶって食べるうち、直接火で焼くのではなく、焼き石を使って熱すると程良い焼け具合になることから考案された調理法と考えられる。

　海で漁をして暮らす人びとを指す大和言葉のアマは、古くは漁民全般を指した言葉である。それが現在では素潜りによる漁師に対してだけ使われている。そのアマは、男なら「海士」、女なら「海女」と当て字されるが、全国のアマの分布は冷たい海ほど女が多くなる傾向にある。女のアマのほうが冷たい水に強いわけは、生殖器が飛び出ている男は長く冷水に浸かっていると、生殖機能

が損なわれるためだともいわれる。岩手県久慈の小袖海岸は日本のアマの北限とされる地だが、ここのアマも海女である。

　対馬では、東海岸の対馬市厳原町曲が古くからの海女の里として知られる。壱岐・対馬のアマの起源は古く、400〜500 年前に北九州は鐘ケ崎辺りから魚を追ってやって来た人たちのようである。彼らは地元福岡の海でもよく稼いだが、船に乗って遠方に出かけることも多く、1 年の大半を出先で送ることもあった。対馬や壱岐のアマは、そのようにして出先に住み着くようになった人たちの子孫であり、特に曲では海女がよく稼ぎ、宮本常一によって有名になった[1]。

　石焼きに使う平たい石は表面がなめらかで、焼いても割れないことが必要であり、石英斑岩という石が適している。対馬では、島のあちこちの海岸でこの石が採取されたが、最もよい石場とされたのが曲のすぐ北、美津島町根緒の海岸である。かつては海岸の至る所に適当な石が転がっていたというが、今では深く潜らないとなかなか良い石は手に入らなくなっている。

男鹿の「石焼料理」

　男鹿の郷土食の一つに「石焼料理」（写真 65）がある。これは魚貝や野菜などを入れた汁桶に燃えたぎった石をぶち込んで食卓で煮る料理で、ワッパと桶の違いはあれ、粟島のワッパ汁とよく似た調理法である。男鹿の石焼料理と粟

写真 65　男鹿の石焼料理（入道崎、2006 年 10 月）

島のワッパ汁が同じ形式になったのは、青潮に媒介され、互いに影響を与え合った結果と考えられる。ただし、長沢利明氏の教示[2]によれば、石焼料理は本来、海岸近くの岩のくぼみを利用したもので、汁桶を使ったものではないという。海岸近くの岩のくぼみといえば、食べ物ではないが、次に見る種子島の瀬風呂のことを思わせる。両者の発想には遠い所で何か結びつきがあるようにも思われる。なお、同様の調理法は男鹿と粟島の中間に位置する飛島にはなぜか見られない。

種子島の石焼き

青潮をずっと南にさかのぼった黒潮との分岐点付近に種子島がある。この島での聞き取りによれば、種子島でもかつて石を焼いて調理する風があったという。種子島の場合、トビウオやトコブシ、伊勢エビなどを浜辺の小石に載せて焼いて食べた。小石の上なら、直火で焼くよりも火力を調節でき、焼け具合の確認ができるので具合がよい。男鹿や粟島、対馬のように典型的なものとはいえないまでも、同じ青潮海域（黒潮海域）にかつて類似の石焼文化が見られたのは興味深い。

②ポリネシアの石焼き

石を焼いて調理に用いる風は、遠くポリネシアの島々に広く見られる。ポリネシアでは紀元前後からの数百年間ですっかり土器が用いられなくなり、焼け石を利用した石焼き料理（蒸し焼き料理）が調理法の中心となった。石焼きするのはおもにタロイモやヤムイモといったイモ類や、ポリネシア特有の大きな木の実であるウルなどである。焼いた石の上にバナナの葉など大型の葉を敷き、その上に食材を載せて、さらにバナナなどの葉をかぶせて蒸し焼きにする。

対馬の石焼き、粟島のワッパ汁、男鹿の石焼料理、そして種子島の石焼きとも、いずれも焼け石を直接熱源として利用しているのに対して、ポリネシアでは植物の葉を介して蒸し焼きにしている点で両者は異なる。しかし焼け石を用いて調理している点に違いはなく、文化的な関連性をうかがわせる。また、日本で広く食されてきた「石焼いも」は、石を直接の熱源にしているものの、焼

き方自体は蒸し焼きに近く、両者の折衷型的と言えなくもない。
　仮に青潮文化とポリネシア文化の間に伝播関係があったとした場合、ポリネシアを起源地とする石焼きの食文化が、まずは北赤道海流に乗って西進し、その後黒潮と青潮に乗って日本沿岸に到達したのではないかという推察も成り立つ。かつてポリネシアの人々は、カヌーを駆使して1000 kmも2000 kmも離れた土地と交易をしたという。そうして伝えられた石焼きの風習が、遠く日本にも流れ着いたのであろうか。仮にそうだとすれば、まずは黒潮が、そして青潮が、縄文以来の伝統を汲むはずのこの調理法を日本に伝播させた原動力だといえよう。石焼きの料理は、青潮文化を代表する一つの文化的要素といってよいものではないかと思われる。

3. 石焼の風呂

①瀬風呂

　青潮が黒潮から分流するあたりの海域に種子島がある。この島に焼け石を熱源として利用する一風変わった「瀬風呂（せぶろ）」という風呂の習慣があり、石焼きの文化の一端を形成している。瀬風呂とは瀬の風呂であり、海岸の波打ち際に設けられた野趣あふれる風呂のことである。岩場などで潮が引いたあとに潮だまりができるが、そこに焼け石をぶち込んで焚く即席の露天温泉でもある。小さいもので大人2～3人、大きなものなら5～6人も入れる[3]。

　瀬風呂のつくり方はこうである。まず瀬風呂となる海辺の水たまり近くで火をおこし、その中にこぶし大から、大きなものでは人の頭大より少し小さいくらいの石を投げ入れる。しばらくして石が真っ赤に焼けてきたら、適当な木の棒きれをハサミにして石をつまみ上げ、瀬風呂の中に放り込む。海水が適温になるまでこれを繰り返し、ちょうどよい湯加減になったら石を取り出して入浴する。

　多くは明治期に姿を消したが、太平洋戦争終結ぐらいまで、遅い所では昭和30年頃まで続いたものがある。かつては種子島各地に見られたが、家庭浴槽の普及によって高度成長期以後には完全に姿を消した。その瀬風呂が近年、一

部ではあるが復活するようになってきている。

a) レクリエーションとして

　瀬風呂の目的は、第一にそのレクリエーション機能にある。以下は、主として郷土史家の鮫島安豊さん（西之表市特別専門員、西之表市在住）、石原仁さん（昭和13年生まれ、元農業、西之表市在住）、花木計治さん（昭和20年生まれ、民宿経営、西之表市在住）、中峯司さん（昭和8年生まれ、漁業、南種子町在住）からの教示による。

往時の入浴

　現在、風呂といえば毎日のように沸かして入るのが当たり前のようになったが、そうした「日風呂」が定着したのは、じつは近年のことである。高度成長期以前なら、そもそも内風呂というものがあまりなかった。たまに風呂を立てることはあっても、屋外に風呂桶だけを置く「鉄砲風呂」（関西では「五右衛門風呂」）がふつうで、それも毎日焚くのは贅沢だった。

　種子島では野良仕事で汗をかくと、夏間は海や川で汗を洗い流した。海水だとべたつくので、家に帰る道々、もう一度川に入ってよく潮気を落とす。すると家に着く頃にはあらかた乾いてしまい、ちゃっかり風呂上がりの体である。「鉄砲」や「五右衛門」を沸かすのはおもに冬間で、陽気のいい6月から10月頃はもっぱら海や川が風呂場となった。

　とはいえ、熱い風呂に入るのは気持ちのよいものである。くわえて、海を眺めながらの入浴はそれだけでも気分爽快だ。瀬風呂はその意味で、往時としては特別なハレの風呂であり、楽しみな行事だった。潮を見ながら入るので、瀬風呂のことを「潮風呂」という集落もあった。

農閑期の瀬風呂

　瀬風呂は夏に焚く。田の草取りも終わってちょっと一息ついた頃、どの集落でも瀬風呂を焚く習わしがあった。祖父母の代のもう少し前、明治初年頃まではよく行われたと聞いている。なかにはかなり後々まで続いた集落もあり、島の南西部、大川の中ノ塩屋では昭和30年頃まで続いた。

　瀬風呂焚きは「潮七日」といって、1週間ぐらい続けて毎日行われる。これ

は潮の干満が1週間ほどのサイクルで変化することと関係する。いつも潮に浸かっているような場所では瀬風呂にならないし、潮が変わって海水が入ってこなくなっても瀬風呂はできない。そうであるから、瀬風呂は夏のあいだの短い農閑期の、それも潮合いのよい時期に、集落総出で行う一種のレクリエーションだった。男女が混浴することもあり、その場合、男はフンドシ一丁、女は腰巻き姿で入浴した。

瀬風呂に入って裸の付き合いをし、湯上がりは弁当を広げて親睦を深めた。そこは集落住民の憩いの場であり、情報交換の場ともなった。そうして瀬風呂は1週間ほども毎日続けられるが、その最後の日を「瀬風呂上がり」といい、この日ばかりは海の幸を肴に酒宴が催された。

瀬風呂の復元

中ノ塩屋のように昭和30年頃まで使われた瀬風呂もあったが、多くは明治年間に姿を消した。その瀬風呂が近年、復活の兆しを見せている。

発端は昭和43 (1968) 年、島に老人クラブが結成されたことである。老人クラブの親睦事業の一環として、この時、じつに数十年ぶりに瀬風呂が立てられた。また、その後、昭和45年に鹿児島県民俗学会の年会が種子島を会場に行われたことがある。この時、島の民俗を参加者たちに紹介しようと、島の瀬風呂や、後述する「岩穴(ゆあな)」に案内する見学会が催された。

瀬風呂はその後、一部の集落で集落管理の湯として維持された。また現在は、露天風呂の一種として不定期に瀬風呂を沸かし、客に喜ばれている民宿もある。

b) 民間療法として

島民にとって瀬風呂は、レクリエーションであるという認識と、民間療法であるという認識とが相半ばしていた。海水はべたついて気持ちが悪いようだが、塩水だからこその効能もある。瀬風呂は島民のレクリエーションであり、かつまた、一種の民間療法でもあった。

瀬風呂の効能

瀬風呂は疲労回復はもちろん、神経痛や皮膚病にもよく効き、とくにリューマチの特効薬とされた。そのため瀬風呂は民間療法にさかんに利用され、こと

に年長者の入浴が瀬風呂を立てる第一の目的になっていた。瀬風呂はまた、「子供にあせもが出たら入れよ」とも言われ、乳幼児の成長にとって欠くことのできない存在でもあった。

　瀬風呂が健康によいと考えられたのは、海水の塩分のためばかりではない。湯を立てるのに焼け石を入れるので、その焼け石から有効成分が溶け出すと考えられたこともある。だからこそ、「鉄砲風呂」のように薪で風呂釜の湯を沸かすのでなく、一度石を焼いてから海水を温めるという面倒までして、わざわざ瀬風呂を立てたわけである。若い衆がせっせと石を焼いて湯を沸かし、集落のお年寄りに入っていただく。これが瀬風呂を使う定番の形だった。

　瀬風呂はまた、若い衆にとってもなくてはならない存在だった。野良仕事でよく傷をこさえたり、脚を痛めたり、筋肉痛を起こしたりする。瀬風呂はそうした傷を癒し、疲れを取るための方法でもあった。それで、瀬風呂は田の草取りを終えたあとや、田植えのあと、稲刈りのあとなどによく行われた。

瀬風呂もらい

　瀬風呂はだいたい集落単位で所有したが、なかには瀬風呂を持たない集落もあった。そうした集落の人たちは、「瀬風呂もらい」といって、瀬風呂のある集落に行って入れてもらった。瀬風呂もらいにはちょっとした手土産を持参するのが習わしで、ことに「瀬風呂上がり」には酒や肴を差し入れた。

c) 形態と燃料

　『南種子町郷土誌』[4]によると、南種子町だけでも往時には40〜50の瀬風呂があったようである。これらの瀬風呂は形態が一様ではなく、海岸付近の地質とも関係していくつかのタイプがあった。

瀬風呂の形態

　瀬風呂には自然にできた磯の窪みを利用したものと（写真66）、海岸の比較的柔らかい地盤を人が掘って風呂にしたものがある（写真67）。また、自然の窪みをさらに掘り下げ、より風呂らしくした、両者の折衷型といえるものもあった（写真68）。

　一般に、南種子には人工の瀬風呂に適する軟砂岩が多く分布し、北種子には

3節　石焼の風習　275

写真66　磯の窪みを利用した瀬風呂（南種子町中ノ塩屋、2008年12月）

写真67　人工的に掘られた瀬風呂（南種子町広田、2008年12月）

これが少ない。また、同じ南種子でも、砂丘の多い東海岸には人工的なものが見られるが、岩場の多い西海岸には天然の窪みを利用したものが多い。瀬風呂を人工的に掘るとき、「海岸のちょっと上を掘る」といい、瀬風呂をつくる場

写真68　自然の窪みを掘り下げた瀬風呂（西之表市下石寺、2008年12月）

所の目安とされた。

　近年、種子島では海岸線が後退、すなわち海面が上昇する傾向にあり、かつて瀬風呂のあった場所は海底になっていることもある。また、浜にしつらえた瀬風呂では、満ち潮の際に砂や石が入り、やがて埋もれてしまうものもある。反対に、満潮線のやや上にあるために、波のしだいによっては海水が十分に入らず、汲み上げが必要になるものもある。

燃料と石

　瀬風呂焚きにはたくさんの薪を必要とする。その薪の多くは海岸に漂着する寄せ木を集めておいて使用した。また、地区によっては「砂糖ズミ」といって、砂糖を煮詰めるときに使う薪を取っておき、これを燃料の足しにすることもあった。種子島では黒糖づくりが盛んだが、煮詰めることをスメルといい、砂糖を煮詰めることを砂糖ズミといった。

　今では松食い虫の被害でほとんど壊滅的だが、以前は海岸近くまでよくクロマツが茂っていた。クロマツは火力が強く、瀬風呂に使うこともあった。また、島では伝統的に製鉄や製塩が盛んで、製錬や精製にツバキやカシといった照葉樹がよく用いられた。これらの薪も余った分は取っておき、瀬風呂に使った。

かつて瀬風呂だった場所の近くでは、焚き火が繰り返されたことにより、岩場一帯が赤茶く変色していることがある。火力の強さを物語る瀬風呂焚きの遺産である。瀬風呂に入れる焼き石は、割れやすい頁岩（けつがん）の類を避け、熱に強く割れにくい砂岩の丸石を良しとした。

②岩穴

「岩穴（ゆあな・いわな）」とは、山肌にあいた穴のことで、大人3〜4人から、大きなものなら10人ほども入れる大きさの洞穴である。ふつう「ゆあな」もしくは「いわな」と発音され、温浴に使われた。天然にあいた洞穴もあれば、人工的に掘られたものもある。郷土史家の鮫島安豊さん（前出）によれば、湯穴の字を当てるものが島内に1例だけあるが、あとはすべて岩穴と書く。しかし、数こそ少ないものの、その音から岩穴は湯穴の同音による置き換えであろうと考えられ、「湯の穴」が本来の意味合いであろうと推測される。

種子島各地には古くから「岩穴焚き」といって、岩穴のなかで火を焚いて穴全体を熱し、そのなかに入って汗を流すサウナ風呂のような風習があった。海岸からやや内陸に入った場所に多く見られ、波打ち際でしかできない瀬風呂とは対照的な入浴法といえる。その岩穴が昭和57（1982）年、南種子町田代で久々に復活した。この時、およそ70年ぶりになるという岩穴焚きを、集落のお年寄りら約30人が体験して汗を流した。

岩穴の分布

島内の岩穴は北種子よりも南種子に多く、ことに南種子町の東部で密度が高い（図30）。これらの岩穴はふつうの山肌にあいたものもあるが、神社の境内やそのすぐ近くにあるものがあり（写真69）、岩穴付近にわざわざ祠（ほこら）を設けているものもある（写真70）。また、南種子町茎永中之町の岩穴は、「田之神ウト（たのかん）」と呼ばれ、呼称そのものにカミ（神）の語が使われている（ウトは洞穴の意）。このように、岩穴は神や神社と関係が深く、その効能は信仰の対象となっているかのようである。

岩穴と同じ洞穴や、石積みによる石室を利用した熱気・蒸気浴施設は、日本では瀬戸内地方にまとまって分布している地域がある。山口県東部、広島県境

278　第6章　青潮海域と衣食住

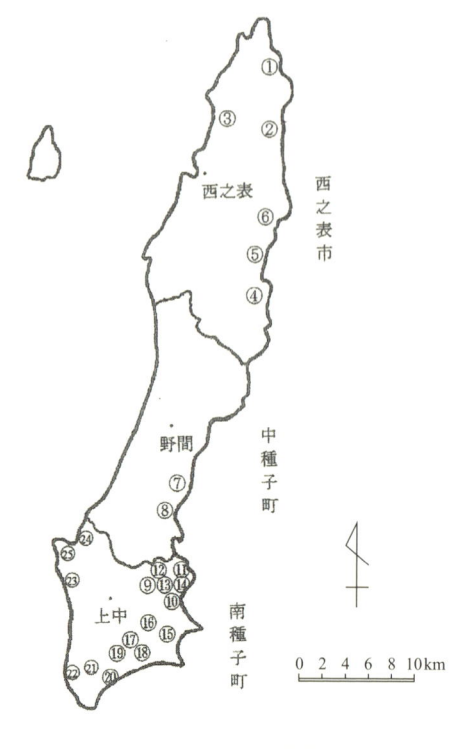

図30　種子島における岩穴（湯穴）の分布
注）図中の丸数字は、原著者により、岩穴（湯穴）の所在地に便宜的に打たれたものである。
［出所］鮫嶋安豊（2008）：「種子島の岩穴（ゆあな）」（ワープロ打ち資料）より転載。一部加筆。

写真69　神社の境内にある岩穴（南種子町田代、2008年12月）

写真70　祠（右上）が設けられた岩穴（南種子町広田、2008年12月）

の瀬戸内海沿いがそれだが、沖合に浮かぶ周防大島（屋代島）もその一角に含まれる[5]。当地ではこれらを「石風呂」と称しているが、岩穴をその同系とするならば、種子島の岩穴は日本における石風呂の南限ということができよう。

岩穴焚き

瀬風呂は夏に焚くものと相場と決まっているが、岩穴はふつう冬に焚いた。かつては今のように米も早生品種ではなく、すべてが人海戦術によったので、収穫にまつわる一連の作業が終わる頃にはもう師走も間近になっていた。このころ甘藷（さつまいも）も一区切りついてやっと農閑期に入るので、岩穴を焚いて農作業の疲れを癒した。

岩穴焚きの方法には二通りあった。一つは穴全体を温めるやり方、もう一つは穴の奥の方を中心に火を焚くやり方である。岩穴全体を温める場合、大量の薪が必要となり、人が中に入るのにオキ（燠）をあらかた取り出す必要もあって面倒だった。そのため奥の方だけで焚くことが多かったが、この場合、1回分の薪として大人で2背、つまり二人の大人で背負う程度の薪が必要だった[6]。

岩穴で温浴するまでの準備は概略こうである。まず岩穴のなかで、あらかじめ用意しておいたシイ（椎）の木やマテ、その他適当な雑木を2時間ぐらい燃

やしつづける。すると、岩穴の壁が熱せられて穴全体が蒸し風呂状態になる。そうして、やがて薪が燃え尽きてオキだけが残る。そのオキを岩穴全体に適当に広げ、その上にクスノキやニッケイの枝を敷き、さらにバナナの葉や、ショウブ、ゲットウ（月桃）の葉（シャニンの葉とも言う）といった香り高い薬用植物の葉を敷きつめる。こうして準備が整った高温の岩穴のなかに、「岩穴ボッタアァ」という冬用の着物を着、ほおかぶりをして入る[7]。

岩穴の入口はワラで編んだムシロでふさぎ、外気が入らないようにする。20分もすれば発汗が進み、体中汗だくになってくる。とても熱いのだが、バナナの葉がひんやりしていて心地よい。こうして毎日毎日、2週間ほどもつづけて岩穴焚きをする。年寄りが仲間内で集まっては岩穴を焚き、焚いては代わる代わる入るといったことも多かった。

岩穴の効能

岩穴は疲労回復はもちろん、神経痛やリューマチといった持病や、フィラリアやマラリアといった感染症にも効果があるとされた。血液の循環がよくなって体調が整えられるだけでなく、発汗によって体内の毒素が絞り出されるためである。オキの上に敷くクスノキは薬用として、ニッケイは健胃剤や香料としても重宝がられた。ショウブは呪術用として、ゲットウは祭祀用としても使われるものだった。

岩穴焚きの最終日は「岩穴上がり」といって、酒宴が催された。各自が焼酎や煮しめなどを持ち寄っては岩穴の前で酒を酌み交わし、郷土芸能などに興じた。これらは瀬風呂の場合とよく似ているが、そうしたレクリエーション機能が住民相互の親睦を深めさせ、集落の結束を強めるもう一つの効能であった。

4. 考察

瀬風呂や岩穴の習俗で興味深いのは、それが単に入浴行為というだけでなく、レクリエーションであったり、民間療法であったりする点である。しかしこれらの風呂、とくに瀬風呂がさらに興味深いのは、湯を沸かすのに焼け石をぶち込むことだろう。前に見た食と風呂とは異なる点もあるが、ともに焼け石を熱

源に使うことで共通している。

　ところで、湯沸かしに焼け石を用いる風は、ヒマラヤの麓、ブータンにもある。前述したように、日本では瀬戸内の一部に瀬風呂に似た風習（石風呂）が見られるものの、石焼の風呂文化はあまり多くは見られない。それが遠くブータンに、非常によく似た形で伝承されている。ある旅行社の観光案内だが、ブータンの石焼き風呂を紹介している記事がある[8]。

　ブータンの人はチベット系の民族としては例外的にお風呂好き。毎日ではありませんが「ドツォ」と呼ばれる「石焼き風呂」に入る習慣があります。火の中にくべて熱く真っ赤になった石を次々に風呂に入れ、適温にしたお湯に入ります。石を焼く作業は意外と大変で、時期と天候によっては2〜3時間かかることも。焼けた石で沸かしたお湯と、石を焼いてくれたお父さんのやさしさで、体の芯からポカポカと温まります。

　しかも、ブータンのドツォも毎日入るような日常の風呂ではなく、農閑期に弁当や酒を持ち、ピクニック気分で入る特別な日の風呂といわれる。島国と内陸国の違いがあるにもかかわらず、そして遠く距離を隔てているにもかかわらず、瀬風呂とほとんど同様の石焼きの文化といえよう。

　ブータンはもと、南と北から流入した二つの民族が融合してできた国であり、それが特徴的な民族衣装にも反映されている。男が着る「ゴ」は、タテ縞模様を基調とする半纏状の着物（搾衣）である。搾衣であること、男が着ることなどから、北からの征服民を象徴している。いっぽう、女が着る「キラ」は、横縞を基調とする一枚布の巻き衣（寛衣）である。寛衣であること、女が着ることなどから、南からの被征服民を象徴している。被征服民（南方の海洋民族）が元からこの地に住む先住民であり、征服民（北方の大陸民族）があとからやってきた新しい住民だと考えられる。

　これらのことから、ブータンにより早く流入した先住民は南からの人びとであったことを思わせる。彼らはもとインドシナ半島、あるいはその島嶼部から移住してきた民族であり、巻き衣のキラのほか、石焼き風呂のドツォなどを携

えてブータンにたどり着いたのではなかろうか。とすれば、インドシナあたりを起源とする石焼き風呂が、一方では陸地づたいにブータンへと伝わり、他方では黒潮に乗って種子島へと伝わったと考えることはできないだろうか。

確証のない推論だが、そのようにしてみるとき、種子島の瀬風呂もまた遠く南洋を起源地とする、黒潮・青潮でつながった民俗文化ということができよう。

［注および文献］
1）宮本常一（1964）：『海に生きる人びと』未来社
2）筆者との私信による。
3）印南敏秀（1997）：「種子島のイワナとセブロを訪ねて」、鹿児島大学民俗学研究室編『西之表市の民俗・民具』西之表市教育委員会、pp.31-40
4）南種子町郷土誌編纂委員会編（1987）：『南種子町郷土誌』南種子町、pp.1377-1378
5）印南敏秀（2002）：『東和町史　資料編4－石風呂民俗誌　もう一つの入浴文化の系譜－』山口県大島郡東和町。なお、周防大島出身の著名な民俗学者に宮本常一がいるが、宮本も島の石風呂について記録している（宮本常一（1930）：「石風呂」、旅と伝説 3-7）。
6）鮫嶋安豊（2008）：「種子島の岩穴（ゆあな）」（ワープロ打ち資料）、p.1
7）前掲書4）、p.1379
8）風のメールマガジン「つむじかぜ」、風の旅行社による。

4節　北方の文化

1. はじめに

青潮海域の文化を考える際、北方ないし北洋に目配りすることも必要である。本節では、北方民族の代表として、日本の先住民族の一つであるアイヌの人びとを取り上げ、その生活文化の特徴を見ていきたい。

アイヌ人の形質には南方的な要素が認められ、やはり南方を起源とする縄文

人の末裔とする説がある。彼らは後発の弥生人に追われる形で青潮をたどって北上し、やがて北海道やそれ以北のオホーツク海域にまで達して定着した可能性がある。

アイヌ人の痕跡は本州東北地方を中心とする本州各地に残っている。例えば、東北の山中をおもな活躍舞台とした狩猟民のマタギは、独特な「山言葉」を用いて狩りに従事したが、それらのなかにはアイヌ由来のものがあると考えられている。また、弥生人が稲作を営んだ生業空間であるタニ（「谷」と当て字）に対して、縄文人はサワ（「沢」と当て字）で漁労・採集にいそしんだが、そのサワ（沢）という地名は東日本各地に残っている（ちなみに、縄文人が稲作を営んだ土地にはヤという呼称が用いられ、後に「谷」と当て字された）。さらには、死霊と生ある者との交感を仲介した下北半島のイタコも、アイヌ文化との繋がりが指摘されている。

いっぽうで、ヤマト民族の生活文化であったものがアイヌ人に伝わった例も少なくない。例えば神前に供える御幣は、アイヌにわたってイナウ（木幣）（写真71）という削りかけとなった。紙と木で材質こそ違っているが、両者はまるでそっくりの形状をしている。青潮に浮かぶ奥尻島最北の稲穂岬は、そのイナウが転訛した地名であり、アイヌ人にとって神聖な場所であったと考えられる。

写真71　アイヌのイナウ（旭川市・川村カ子トアイヌ記念館、2006年8月）

284 第6章 青潮海域と衣食住

　この節では、アイヌの生活文化のいくつかについて、アイヌと青潮との関連を考えてみることにする。

2. アイヌの生活文化

①アイヌの丸木舟

　漁労民であり、狩猟採集民でもあるアイヌの民は、丸太を刳り抜いて作った丸木舟（刳舟）[1]（写真72）を駆使し、川や海を自在に移動しては漁労その他の生業に従事した。その丸木舟は、出口晶子氏の指摘によれば、構造上、(a) 単材刳舟、(b) 前後継ぎの刳り船群、(c) タナ発達の刳舟群、(d) シキ発達の刳舟群の四つに分類できる。このうち出口氏は、最も丸木舟らしい構造を持った (a) が残存する地域を地図にまとめた（図31）。それによれば、アイヌがおもに生活した北海道で最も濃密な分布を示しているが、北は樺太・沿海州から、南は台湾・フィリピンまで広く分布している。しかも日本の本州に注目すると、太平洋側よりむしろ日本海側に多く分布し、南西諸島への連続性を含めて考えると、青潮海域に高い密度で分布している。
　丸木舟をよく利用した地域について赤羽正春氏は、(1) 沖縄から奄美・種子

写真72　アイヌの丸木舟（旭川市・川村カ子トアイヌ記念館、2006年8月）

4節　北方の文化　285

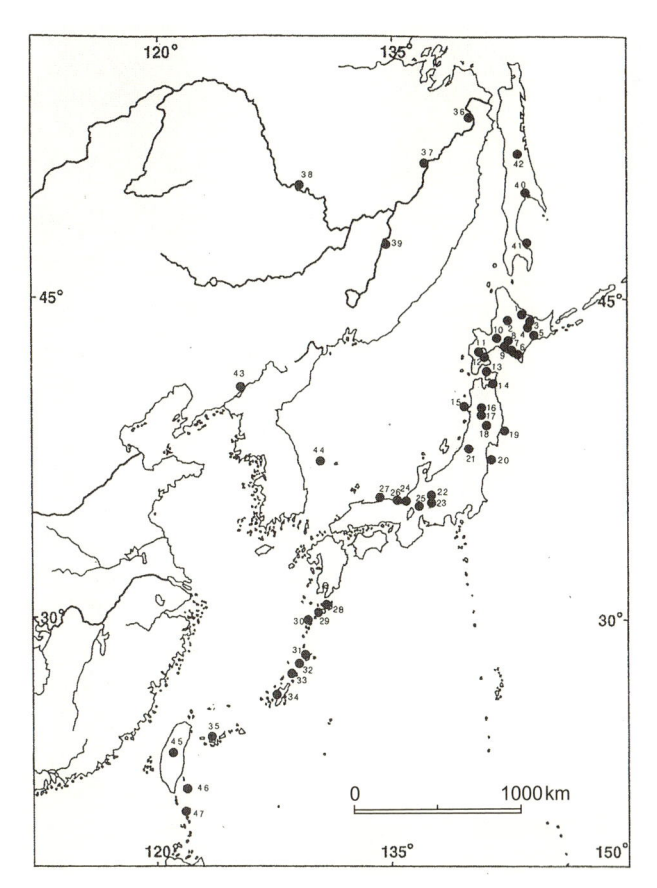

単材刳舟の分布地

事例	使用地（民族名）	事例	使用地（民族名）	事例	使用地（民族名）
1	北海道　常呂川（アイヌ）	17	秋田県　田沢湖	33	鹿児島県　沖之永良部島
2	旭川（アイヌ）	18	岩手県　沢内村	34	沖縄県　沖縄本島
3	弟子屈町（アイヌ）	19	三陸町	35	西表島
4	標茶町	20	福島県　小高町	36	アムール川下流（ウリチ）
5	釧路町	21	新潟県　三面川	37	アムール川（ナナイ）
6	浦河町	22	長野県　木崎湖	38	アムール川中流（ビラール）
7	静内町（アイヌ）	23	青木湖	39	ウスリー川支流（オロチ）
8	平取町（アイヌ）	24	福井県　敦賀市	40	サハリン敷香（ウィルタ）
9	門別町	25	岐阜県　宮川	41	サハリン（アイヌ）
10	恵庭（アイヌ）	26	京都府　舞鶴市	42	サハリン（ニヴヒ）
11	八雲（アイヌ）	27	兵庫県　浜坂町	43	北朝鮮　鴨緑江
12	ユーラップ（アイヌ）	28	鹿児島県　種子島	44	韓国　俛陵島
13	青森県　佐井村	29	屋久島	45	台湾　日月潭
14	小川原湖	30	トカラ列島	46	蘭嶼（ヤミ）
15	秋田県　男鹿半島	31	奄美大島・喜界島	47	フィリピンバタン島
16	大沼	32	徳之島		

図31　単材刳舟の分布（図中の番号は表中の番号と対応）

［出所］出口晶子（2001a）：『丸木舟』法政大学出版局、pp.16-17 より転載。一部加筆。

島にかけての地域、(2) 島根県から隠岐にかけての地域、(3) 若狭湾から新潟県佐渡島にかけての地域、(4) 青森県八森以北の青森陸奥湾と北海道という四つの地域を挙げた上で、次のように述べている。

「(私はかつて) 日本では、秋田県八森を境に船の技術が大きく変わることを指摘した。〔中略〕つまり、ユーラシア大陸北側、シベリアの船の技術はサハリン、北海道を南下して青森県にまで及び、南から北上してくる船の技術と秋田県八森（米代川流域）でぶつかっているということである。」[2]

これは大変興味深い指摘である。(1)〜(4)の丸木舟のおもな分布地域は東シナ海から日本海にかけての沿岸各地に点在しており、それには南から青潮で伝播した系統と、北からリマン海流で伝播した系統とがあると考えられるからである。また、赤羽氏は両者の接点を青森県八森（米代川流域）に求めているが、(4)はまさしくアイヌ人のかつての生活空間にほかならない。つまり、丸木舟は日本列島沿岸を南北に流れる潮の流れを通じて育まれた生活文化であり、アイヌの生活舞台においてその融合が完結された。その意味でアイヌの丸木舟は、アイヌ固有の生活文化であるにとどまらず、日本の民俗文化の基層をもなす一つの要素になっているといえよう。

先の出口氏によれば、丸木舟は、「縄文時代から近現代にわたり、もっとも長く継承されてきた舟」[3] である。その丸木舟は、原初的な形態としては一切の接ぎ木をしない、文字どおりの丸木舟（単材刳舟）であるが、それは単に造船技術の未熟さを意味しない。ことに単材の丸木舟は船体が分離崩壊して沈むことのない安全性の高いもので、樹齢300年の杉木を使えば、50年経ったところで周囲を数cm削って持ちを良くすることで、およそ100年間、親子三世代にわたって使うことができたといわれる。

このように頑丈で持ちのよい丸木舟が青潮海域で多く用いられた理由として、日本海の性質が考えられる。日本海には磯場や岩礁が多く、しかも冬季、強い北西季節風で波が荒れることもしばしばなので、そうした環境下でも安全に航行できるようにと、丸木舟が選択されたのではないか。この点、近世において日本海は北前船と呼ばれる帆船によって物流の主要ルートとなったが、野間晴雄氏は、「技術史上は、北前船は丸木船、刳舟からの深化と考えられる。」[4]

という興味深い指摘を行っている。これは北前船という日本独自の船舶交通が、丸木舟というアイヌ文化と密接に関わっていることを示唆しており、北方からの文化的影響の一例としても理解されよう。その主要な舞台とされたのが日本海なのである。

なお、秋田県男鹿半島では、昭和30年代から40年代まで漁師たちのあいだで丸木舟が使われていた。

②サケの利用

アイヌ人は丸木舟を駆使して川や海を移動し、様々な生活物資を獲得した。その最たるものがサケであろう。日本にいるサケ・マス類には、シロザケ、ベニザケ、カラフトマス、マスノスケ、ギンザケ、そしてサクラマスの6種がある。このうち日本でサケといえばシロザケのことで、北海道近海から北の地域で多く産するが、太平洋岸では利根川、日本海岸では山陰地方まで分布している。太平洋岸よりも日本海岸でより南まで分布しており、長野県では年取り魚は新巻鮭が定番である地域が広い。

サケは生まれた川への回帰性が強いことで知られる。川の淡水で生まれ、やがて海に出て北の海で暮らしたサケは、4年から6年経つと、産卵のため淡水に戻ってくる。この時、どんなに遠くの海まで北上したサケも、必ず生まれ故郷の川に帰るといわれる。

河口に到着したサケは、川がサケでいっぱいになるほど群がって遡上を始める。かつてアイヌの民はここに「ウライ」という梁をしかけ、大量にサケを捕獲した。サケの産卵場は水温が下がる川の上流だが、何も食べずに一心不乱に遡上するうち、しだいに痩せて身はまずくなっていく。そこで丸々と太ったおいしいうちに捕獲する必要があり、河口付近か、そうでなくても下流域の川と川とが合流する地点がよい漁場となった。

そのような場所につけられた地名が「ホロ」(「幌」と当て字)である。札幌などの地名に見られるホロとは、「大きな川」というほどの意味だが、単に大きいだけの川ではない。それは川幅の広さや大きさではなく、サケの多さにつけられた名であり、たとえ小川であってもサケがどっさり入る川はホロであっ

た。また、アイヌの砦を「チャシ」といい、「茶津」、「宮津」などの地名が当てられている。けれどもチャシは、単に防衛上の施設ではない。アイヌの砦は、元々遡上するサケの見張り場として利用されたものといわれ[5]、こうしたことから「茶津」や「宮津」もサケに関係のある地名といえる。

ちなみに、日本特産のマスであるサクラマスは、海に出ない陸封性の強い魚で、水温が低い適当な環境であれば容易に永住性を帯びる。深山に源を発する冷水性の渓流には、その幼魚型のものが完全に陸封されて生息しているが、これがヤマメである[6]。サケとマスとヤマメ。これらの魚との関わり方を見ると、アイヌの文化とヤマトの文化の類似性、関連性が見えてくる気がする。

サケの食文化

北海道ではサケのことを「アキアジ」という。サケが生まれ故郷の川に戻るのが秋であるから、日本語の「秋味」だという説がある。しかし、サケを意味するアイヌ語の「アキア・チップ」から出た語音というのが正しかろう[7]。アジそのものは北海道ではとれないので、北海道で育った人が内地に行き、そこで初めて本物のアジ（鯵）を見て、「こんなちっぽけな魚はアジではない」といったという話がある。それだけアキアジ（サケ）は立派な魚なのである。身はもちろん、皮、骨、内臓、血、脳髄にいたるまで、棄てるところのないありがたい魚である。

秋、大量に捕獲されたサケは、保存性を高めたうえで少しずつ食される。これが「荒巻」（「新巻」は当て字）で、その作り方はアイヌも内地もだいたい同じである。ここにアイヌ文化の、内地への伝播・拡散の跡をみることができる。ただし内地では塩蔵するのに対して、アイヌには塩の利用そのものがみられず、薫製されることが多い（写真73）。塩は後世になってシャモ（和人）が持ち込んだもので、体内で中和のための水を必要とする塩の利用は、寒冷な土地では極力抑えられたようである。

おおむねフォッサ・マグナから東の日本では、年取り魚はサケと相場が決まっており、西日本のブリとは対照的である。このことから、アイヌのサケ食文化のおよその伝播域を想定できる。このように、アイヌ文化はフォッサ・マグナ以東（以北）の地域で強い影響を与えている。本州のサケ食文化の核心地の一

写真73 アイヌの保存食（旭川市・川村カ子トアイヌ記念館、2006年8月）

つである新潟県村上市の三面川では、塩蔵の「鮭の塩引き」だけでなく、乾蔵したサケを酒にひたして食す「鮭の酒びたし」も伝承されている。この際、乾蔵はアイヌ文化の流れをくむものと考えられる。

刺身文化としてのルイベ

　30年前の日本では、生のサケ肉を食べる習慣がほとんどなかった。しかし近年では、回転ずしのスシネタ（鮨種）としても生サケが好んで食されている。一方、アイヌには、厳冬期に凍結させたサケの身を刺身のように薄く造り、半分凍った状態で食べる「ルイベ」がある。アイヌ語のルイエベが訛ったもので、ルイは「溶ける」、エベは「魚」の意である。サケに限らず寒中に魚を凍らせて生食する方法、転じてそうした貯蔵法全般を指している。

　ルイベは、生食することによりビタミンが壊されずに残るので、野菜の少ない寒冷地ではビタミン摂取のうってつけの方法である。半凍結の状態で食べることで、同時に多少の水分を摂取することもできる。ルイベは本来、アイヌ民族の食の知恵である。

　日本の食文化を代表する江戸前のにぎり（握り鮨）や刺身が、魚を生で食するという点において、アイヌのルイベと似ている部分もある。これをアイヌ文化の、内地への影響として理解することもできないことではない。近年、遠く

ノルウェーなどから輸入してまで食されている生サケは、「アイヌの遠い置き土産」といえるのかもしれない。

サケの衣文化

　サケの皮は意外と丈夫で、アイヌの人々は靴や衣類に加工してそれを身につけた。そもそもアイヌ民族の衣類は、(1) 獣皮衣・魚皮衣・鳥羽衣などの「動物衣」、(2) 樹皮衣・草皮衣などの「植物衣」、(3) これら以外の「外来衣」に大別できる[8]。このうち、(1)の動物衣に含まれる「魚皮衣」の素材として代表的なのがサケ皮である。

　サケ皮を使った衣類の制作技術が途絶えて久しいが、北海道鵡川町の会社員、木下梅雄さんは、近年その制作に取り組んだ。サケを皮まで使い、しかも身につける衣服にまで利用するのは、アイヌ独自の文化と考えられる。以下に示すのは、苫小牧民報社の新聞記事[9]からの要約である。

　　サケの皮を使ったアイヌ民族の衣装（チカルカルベ＝着物）の制作に、北海道の木下梅雄さんが取り組んでいる。サケ皮の利用技術を持つロシアの先住民族ナナエ族の婦人、サマル・ユリヤさんを自宅に招き、2カ月半がかりで一着を完成させた。木下さんは、「戦後に作られた例はないのでは。念願がかなった」と、実物を手に感激の表情だ。
　　作業は、皮の乾燥、なめし、うろこ取り、裁断、縫合が大まかな手順だ。最大の難関はなめし作業で、皮をひたすら叩くという。出来上がった衣装は、男性でも女性でも着られるゆったりとしたサイズ。襟や背の部分にはサハリン・アイヌの模様を刺繍で入れた。手触りは優しく、白っぽい色合いのため、サケ皮のイメージはほとんどない。試着した夫人の信子さんは、「ゴワゴワ感がなく、着心地はいい。とっても暖かい」と、出来映えに満足げだ。木下さんは、今後は奥さんや、手伝ってくれた地域のご婦人方と一緒にアイヌの衣文化を伝承していきたいと考えている。

③三平汁

　北海道の郷土料理の一つに「三平汁」がある。三平汁は本来、塩引きのサケ

の身を食べたあとに残る、いわば廃物利用の料理で、サケの頭や骨などのアラを大きめの一口大に切り、大根・人参・じゃがいも・ねぎなどをぶち込んで煮込むものである。味付けは家によって違うが、醤油・塩・酒などのほか、酒粕を入れることが多いのも特徴である。サケを使い尽くすところがアイヌの、塩気や米麹を取り入れたところが内地のといった具合に、双方の料理を融合させた鍋料理ということができよう。この三平汁の語源について二つの説がある。

　一つは、奥尻島に住む南部藩家臣、斉藤三平が語源になっているというものである。三平は島で漁業だけでなく農業もして生計を立てていたが、漁獲・収穫されるものを何でも鍋に入れて煮込んで食べていた。そこに初代松前藩主の武田信広が時化のため漂着して（1454年）、この時蝦夷地に広められたのがその「三平流雑煮」であり、三平の名を取って「三平汁」と名づけられたというものである[10]。これは語源からみた三平汁の北方起源説といえ、今日、北海道以外にも伝わっている料理であることから、その南方への伝播を物語っている。

　もう一つの語源は、汁物を盛る一人前の深皿を「三平皿」と呼ぶことに由来するというもので、この皿は伊万里から廻船によってこの地に持ち込まれた。これは柳原敏雄氏がとなえる説で、次のように説明されている。「伊万里の皿には染め付けもあり色絵などもあって、僻地における長い冬の単調な食生活にたった一つの潤いを与えたのが、この皿の絵模様であったという。伊万里の祖ともいわれる朝鮮の陶工李参平（帰化して金ヶ江三平となる）への敬慕が、松前藩士たちによって、三平皿の呼称となり、三平汁として広く普及したのである」[11]。この説によれば、「三平」の語源そのものは南方（九州）にあり、蝦夷地で北方の汁料理と融合したあと、再び南下して日本全域に伝播したことになる。

　ちなみに、同じページで柳原氏は、「三平汁は渡島半島の西南部にあたる松前地方でつくられたのがはじまりだといわれる。むかしはニシン漁が盛んで、身欠きニシンに加工したり、ぬか漬けなどにする保存法が考えられた。ぬか漬けにしたニシンをすしニシンといい、そのすしニシンをぶつ切りにして、コンブだしで炊いたジャガイモ・ダイコン、ニンジン、ネギなどの汁に加え、ほどよい塩味に仕立てたものである。魚はニシンに限らず塩ザケやタラなども用い、

近年は酒粕をとき入れた粕三平にも人気がある」と述べ、汁の具材がサケでなく、むしろニシンを起源にしたことを指摘している。

このように、ぬか漬けにしたというニシンの保存法は、三平汁が酒粕仕立てにされることがあることの説明にもなっている。いずれにせよ、三平汁に入れる魚肉は、サケ、ニシン、タラ、何でもよいということなのだが、それらはいずれもアイヌ人が親しんだ北方系の魚なのである。

3. 考察

「青潮」の呼称を提唱した市川健夫氏は、日本海を南下するリマン海流の愛称に「白潮」を使うことを提案している。その呼称について氏は、「リマン海流に対する日本名はまったくないが、灰色の海である故、「白潮」と命名することにした」[12]と述べ、青潮と同様、その色合いからの着想であることを記している。

地球規模、ないしは日本列島規模で流れる海流の原動力は、地球上を安定的に吹き渡るいくつかの恒常風によっている。このうち、南からの青潮の主たる推進力になっているのは偏西風であり、北からの白潮（リマン海流）のそれは極東風と考えてよい。このことから、西寄りの偏西風に流される青潮は東へと押しやられ、やや日本列島沿岸寄りを、東寄りの極東風に流される白潮は西へと押しやられ、ややユーラシア大陸寄りを流れることになる（図32）。

しかし両者は単純に平面的な流域の違いをもたらしているわけではない。それは垂直的にも重なり合い、より複雑な潮の流れをつくりだしている。この図は海面近くの浅いところでの海流の様子を表したものだが、垂直的には、暖かく軽い青潮の深部に、冷たく重い白潮が潜り込むようにして反流している。その結果、白潮の影響は時に図から受ける印象以上に、遠く西南日本の沿海部にまで及んでいる。青潮の下層には北からの白潮が流れ、北陸から山陰、そして九州の海岸にまで達しているのである。

このことから、白潮によって樺太・北海道・沿海州・シベリアなど北方圏の文化が、日本本土から琉球・中国本土にまでもたらされている一面がある。つ

4節 北方の文化 293

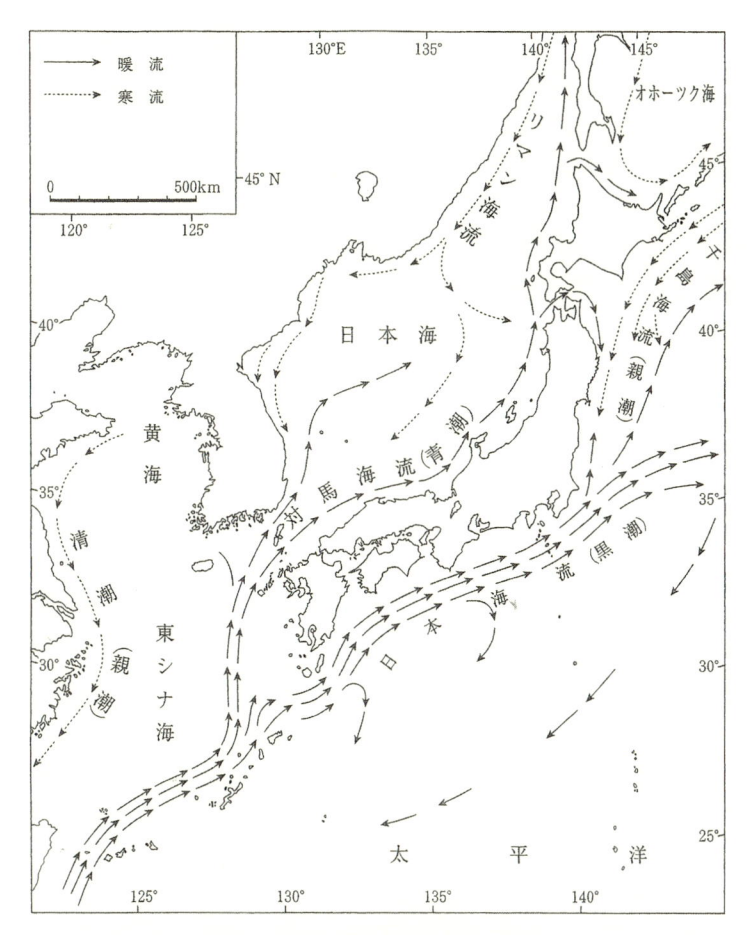

図32 日本付近における海流の分布

［出所］市川健夫（1997a）:「青潮文化論の提唱」、市川健夫編『青潮文化－日本海をめぐる新文化論－』古今書院、p.3 より転載。

まり、ふだん日本文化の個性と認識しているもののなかにも、じつはアイヌ文化の要素が随所に散りばめられている可能性があり、それはさらに南方へも影響を与えうるのである。

　その一方で、あらためていうまでもないが、青潮の北方への影響はより以上に大きい。アイヌ人の定住した北海道の地は、言ってみれば「青潮と白潮の出

会う海域」であり、アイヌ文化もまた青潮の影響を強く受けているのである。

[注および文献]

1) ただし、丸木舟について丹念に調べた出口晶子氏は、丸木舟の構造はじつは多様であり、刳舟だけが丸木舟と考えるのは、強いて言えば、誤りだとしている。そして、「刳りぬき部分を前後に継いだり、左右に継いだり、刳舟の両側に舷側板（タナ）を継ぎたしたり、刳った舷側に船底板（シキ）を組み合わせたりと、さまざまに複雑化したものがあり、それらを総称してここでは丸木舟ととらえている。」と述べている。その一方で、一見したところもはや丸木舟とは言い難い構造をしているものさえあるが、「刳る」という基本技法を捨て去らずにとどめている点でやはり丸木舟なのであり、むしろ「刳舟」と呼ぶのがふさわしいとも述べている。（出口晶子（2001a）:『丸木舟』法政大学出版局、pp.3-4）

2) 赤羽正春（2001）：「北方の丸木舟の民俗－東シベリア・アムール川・サハリン・北海道を辿る丸木舟の流れ－」、東北学 5、pp.68-69

3) 出口晶子（2001b）：「丸木舟の世界－列島と周辺アジア－」、東北学 5、p.239

4) 野間晴雄（2011）：「北前船を俯瞰する－点と線の残像－」、石川自治と教育 655、p.18

5) 市川健夫（1987）：『ブナ帯と日本人』（講談社現代新書）、講談社、p.109

6) 末広恭雄（1995）：『海の魚』ベースボール・マガジン社、p.58

7) 辺見じゅん（1982）：「海からの贈り物－食の民話－」、第二アートセンター編『ふるさと日本の味 第 1 巻 北海道豊穣の味－道南・道東・道北－』集英社、pp.125-128

8) 児玉マリ（1985）：「アイヌ民族の衣服と装飾品」、高倉新一郎監修・矢島 睿編『北海道の研究 第 7 巻 民俗・民族篇』清文堂、pp.292-330

9) 苫小牧民報社（http://www.tomamin.co.jp/2000/tp001111.htm）の記事による。

10) 北海道口承文芸研究会編（1989）：『北海道話 道南編』中田出版、pp.109-111 による。なお、こぐれひでこ（2004）：『NHK きょうの料理 こぐれひでこの発見！ 郷土食』日本放送出版協会、p.65 も奥尻語源説を紹介している。

11) 前掲書 7)、p.24

12) 市川健夫（1997c）：「リマン海流のもつ特性」、市川健夫編『青潮文化－日本海をめぐる新文化論－』古今書院、p.86

終章　青潮文化論の地理教育学的考察

　本章は、第 2 章・第 3 章で検討した青潮文化論の意義と、第 4 章〜第 6 章で見てきた青潮文化の諸相を、地理教育の文脈から検討することを目的とする。言い換えれば、地理教育をめぐる近年の動向とその課題について考察した第 1 章と、青潮文化に関して検討した第 2 章〜第 6 章の接着を図ることが本章の役割である。すなわち、本章は、本稿のむすびをなすものであり、本研究の実質的な結論にあたる。

　本研究の結論（4 節）を述べるにあたり、まずは、日本文化の一側面を「青潮文化」として捉えようとする青潮文化論を総括したうえ（1 節）、青潮文化を評価することと教育との関係について展望しよう（2 節、3 節）。

1 節　総括

1．青潮文化論の性格

　第 2 章・第 3 章では、青潮文化論の意義とその役割について検討した。そこでは以下の事柄が指摘された。

　日本文化の基層をどのようにとらえるかをめぐっては、従来、主としてアッサムから雲南をへて湖南山地に至るいわゆる「東亜半月弧」を中心地とみる照葉樹林文化論と、シベリア・沿海州から北海道を経て流入した文化系統を重視するナラ林文化論とがあり、その後の稲作文化への接続を考えるとき、前者が優勢な位置にあった。しかし、両者は現実の文化伝播の舞台となった海域の存

在をあまり意識していないことなどから、その後、海の交流圏を強調する環日本海文化論なども提唱された。

だが、これらの文化論にはそれぞれに一長一短があった。このうち短所としては、照葉樹林文化論はいま述べたように、海域への眼差しが希薄であるために、大陸へのまなざしの熱さと比べて南洋への関心が十分とはいえない面がある。また環日本海文化論は、北陸・山陰などの諸県を中心とする地域復権の動きと微妙に絡み合った政治性を有すること、別言すれば、日本文化全体を包括していない点などを指摘できる。これらに対して、青潮、すなわち対馬海流の影響を高く評価する青潮文化論は、これらの欠点を克服しうる文化的視点だということができる。

また、青潮文化論は、かつて柳田國男らが熱心に主張した黒潮文化論[1]と類似した文化論である。しかし、青潮（対馬海流）と黒潮（日本海流）の流路や、日本列島全体に及ぼす自然的影響に注目すると、黒潮の分派にすぎない青潮のほうにむしろ軍配が上がった。なぜなら、その流路の特性から、黒潮は東北日本に対する影響がほとんど皆無であるのに対して、青潮は北海道まで遡上することにより、日本列島全域に影響を及ぼしているからである。また、日本の稲作文化にとって不可欠な要素ともいえる降雪（積雪）は、高温な青潮が供給する多量の水蒸気が必要条件となっている。つまり、稲作文化の依って立つ要因の多くは、黒潮ではなくむしろ青潮のほうにある。くわえて、黒潮文化論が沖縄をはじめとする南洋にのみ目を向けがちであるのに対して、青潮は狭隘な対馬海峡部を通過しているために、朝鮮半島や中国東北地方、ロシア沿海州などとの交流にも目を開く契機となっている。

さらに、青潮文化論の提唱者である市川健夫氏は、青潮の反流としての白潮（リマン海流）の存在にも注目している。例えば、島根県竹島はかつて隠岐漁民によるトド（日本アシカ）漁で知られた島であったが、山陰のこのあたりにまで北洋由来のアシカが多く棲息していた事実は、北からの海流の影響を示す証左といえよう。これらのことは、青潮文化論が海域（しかもそれは、環日本海文化論のように「場」としての静的な海域ではなく、潮の「流れ」を主体とした動的な海域）を取り込んだ新しい日本文化論であることを意味している。

くわえて、白潮（リマン海流）にも着目することを通じ、照葉樹林文化論とナラ林文化論を折衷する、ないしは接合する試みといえるかもしれない。

青潮文化論は、関連する黒潮文化論、照葉樹林文化論、ナラ林文化論などと比べて起源が浅いために、なお大きくは注目される状況に至っていない。そればかりか、自然科学における海洋研究では、「青潮」を「赤潮」と同様の海の汚染現象として規定している。このように、青潮文化論を取り巻く状況には厳しいものがあるが、日本文化の源泉をたどろうとする時、きわめて有益な示唆を与えてくれる文化論といってよいのではなかろうか。

2. 教育への展望

第2章・第3章の青潮文化論の検討に引き続き、第4章～第6章では、本研究の検討対象となる青潮文化の具体的な諸相について考察した。すなわち、養蜂・牧畑・イカ漁・タタラ製鉄などの生業（第4章）、青潮海域に位置する長崎県対馬と鹿児島県種子島に継承されてきた赤米習俗（第5章）、そして魚醬・焼酎・石焼・アイヌを例にした衣食住にまつわる生活文化（第6章）などから、青潮文化がもつ性格をできるだけ多面的かつ多角的に検討してみた。

ここではその成果を一つひとつ列挙することは避け（具体的には各章の本論およびその考察を参照）、そこから導かれる結論を示すにとどめる。教育への展望を意識するとき、青潮文化の諸相はおおむね以下のようにまとめられる。

（1）青潮は、南洋および大陸との関連性を密接にさせる原動力として、日本の生活文化の形成に大きく関わってきた。日本人が基層文化とする稲作文化は、まさしく青潮によって南洋から、もしくは中国本土・朝鮮半島を経て伝播されたものにほかならない。また、そうした基層文化の上に多くの文化や慣習が乗っているが、それらの多くもまた青潮によって運ばれたものと解釈できよう。

（2）青潮が強い影響を日本に及ぼした一方で、北からの潮の流れである白潮（リマン海流）も、少なからぬ影響を日本文化に与えた。青潮と白潮のせめぎ

合いは、日本の文化地域を多様ならしめ、日本の生活文化にいっそうの幅をもたせた。ことに、青潮が強い影響を及ぼしている南洋由来の文化と、白潮が強い影響を及ぼしている北洋由来の文化との境界には、日本的な文化と、これとは異質な外来の文化とが醸し出す南・北二つの漸移帯が存在するとの指摘がある。これら境界的な地域は「ボカシの地帯」[2]（図33）と呼ばれることもあるが、その存在は日本文化の多層性・複合性を示唆している。

（3）青潮文化には、環境をうまく使いこなし、それでいて環境に優しい、生活の知恵や工夫が充満している。先人が長年の経験と勘から培ってきたそうした生きる知恵の数々は、後世へと脈々と受け継がれてきた一方で、今日もはや風前のともし火となり、あるいはすでに失われてしまったものもある。けれど

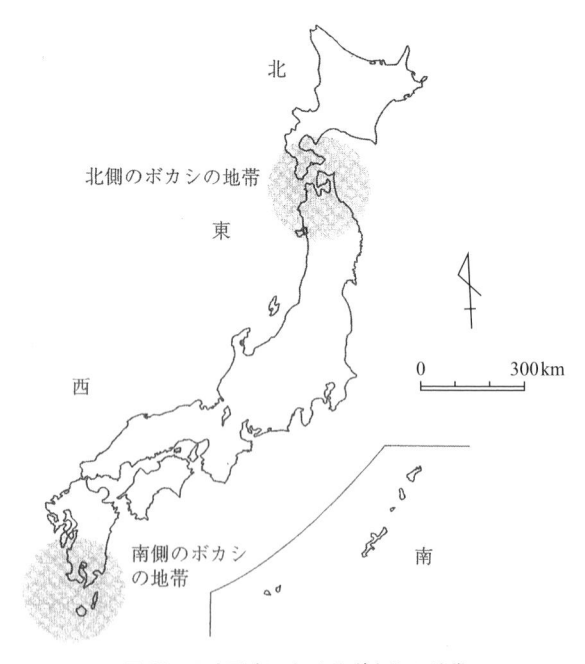

図33　日本列島におけるボカシの地帯

［出所］藤本　強（2002）:「ボカシの地域とは何か」、赤坂憲雄ほか編『いくつもの日本Ⅰ－日本を問いなおす－』岩波書店、p.68 より転載。一部加筆。

も、主として青潮が南洋やアジア大陸からもたらした習慣や知恵は、いまなおそれぞれの土地に生きる人たちに精神的な豊かさと、生活への彩りを添えている。そしてその総体は、日本文化の基層を形成する生活文化の数々となっている。

　青潮文化の諸相に関する以上の要約のうち、(1) と (2) は、日本文化が朝鮮半島やアジア大陸、そして南洋を主体とする太平洋地域（白潮による北洋・沿海州を含む）との密接な関連によって形成されたものであることを意味している。その関連性は、基本的に南・北双方向のベクトルを持つものの、より大きくは南方、あるいは南洋への指向性をもっている。日本文化がこのように、他地域に強く影響され、他地域に開かれたものであるとする視点を、本研究は「アジア太平洋地域との連続性」という言葉で表したい。

　また (3) は、日本文化の多くが自然への深い洞察に裏打ちされたものであり、自然を巧みに利用する一方で、環境を保全する営みでもあることを意味している。四季明瞭で、豊かな自然に支えられた日本の生活文化は、自然とともに生きる様々な術を具現させた知恵の結晶であり、工夫の集積である。日本文化に本質的に備わったこうした側面を、本研究は「日本文化の合理性」という言葉で表したい。

　以上より抽出された、「アジア太平洋地域との連続性」と「日本文化の合理性」という、日本文化に関する二つの観点は、本研究の主題からいえば、「青潮文化」という概念でひとくくりにできるものである。そしてそれは、教育上、あるいは教育改革上、今後いっそう重要な役割をはたしてくれるはずのものである。

　換言すれば、教育において青潮文化論を語るとは、一方でアジア太平洋地域との一体性を自覚しつつ、他方で日本文化に秘められた合理性を確認する作業にほかならない。このような観点による授業（とりわけ地理の授業）が、これからの教育に求められている。

　次節では、以上の性格を持つ青潮文化論と、教育との関連についてやや掘り下げて検討する。

[注および文献]

1) 柳田國男の黒潮文化論は、日本において、黒潮の起点となる沖縄を高く評価するものであり、南島研究と結びついていた。この点について、屋嘉比収氏は次のように指摘している。「柳田は、近代日本国家が「国民国家」から「帝国日本」へと再編する過程の中で、沖縄を日本の中の南島としてとらえなおし、沖縄を古い日本の姿を映し出す鏡として位置づけて評価した。」(屋嘉比　収 (2005):「沖縄のアイデンティティと「沖縄文化」の発見－沖縄学、日本民俗学、民芸運動の交流－」、豊見山和行・高良倉吉編『琉球・沖縄と海上の道』吉川弘文館、pp.215-230)

2) 藤本　強 (2002):「ボカシの地域とは何か」、赤坂憲雄ほか編『いくつもの日本Ⅰ－日本を問いなおす－』岩波書店、pp.67-68

なお、考古学者である藤本氏は、地理学の伝統的な基本概念である「漸移帯」をこのように「ボカシの地域(地帯)」と表現した。言うまでもなく、漸移帯とはA・Bの境界にあって、A・B双方の要素が混じり合う中間帯のことであって、氏のいう「ボカシの地域(地帯)」と同一の概念である。

2節　青潮文化論の教育的意味

1. アジア太平洋地域との連続性の観点から

　日本文化がアジア太平洋地域と深く関連しあいながら形成されたという意識を持つことは、子供たちをして、「日本は世界各地と歴史的・文化的に繋がっている」という、当たり前ではあるが、重要な観念を培養することに貢献しよう。この場合の世界各地とは、直接的にはもちろん青潮の出発地となる南洋や、その経由地であるアジア大陸、朝鮮半島を指すが、まずはこれらの国・地域との過去の負の遺産を乗り越えて、緊密・友好な関係を築いていくことがますます求められている。

　ことに、隣国の韓国や中国・台湾との間には戦争の記憶があり、のどに突き刺さった小骨のごとくいまも国際関係に影を落としている。とりわけ竹島や尖閣諸島をめぐる領土問題では、両国の主張が時に先鋭化して、大きな政治問題

となってきた。次世代を担う子供たちには、より大所高所からの歴史観や文化意識に根ざしつつ、これら難しい問題への打開策を粘り強く模索していってほしい。青潮文化を学び、「アジア太平洋地域との連続性」を意識するとは、こうした問題に対処するためのレディネスを持つことにほかならないのではなかろうか。

　また、これらの地域にとどまらず、より広く世界各国とのいっそうの連携が求められている。そうした感覚や価値意識は、ただ観念的に詰め込まれて養われるものではなく、歴史や文化についての具体的な洞察を踏まえることで実感として意識されるものである。その意味で、具体的な青潮文化の諸相を通して学ぶ「アジア太平洋地域との連続性」は、狭い日本から広い世界へと子供たちの意識を広げさせ、ひいては善隣友好な国際社会を築いていくうえで教育的な意義を持っていよう。

　ここで「アジア太平洋地域」とは、南・北双方向へのベクトルからなる空間であることにあらためて注意する必要がある。戦時中、柳田國男は「方言周圏論」[1]を唱えることで、このベクトルを日本国内に閉ざされたものにしてしまった。それは自己中心的にして中央集権的な文化観であり、軍国主義の片棒を担ぐ理論ともいえた。この仮説は、日本文化の単一性を前提にしていたが、実際の日本文化は土着の文化と、南洋から流入した文化、中国本土や朝鮮半島から流入した文化、そして北洋から流入した文化とが融合し合って形成されたものである[2]。子供たちがそうした多文化的な状況に思いをいたすことは、異なる価値観を持つ人びとや、今後新たに外国からやってくる人たちと共生していく上で必要不可欠な感性といえるだろう。

　このように、「アジア太平洋地域との連続性」の観点は、国際交流を促進する意味合いからも、あるいはまた「内なる国際化」[3]を推進するうえにおいても、教育的な使命をはたすものと考えられる。

2. 日本文化の合理性の観点から

　この国の文化に限ったことではないが、文化とは常に合理性をもった存在で

ある。仮に表面上、不合理に見える文化があったとしても、その文化の文脈に即して考えてみれば、内に込められた合理的な意味合いが見えてこよう。これと同じように、あるいはそれ以上に、豊かで多様な自然に育まれた日本文化には、合理性ある、多くの知恵や工夫が内包されている。

　ところが残念なことに、先人が長年にわたって築き上げ、積み重ね、継承してきた生活上の知恵や工夫が、便利な科学技術の名の下にいまや急速に失われつつある。しかも、新たに開発されたそれらの技術は、文化と呼べるほどには長年の検証を経ているわけではなく[4]、今後息の長い貢献を人間社会にもたらしてくれるかどうかは未知数といってよい。

　例えば、2011年3月、東北地方を襲った未曾有の大地震にともなう津波によって、福島第一原子力発電所の電源が喪失し、原子炉が制御不能となって深刻な放射能漏れ事故を招いた。しかしこのとき、仮に原発禍を回避できていたとしても、実用化されて高々半世紀に満たない原発がもたらす快適な生活と引き替えに、今後何万年にもわたって「核のゴミ」を管理しつづけなければならない現実を、日本社会はいったいどう受けとめるべきなのか。後世につけを回すことと引き替えに得られる刹那的ともいえる幸福に、私たちはただ甘んじていてよいのだろうか。いま「脱原発」の賛否が問われているが、その選択は目先の利益はもとより、施設の安全性や活断層の有無によってのみ判断されてよいものではないだろう。

　これに関連して、日本文化にひそむ知恵の結晶を数多く採録してきた野本寛一氏は、例えば次のようにも述べている。「多くの現代人は、苦労しないでいただくものは多くいただこうという暮らしに浸っている。大量生産・大量消費の暮らしに慣れきってしまった。高度経済成長期の幻影が身にしみついているのだ。何もかも行政に責任を求める傾向も強い。少し地味な暮らし、褻とハレの循環が生きる暮らし、成熟した暮らしをしなければならない時だろう」[5]と。そして、たとえ労働的負担は少し重くなろうとも、人を取り巻く自然環境との和らぎのある関係を大切にし、先人からの伝承知[6]に耳を傾けていくことの必要性を説いている。

　これらのことは、私たちがいま、「持続可能な生活」の問題に直面している

ことを示唆している。それは多少の物理的な制約と、それとは逆に、おそらくは多くの精神的な満足とをもたらすはずの新しい生き方である。そうした生き方を切り開いていくために、自然環境との関わり方を再構築していかなければならないが、それには高度な技術開発によって実現できる部分と、先人の知恵を見つめ直すことから得られる部分とがあるはずである。原発禍を経験し、津波に対して無力さを痛感させられた今だからこそ、科学による知識の限界をわきまえ、蓄積された知恵の体系に目を見開いていく必要があるのではなかろうか。「日本文化の合理性」の観点は、地に足ついた生活を見直させる意味合いからも、また、持続可能な生活のあり方を考えるうえからも、今後ますます大切にされてよいものである。

「日本文化の合理性」の観点は、「アジア太平洋地域との連続性」の観点と同様に、意図的な教育によってのみ、子供たちの意識のなかに涵養されていくだろう。

[注および文献]
1) 柳田國男（1930）:『蝸牛考』（岩波文庫、1980）、岩波書店
2) 柳田國男（1875-1962）とほぼ同時代を生きた人類学者（兼考古学者、民族学者、民俗学者）に鳥居龍蔵（1870-1953）がいる。彼は柳田とは趣を異にし、日本人のルーツを、日本列島を広範に取り巻く諸民族の融合にあるとした。この点について、田畑久夫氏は次のように指摘している。「すなわち鳥居龍蔵は、日本列島をとりまく諸地域に分布・居住する諸民族や諸集団の調査・研究が、日本民族および文化の起源を考察する場合、必須の要素であるとみなしたからであった。理由は、日本列島を基盤として成立した日本文化は、日本列島を目指して北方あるいは南方からやって来た諸民族や諸集団によって形成されたものであると推察した。そして、これらの周辺地域から渡来してきた諸民族や諸集団が日本列島上において接触あるいは混血したものが、後世に日本民族と総称される集団となったと考えたのである。」（田畑久夫（2007）:『鳥居龍蔵のみた日本－日本民族・文化の源流を求めて－』古今書院、pp.4-5）
3) 戸井田克己（2005a）:『日本の内なる国際化－日系ニューカマーとわたしたち－』古今書院

4) ただし、文化庁は「日本の近代化に貢献した産業・交通・土木に関する建造物」を「近代化遺産」と定義している。これには旧富岡製糸場（群馬県）や東京電力の八ツ沢発電所施設（山梨県）など、国宝や重要文化財に指定されている多数の施設が含まれている。さらには、これらのなかにはユネスコの世界遺産への登録を目指しているものもあり、旧富岡製糸場は2014年、世界文化遺産に登録された。こうした事実は、「技術」の中にも、「文化」と呼べるほど歴史的に成熟したものが存在する可能性があることを示している。
5) 野本寛一（2012）:『自然と共に生きる作法－水窪からの発信－』静岡新聞社、p.331
6) 野本寛一・赤坂憲雄編（2013）:『暮らしの伝承知を探る』玉川大学出版部

3節　青潮文化論と地理教育

　以上、青潮文化論の意義を教育一般との関連において考察した。本節ではこれを受け、本研究の主題となる地理教育との文脈においてさらに掘り下げてみよう。

1. 自然と人間の相互作用の観点から

　第1章では地理教育をめぐる近年の動向を検討し、地理教育の現状が史上例を見ないほど窮地にあることが確認された。しかしその一方で、地理教育に秘められた大きな可能性についても指摘した。それは地理がもともと自然と人文とに根ざした複合教科であり、「自然と人間の相互作用」の結果として、世界の人々の生活や文化を見ようとすることに由来していた（第1章2節）。地理教育にとって青潮文化論の意義とは、第一義的に、この「自然と人間の相互作用」の実例が青潮文化に多く含まれていることである。

　例えば、かつて青潮海域に多く見られた牧畑は、地力の消耗が激しい畑作において、地力の維持・回復を図るための農法といえた。それは地形や土味などの面で畑作に多く依存せざるを得ない土地にあって、自然利用の合理的な方法であり、自然環境を持続させる生活の知恵でもあった。この農法は今

日の日本ではすたれてしまったが、隠岐では牧畑で活用された牛馬そのものを飼育する畜産という一つの主力産業となって、現在も島民の生活を支えている。

　また、飛島や能登の漁民にとって海といかに共生するかが生活上の大きな問題であった。それには海で捕獲した魚介類をいかに保存し、それを換金するかといった課題があった。青潮海域には魚介類の保存法の一つとして能登のイシリ（イシル）、男鹿のショッツル、飛島の塩辛などといった魚醤文化が今日も継承されている。また飛島では、「五月船」と呼ぶ独特の販売法（行商による商慣行）によって魚介類が安定的に換金され、島民の生活の糧をなしてきた。これらの生活文化は、広い意味で、人間の側から自然の側への知恵ある働きかけの一環として見ることができよう。

　さらに、蒸留酒である焼酎は、その萌芽期においては、基となる醸造酒（清酒）の酒粕を蒸留して製造されていたと考えられる。清酒を「日本酒」と称するように、日本の酒は清酒であって、焼酎は酒の亜流と考えられがちである。しかし、上のことは清酒と焼酎の文化複合を意味しており、南方由来の焼酎もまた、清酒の酒粕から蒸留されたことをもって、日本文化の一部となった。今日、清酒醸造には暑さに弱い黄麹菌が用いられるが、焼酎には暑さに強い黒麹菌や白麹菌が用いられている。焼酎がおもに高温多湿な沖縄や九州を中心に製造されていることを思えば、焼酎文化もまた、自然と人間の相互作用の実例としてとらえられよう。

　以上例示したのは本研究で検討した青潮文化のほんの一面にすぎない。青潮海域にかつて存在した、あるいは現在も残存する数々の生活文化をたどれば、こうした知恵や工夫、換言すれば、自然と人間の相互作用の結晶が随所に見いだされるはずである。むろん、自然への働きかけは青潮文化に限ったものではない。しかし、地理教育において青潮文化のこうした諸相を視座に指導をすることは、単に日本文化の起源に迫れるというばかりではなく、自然と人間の相互作用のあり方を実例を通して学ばせるという意味合いからも、意義あることではないかと考えられる。

2. 学習指導要領との関連から

　2009（平成 21）年 3 月、高校で現在適用されている最新の学習指導要領が公示され、2013 年 4 月から学年進行で実施されている。この現行課程では、「内容」の最終部分で、総仕上げにあたる地理学習のあり方が示された。それを学習指導要領の原文から引用しよう。

　なお、現行課程においてはこれらの項目（地理 A の (2) －ウ[1]、地理 B の (3) －ウ）がそれぞれ最後の学習単元となっている。『学習指導要領解説』[2]はこれらの項目について、「地理学習の集大成」（地理 A）や、「地理学習の総まとめ」（地理 B）という言葉を使ってその位置づけを解説している[3]。（傍点は筆者）

■地理 A「内容」
　(2) 生活圏の諸課題の地理的考察
　　ウ　生活圏の地理的な諸課題と地域調査
　　　生活圏の地理的な諸課題を地域調査やその結果の地図化などによってとらえ、その解決に向けた取組などについて探究する活動を通して、日常生活と結び付いた地理的技能及び地理的な見方や考え方を身に付けさせる。

■地理 B「内容」
　(3) 現代世界の地誌的考察
　　ウ　現代世界と日本
　　　現代世界における日本の国土の特色について多面的・多角的に考察し、我が国が抱える地理的な諸課題を探究する活動を通して、その解決の方向性や将来の国土の在り方などについて展望させる。

　以上のようにこれらの単元では、大きく捉えると、「地域調査」や「探究する活動」を通して生活圏や日本が抱える様々な課題を見つめさせ、課題解決への道筋を考えさせようとしている。そして傍点個所の学習内容の指示として、

『学習指導要領解説』の地理Aは、人口の高齢化、災害とその対策、中心街の空洞化、地域文化とその保存、国際化と異文化への理解や共生などの事例を挙げている（p.93）。また地理Bでは、「国土像を考えるには社会や経済の活性化だけではなく、環境や資源問題への配慮が必要となる。また、自然との共生を図りつつ将来の日本の国土像を生徒自らが探究することで、日本の将来への夢と希望を抱き、安全で平和な国土を形成する資質や能力を育成することが大切である。」（p.116）という解説を加えている。（いずれも下線は筆者）

　これら『学習指導要領解説』のうち、ことに下線を引いた個所、すなわち、「災害対策」、「地域文化の保存」、「異文化との共生」、「環境への配慮」、「自然との共生」などといった事柄は、青潮文化の諸相から学ぶことのきわめて多いテーマではないかと考えられる。つまり、青潮文化への眼差しは、現行課程の重要な学習単元とも結びついて、地理教育の究極的な学習場面において具体的な指導内容を構想する際の大きな手助けになると予想される。

　換言すれば、前述した青潮文化の諸相を取り扱い、それに潜む自然と人間の相互作用や、知恵ある自然への働きかけの実例を多く取り上げることで、地理教育の究極目標の一端が達成されるといえるのではなかろうか。このように、青潮文化論と地理教育とは相互に補完的な関係にあるということができる。

3. ESDとの関係から

　さらに、近年注目されているESDとの関係から青潮文化論の意義をとらえ直してみよう。

　ESDとは "Education for Sustainable Development" の略であり、最近では「持続発展教育」[4]と訳されている。この教育は、「持続可能な社会の実現をめざし、一人ひとりが世界の人々や将来世代、また環境との関係性の中で生きていることを認識し、より良い社会づくりに参画するための力を育む教育」[5]などと定義され、国際地理学連合（IGU）を通じて地理教育の新しい世界的指針ともなっている。すなわち、同連合の地理教育委員会は、2007年7月にスイスのルツェルンで開催された大会において、「持続可能な開発のための地理教育に関する

ルツェルン宣言」(ルツェルン宣言)を採択し、今後の地理教育の方向性に関して三つ勧告を行った。それらを要約すれば以下のようである。

(1) 持続可能な開発に向けた教育のために地理学の貢献が必要であること。
(2) 持続可能な開発に向けた地理学カリキュラムを発展させるための基準作りが必要であること。
(3) 地理学における持続可能な開発に向けた教育に際して、情報通信技術の利用が必要であること。

これらのうち、地理教育に直接関わる部分は(1)だが、その(1)についての解説のなかで同委員会は次のような提言を行っている[6]。(下線は筆者)

(a) 効率戦略：技術そして組織的革新を通して、資源がより効率的に使われる。
(b) 一貫性のある戦略：再生可能資源と閉じた経済循環によって、材料とエネルギーの流通の環境は改善される。
(c) 永続性戦略：技術的な革新を通して、製品の寿命を延ばす。
(d) 過不足のない戦略：これまでの見通しに基づく新しいライフスタイルによって、資源の消費は最小化される。
(e) 教育と社会的な関与：教育と社会的関与の公平性を通して、満足感と持続可能な開発は議論され、活かされる。
<u>したがって、持続可能な開発は、生態学的、経済的、そして社会の持続可能性の組み合わせ、それから、新しいライフスタイルと同様に新しい生産と消費パターンの発展を意味するとともに、最も重要なこととして、地理教育を含む生涯教育を通しての個人の新しい倫理的体系を構築することを意味する。</u>

以上が大西氏によるルツェルン宣言を抜粋した個所だが、ことに下線部に注目されたい。ここにうたわれている「新しいライフスタイル」や「新しい倫理

的体系」の構築には、前項（「2. 学習指導要領との関連から」）や前々項（「1. 自然と人間の相互作用の観点から」）で考察した青潮文化論についての理解や、青潮文化の諸相に関する知識・認識が大いに貢献すると考えられるのである。

このように、日本がユネスコで「ESD（持続発展教育）の10年」（2005年）を提案したことを受け、国際地理学連合が「ルツェルン宣言」（2007年）を採択した。これらの動きを受けて、日本国内でも近年、ESDのあり方が地理教育の分野を中心に盛んに議論されるようになっている[7]。そして、科学研究費補助金の支出を受けた研究も見られるようになってきている[8]。しかし多くの場合、それらは海外の先進事例を紹介するものであったり[9]、カリキュラム論的立場からの提言であったりと[10]、海外における先行研究や理論研究が中心であり、日本における教育実践や教材開発を想定した研究はあまり進んでいない。今後はこれらの先行研究の上に立ち、地理学および周辺科学の成果にもよりながら、どのような立ち位置から生徒を指導するべきなのかを議論していく必要があろう。

また、そうした議論を受け、地理教育で実際に取り扱う教材をいかに開発していくかが課題となろう。その際、有効な資料となるのが青潮文化の具体的な諸相であり、青潮文化論に基づく日本理解のしかたにあるといえよう。

[注および文献]
1) 地理Aでは、最終項目の一つ前の項目である（2）－イも、究極的な学習のねらいにあたる部分といえる。それは「防災」に関するものだが、そこには次のように記されている。
　　イ　自然環境と防災
　　　我が国の自然環境の特色と自然災害とのかかわりについて理解させるとともに、国内にみられる自然災害の事例を取り上げ、地域性を踏まえた対応が大切であることなどについて考察させる。
　　　地理学習の内容に「防災」が取り入れられたのは史上初めてのことだが、それが東日本大震災の直前（ちょうど2年前）であったことは、何とも皮肉というほかはない。

2) 文部科学省（2010）:『高等学校学習指導要領解説　地理歴史編』教育出版
3) なお、『学習指導要領解説』は、これらの項目について次のように解説している。

　地理A（(2) ーウ）

　　この中項目は、生徒の日常の活動地域となる生活圏を扱い、地域調査やその結果の地図化などの作業的、体験的な学習によって、こうした地域にみられる地理的な諸課題を見いださせるとともに、その課題の解決に向けて探究的な学習を行わせることを主なねらいとしており、いわばこれまでの地理学習の集大成と位置付けることができる。(p.92)

　地理B（(3) ーウ）

　　この中項目は、これまで学んできた様々な学習成果を基に、現代世界における日本の国土の特色を国や地域や個人といった多層な視点から客観的に見る力を培い、日本が抱える地理的な諸課題を生徒自ら見いださせることを通して、その解決と望ましい国土の在り方を実現するためにどのような取組が必要であるかを考えさせることを主なねらいとしている。また、その際、課題の解決に向けて探究したことを文章化、地図化して報告させるといった活動を通して、思考力・判断力・表現力等をはぐくみ、さらに社会に参画する資質や能力を育成することもねらいとしている。このようなねらいを達成することで、地理学習の意義と有用性を生徒に体得させ、地理学習の総まとめと位置付けることが可能となる。(p.115)

4) 文部科学省日本ユネスコ国内委員会による訳語。2002年に開催された「持続可能な開発に関する世界首脳会議」（ヨハネスブルグサミット）の実施計画の議論のなかで、日本が2005年からの10年間を「ESD（持続発展教育）の10年」とする決議案を提出し、満場一致で採択されたものである。文部科学省のホームページによれば、当初は「持続可能な開発のための教育」と訳されていたが、日本ユネスコ国内委員会はその後、国内へのいっそうの普及促進を目指して、「持続発展教育」という、より簡潔な名称を使用することにした。

　なお、本研究では、英語の略称である「ESD」をそのまま用いることとする。

5) 泉　貴久・梅村松秀・福島和義・池下　誠編（2012）:『社会参画の授業づくりー持続可能な社会にむけてー』古今書院、p. i による定義。

6) 以下、大西宏治氏による原文の邦訳から抜粋する。なお、邦訳は以下の文献を参照。
　大西宏治（2008）:「持続可能な開発のための地理教育に関するルツェルン宣言（全

訳)」、新地理 55-3・4、pp.33-38

7) 日本地理教育学会（2012）は、機関誌「新地理」（60-1）において、現行学習指導要領に関する特集記事（「特集　新学習指導要領と「地理」のストラテジー」）を掲載した。その第 2 部は「防災教育・ESD・地歴連携の課題と今後」（pp.29-59）と題されるものであり、これらのテーマについて計 31 ページを充てて今後の戦略を提言している。

8) 例えば、中山修一・和田文雄・高田準一郎（2012）：「持続発展教育（ESD）としての地理教育」、E-journal GEO 7-1、pp.57-64

9) 例えば、永田成文（2010）：「ESD の視点を導入した地理教育の授業構成－オーストラリア NSW 州中等地理を事例として－」、社会科教育研究 109、pp.28-40

10) 例えば、阪上弘彬（2012）：「高等学校地理におけるクロス・カリキュラム理論を取り入れた ESD 授業開発」、新地理 60-2、pp.19-31

4 節　結論

「青潮文化論の地理教育学的研究」と題するこの研究は、青潮、すなわち対馬海流がもたらした日本の風土と文化を多面的かつ多角的に理解し、その意義を地理教育の文脈から評価しようとするものであった。そこで明らかにしえたことをあらためてまとめれば、以下のようである[1]。

（1）青潮文化論は、青潮（対馬海流）の働きに注目した一つの日本文化論であり、それは単に海域の存在に留意するにとどまらず、海流という動きをともなう指標に注目することで、他地域との連続性に意を用いた文化論といえる。こうした視点は、異文化との交流と共生のあり方を考えるうえで示唆に富む。

（2）青潮文化論は、反流する白潮（リマン海流）の存在にも注目することで、照葉樹林文化論やナラ林文化論、環日本海文化論など、先行するいくつかの文化論を無理なく接合しうる文化論といえる。また青潮文化は、南からの文化要素を基調としながらも、そこに北からの文化要素が融合して形成された

ものであり、日本の風土に見合った様々な知恵と工夫を具現している。青潮文化に対するこうした視点は、持続可能な開発のあり方を考えるうえで示唆に富む。

(3) 今日、日本の地理教育は非常に危機的な状況にある。しかし本来、地理教育の意義は決して小さなものとはいえず、(1)・(2)の視点を教育内容に取り込むことによって、いっそう大きな役割を果たすことができる。その成果は、日本の地理教育の今後の発展に、ひいては国民的教養の涵養に大いに寄与すると考えられる。

地理教育は現在、戦前・戦中はもとより、高々20年ほど前に筆者が高校で教えていた時分と比べても、大きく様変わりした。内容もさることながら、何よりも、生徒が履修する機会そのものが著しく低下している。しかし、長年学校教育に携わってきた者の目から見れば、人間存在と自然環境とを相互に関連させて考察しようとする教科・領域は、地理をおいてほかにないと断じられる。地理は唯一、学校において、自然と人文とを相関させようとする複合的な教科なのである。地理のもつ文理融合的で複眼的なものの見方・考え方、換言すれば、自然と人間の相互作用への眼差しは、今後の日本社会でますます強く求められるはずのものである。

本研究で検討したように、青潮のもたらした日本の生活文化は、まさしく自然と人間とが一体となった生活の姿であり、それは生きる知恵と呼ぶにふさわしいものであった。そうした知恵とは、ある意味で非常にゆっくりとしたライフスタイルであるが、たいそう堅実で、豊かな感性をともなった生き方である。それだけに、子供たちの「生きる力」の欠如が言われ、日本社会が急速に変化しつつある今だからこそ、地に足の着いたそうした生き方が再検討されてしかるべきではなかろうか。

また、このように考えることもできる。バブル経済崩壊後の「失われた十年」を経験し、リーマンショックによって再び不況に見舞われて「失われた二十年」となったうえ、さらにそこに震災と原発禍が追い打ちをかけた。こうした日本

において、大人も、そして大人以上に子供たちが、いま自信を喪失している。自分を信じることなきところに生きる意味は見いだせず、生きる意味なきところに生きる力は湧いてこない。

　そうだからこそ、この国がいかに恵まれた自然環境を与えられ、豊かな文化を育んできたかを知ることは、掛け値なしに重要なことなのである。なぜなら、それは自己を肯定し、生きる自信を回復させる助けとなるはずだからである。青潮文化のありようを学ぶとは、じつは、そうしたことに気づくための営みともいえるのではなかろうか。

　本研究が取った基本的なスタンスは、地理学と地理教育学、そして民俗学とを融合しようという試みでもあった。このような学際的な問題意識から現代日本が抱える問題の一端を考察してみたが、本研究のこの目論見が将来に向けての一つの指針を示しえたとすれば、それこそが小論の大いなる喜びである。

[注]
1) 第1章2節でも指摘したように、文部科学省は2015年8月、中央教育審議会によって近く答申される見通しの次期学習指導要領の素案を公表した。それによれば、過去30年にわたって地理歴史科の選択科目に甘んじてきた地理が、「地理総合」（仮称）として必修化される運びとなっている。
　　ところで、この新科目においては、早急に対応を迫られている地球的な諸課題について、地理的視点からその解決を模索するような内容が想定される。その際、環境問題や資源・エネルギー問題、人口・食料問題や居住・都市問題、国際交流や異文化間交流のあり方、日本文化や日本人のアイデンティティの確認、持続可能な開発と保全のあり方等の学習課題が設定されることが考えられるが、以下の(1)～(3)は、その考察に欠くべからざる視点となるだろう。

あとがき

　本書は、2013年1月に昭和女子大学大学院生活機構研究科に提出した学位申請論文、「青潮文化論－その地理学的・地理教育学的研究－」を骨子にまとめたものである。同研究科の田畑久夫教授に主査を、同じく山本暉久教授と増田勝彦教授（当時）、ならびに関西大学文学部の野間晴雄教授に副査をお願いした。先生方の懇切丁寧な指導・助言によって本研究を完成できたことに、まずもって感謝の意を表したい。

　また、本書の骨格をなす既発表論文は、地理教育に関するものと、民俗学に関するものとがその大半をしめているが、後者については近畿大学民俗学研究所における研究の一環として行った、日本各地の民俗調査に基づいて執筆したものである。この点、近畿大学当局と、民俗学研究所長（当時）の野本寛一先生に感謝を申し上げる。

　さらに、今回本書が公刊できる運びとなったのは、近畿大学学内研究助成金制度（刊行助成）による交付金を受けられたことが大きい。近畿大学には通常の個人研究費のほか、民俗学研究所での毎年の調査旅費に加え、出版助成まで支給されたことに重ねて感謝の意を表したい。

　ところで、筆者が「青潮文化」なるものにはじめて接したのは、古今書院の月刊『地理』による1989年5月号の特集「青潮文化－もうひとつの日本文化論」であった。筆者は当時、大学を卒業して高校教員になり6年目にはいってすぐの頃で、東京都教育委員会の命を受けて、上越教育大学大学院に内地留学したばかりであった。青潮洗う日本海にも近い学び舎で、この新文化論に大いに刺激を受けたことを覚えている。

やがて曲折をへて、1996年に近畿大学に着任することになり、縁あって2001年から民俗学研究所の一員となった。当初、学ぶ意欲は大いにあったものの、さしたる研究課題もなく、毎年の現地調査に際してはテーマの設定に悩ましい毎日だった。結局、日系人労働者や外国人労働者との共生の問題や、教育手法としての郷土カルタの利用、秋田県大潟村の誕生物語、奥出雲が生んだ伝統工芸・雲州そろばんのことなど、脈絡のない単発的な研究を年々行っていた。

その転機となったのは2004年、この年の調査地が長崎県五島列島に決まったことで、はじめて「青潮の民俗－五島列島・福江島の生業と生活－」という、「青潮」をタイトルに冠した調査報告をまとめた。以後、毎年の調査で全国に青潮文化を訪ねる旅をつづけながら、10年近い歳月をかけてようやく学位論文となる骨格の一つが出来上がった。本書の第2章から第6章は、その報告の一部を再構成したものである。

本研究のもう一つの骨格は、筆者がライフワークとして取り組んできた地理教育に関する論考である。それは上越教育大学大学院入学以来書きためたものの一部で、本書では第1章と終章でその知見を使っている。

ここで本書ならびに本研究の根底を流れる動機について記しておきたい。

筆者は地理学および民俗学を学ぶ者として、日本の風土の美しさ、その素晴らしさを身をもって感じてきた。そしてそのいとおしさを、「郷土愛」や「愛国心」といった感覚として受け止めている。

「郷土(愛)」は早くから、また戦後の教育においても取り入れられてきた概念であるのでよいとしても、「愛国心」のほうは過去の不幸な戦争の記憶がなお完全には冷めやらぬために、少なからぬ警戒心を持って世間に受け止められている。それが残念に思えてならない。2006年に公示された改正教育基本法が、郷土愛や愛国心（ただし、「愛国心」の語は使われていない）の涵養を求めたことを評価するものだが、教育界一般には必ずしもこれが浸透していないのが現状であろう。

筆者が考える郷土愛・愛国心とは、政治的な観念やイデオロギーではなくし

て、すぐれて自然的な感性に源を発するものである。「この美しい故郷(ふるさと)に生まれてよかった」「いとおしいこの国土を大切にしよう」といった素朴な感覚であり、「山河への畏敬」という言葉にも置き換えられる。そしてそれはことに、地理教育で養われるはずの世界認識といえるものである。

　筆者が「青潮文化論」に興味をもったのもこの感覚からにほかならないし、それを地理教育との兼ね合いで研究してみたいと思ったのも同じ考えからであった。現在、次期学習指導要領が検討の緒についたところだが、委員の先生方にはぜひこの問題も議論の俎上に載せていただきたいと思う。

　最後になったが、前著に引き続き、今回も古今書院の原光一氏に出版の労を取っていただいた。約束の期日を大幅に過ぎて原稿を送ったにもかかわらず、迅速・確実に対応いただいたことに感謝したい。
　また、十余年にわたる研究所の仕事でたびたび家を空けた筆者を、かげで支えてくれた妻に対しても感謝の気持ちを伝えたい。

　　　　　2015年10月　東大阪の街並みを望む総合社会学部の研究室にて
　　　　　　　　　　　　　　　　　　　　　　　　　　　　戸井田克己

追伸
　拙稿入稿直後の10月30日、恩師・野本寛一先生が国の文化功労者の栄に浴された。そのような折、本書を上梓できたことをことさらうれしく思う。

引用・参考文献一覧

青野壽郎・尾留川正平編（1977）：『日本地誌』（第16巻　中国四国地方総論　鳥取県・島根県）、二宮書店

赤羽正春（2001）：「北方の丸木舟の民俗－東シベリア・アムール川・サハリン・北海道を辿る丸木舟の流れ－」、東北学5、pp.68-79

嵐　嘉一（1974）：『日本赤米考』雄山閣出版

池田哲夫（1988）：「佐渡式イカ釣り具の伝播について」、民具研究73、pp.1-11

石毛直道（1995）：『食の文化地理－舌のフィールドワーク－』（朝日選書）、朝日新聞社

石田　寛（1961）：「農業地域における牧畜」、野間三郎編『生態地理学』朝倉書店、pp.1-75

泉　貴久・梅村松秀・福島和義・池下　誠編（2012）：『社会参画の授業づくり－持続可能な社会にむけて－』古今書院

市川健夫（1978）：『風土の中の衣食住』（東書選書）東京書籍

市川健夫（1981）：『日本の馬と牛』（東書選書）、東京書籍

市川健夫・斎藤　功（1984a）：「ブナ帯文化の構図」、市川健夫・山本正三・斎藤　功編『日本のブナ帯文化』朝倉書店、pp.1-33

市川健夫・斎藤　功（1984b）：「ブナ帯の狩猟と漁撈」、市川健夫・山本正三・斎藤　功編『日本のブナ帯文化』朝倉書店、pp.84-104

市川健夫（1987）：『ブナ帯と日本人』（講談社現代新書）、講談社

市川健夫（研究代表）（1989a）：『対馬海流域の生態地理学的研究－青潮文化の総合地域調査－』（科学研究費補助金研究報告書、1986年度～1988年度）

市川健夫（1989b）：「青潮文化考－南と北からの文化複合－」、地理34-5、pp.17-25

市川健夫・山下脩二（研究代表）（1992）：『リマン海流文化の生態地理学的研究－日

本文化の北方圏からの分析-』(科学研究費補助金研究報告書、1989年度～1991年度)

市川健夫 (1993):「風土発見の旅25－離島に残る青潮文化　山形県飛島-」、地理 38-11、pp.75-81

市川健夫 (1997a):「青潮文化論の提唱」、市川健夫編『青潮文化-日本海をめぐる新文化論-』古今書院、pp.2-12

市川健夫 (1997b):「青潮地域の漁業文化」、市川健夫編『青潮文化-日本海をめぐる新文化論-』古今書院、pp.14-25

市川健夫 (1997c):「リマン海流のもつ特性」、市川健夫編『青潮文化-日本海をめぐる新文化論-』古今書院、pp.86-89

市川健夫・赤坂憲雄 (2001):「インタビュー青潮文化論の可能性-雑種交配する日本海文化-」、東北学5、pp.128-140

市川健夫 (2010):『青潮がはこぶ文化（日本列島の風土と文化1)』第一企画

井上征造・相澤善雄・戸井田克己編 (1999):『新しい地理授業のすすめ方-見方・考え方を育てる-』古今書院

印南敏秀 (1997):「種子島のイワナとセブロを訪ねて」、鹿児島大学民俗学研究室編『西之表市の民俗・民具』西之表市教育委員会、pp.31-40

印南敏秀 (2002):『東和町史　資料編4-石風呂民俗誌　もう一つの入浴文化の系譜-』山口県大島郡東和町

上坂章次編 (1956):『和牛全書』朝倉書店

浮田典良・中村和郎・高橋伸夫監修 (1996):『日本地名大百科』小学館

内村鑑三 (1884):『地人論』(岩波文庫、2011)、岩波書店

浦田明夫・國分英俊 (1999):『対馬の自然-対馬の自然と生きものたち-』杉屋書店

NHKスペシャル「日本人」プロジェクト編 (2001):『日本人はるかな旅　第3巻　海が育てた森の王国』日本放送出版協会

大石圭一 (1987):『昆布の道』第一書房

大西宏治 (2008):「持続可能な開発のための地理教育に関するルツェルン宣言（全訳)」、「新地理」55-3・4、pp.33-38

小川正巳・猪谷富雄 (2008):『赤米の博物誌』大学教育出版

金羊社 (2005):「特集　麦焼酎の故郷　壱岐」、焼酎楽園5、pp.2-13

小泉武栄 (1989):「青潮地域の奇妙な植生-南からのルートと氷期のレリック-」、

地理 34-5、pp.26-33
黒正　巌（1941）:『経済地理学原論』（『黒正巌著作集　第 5 巻　経済地理学の研究』）、大阪経済大学日本経済史研究所（2002）
国立教育政策研究所（2000）:『社会科系教科のカリキュラムの改善に関する研究－諸外国の動向－』
国立教育政策研究所（2004）:『社会科系教科のカリキュラムの改善に関する研究－諸外国の動向－（2）』
こぐれひでこ（2004）:『NHK きょうの料理　こぐれひでこの発見！　郷土食』日本放送出版協会
児玉マリ（1985）:「アイヌ民族の衣服と装飾品」、髙倉新一郎監修・矢島　睿編『北海道の研究　第 7 巻　民俗・民族篇』清文堂、pp.292-330
五島観光連盟：『五島つばき事典』
斉藤政夫（1979）:『和牛入会放牧の研究－近代林野所有史との関連を中心に－』風間書房
阪上弘彬（2012）:「高等学校地理におけるクロス・カリキュラム理論を取り入れた ESD 授業開発」、新地理 60-2、pp.19-31
佐々木高明（1984）:「ナラ林文化」、月刊みんぱく 84、pp.15-17
佐々木高明（1993）:『日本文化の基層を探る－ナラ林文化と照葉樹林文化－』（NHK ブックス）、日本放送出版協会
佐渡康夫（1995）:「いしるの製法と特徴－能登の魚醤－」、石谷孝佑編『魚醤文化フォーラム in 酒田』幸書房、pp.38-43
佐藤洋一郎（2005）:「照葉樹林文化とイネ」、科学 75-4、pp.441-444
鮫嶋安豊（2008）:「種子島の岩穴（ゆあな）」（ワープロ打ち資料）
篠原重則（1994）:「中学校社会科「身近な地域」の授業実態と教師の意識－香川県の場合－」、新地理 42-1、pp.18-32
司馬遼太郎（1978）:『沖縄・先島への道－街道をゆく 6 －』（朝日文庫）、朝日新聞社
島根県教育委員会（1984）:『都道府県別　日本の民俗分布地図集成　第 10 巻』（中国地方の民俗地図　鳥取・島根・岡山・広島・山口）、東洋書林（2003）
島根県の歴史散歩編集委員会編（1995）:『新版　島根県の歴史散歩』山川出版社
小学館（1995）:『食材図典』
白坂　蕃（1989）:「青潮文化と牧畑」、地理 34-5、pp.43-51

白坂　蕃（1997）:「青潮文化としての牧畑」、市川健夫編『青潮文化－日本海をめぐる新文化論－』古今書院、pp.52-71
城田吉六（1977）:『対馬・赤米の村－古代大陸航路と豆酘の秘儀－』葦書房
末広恭雄（1995）:『海の魚』ベースボール・マガジン社
菅　豊（2006）:『川は誰のものか－人と環境の民俗学－』吉川弘文館
菅間誠之助（1984）:『焼酎のはなし』技報堂出版
菅原久春（1995）:「しょっつるの製造と利用－秋田の魚醤油－」、石谷孝佑編『魚醬文化フォーラム in 酒田』幸書房、pp.32-37
千田　稔（2003）:『地名の巨人　吉田東伍－大日本地名辞書の誕生－』（角川選書）、角川書店
高橋春成編（2010）:『日本のシシ垣』古今書院
田尻信一（1995）:「「大航海時代～アジアへの三つの航路～」の実践－「文化交流圏」の視点を取り入れた世界史学習の構想－」、上越社会研究 10、pp.43-55
田尻信市（1998）:「「歴史的思考力」とは何か－「世界史ナショナルスタンダード」等を手がかりにして－」（口頭発表資料）
立河秀作・角田年康（1999）:『たたら』さとやま古代たたら倶楽部
谷本澄泰（1998）:「「歴史的思考力」の発達段階とその指導－R.N.Hallam を事例として－」（口頭発表資料）
田畑久夫（2002）:『木地屋集落－系譜と変遷－』古今書院
田畑久夫（2007）:『鳥居龍蔵のみた日本－日本民族・文化の源流を求めて－』古今書院
中央教育審議会（2008）:『幼稚園、小学校、中学校、高等学校及び特別支援学校の学習指導要領等の改善について（答申）』2008 年 1 月 17 日
土屋武志・鄭　潤任・葉　庭宇:「学力テストに見る歴史的思考力－日本・韓国・台湾の比較－」（口頭発表資料）
出口晶子（2001a）:『丸木舟』法政大学出版局
出口晶子（2001b）:「丸木舟の世界－列島と周辺アジア－」、東北学 5、pp.238-252
鉄の道文化圏推進協議会編（2002）:『鐵の道を往く』山陰中央新聞社
戸井田克己（1996）:「世界史における文化圏学習と風土－ヨーロッパ中心史観の克服と地理の役割－」、歴史学と歴史教育 51、pp.1-13
戸井田克己（1997）:「フィールド・ワーク指導のコツと急所」、寺本　潔・井田仁康・

田部俊充・戸井田克己『地理の教え方』古今書院、pp.113-124

戸井田克己（1999a）:「地理的見方・考え方の基礎的考察」、井上征造・相澤善雄・戸井田克己編『新しい地理授業のすすめ方－見方・考え方を育てる－』古今書院、pp.8-23

戸井田克己（1999b）:「気候の見方・考え方」、井上征造・相澤善雄・戸井田克己編『新しい地理授業のすすめ方－見方・考え方を育てる－』古今書院、pp.24-33

戸井田克己（2000）:「わたしの授業ノート－「地理歴史科教育法」地理分野（2）－」、教育論叢 11-2、pp.53-73

戸井田克己（2004a）:「歴史的思考力の基礎概念としての地理的見方・考え方」、社会科教育研究 91、pp.22-33

戸井田克己（2004b）:「奥出雲のタタラ製鉄をめぐる民俗連鎖－雲州そろばんへの波及とその消長を中心に－」、民俗文化 16、pp.133-205

戸井田克己（2005a）:『日本の内なる国際化－日系ニューカマーとわたしたち－』古今書院

戸井田克己（2005b）:「青潮の民俗－五島列島・福江島の生業と生活－」、民俗文化 17、pp.131-189

戸井田克己（2006a）:「地理的見方・考え方」、日本地理教育学会編『地理教育用語技能事典』帝国書院、p.140

戸井田克己（2006b）:「飛島の民俗－青潮に漁る人々－」、民俗文化 18、pp.179-236

戸井田克己（2007a）:「フィールドワーク指導の課題」、小林浩二編『実践 地理教育の課題－魅力ある授業をめざして－』ナカニシヤ出版、pp.222-236

戸井田克己（2007b）:「江差・奥尻民俗紀行－「青潮」と「白潮」の出会う海域－」、民俗文化 19、pp.201-272

戸井田克己（2007c）:「わたしと民俗学－宮田登先生・野本寛一先生の思い出を交えて」、近畿大学教育論叢 19-1、pp.1-30

戸井田克己（2008）:「対馬の暮らしと民俗－朝鮮につづく青潮の島－」、民俗文化 20、pp.103-180

戸井田克己（2009）:「屋久・種子の自然と民俗－青潮生まれる海域の瀬風呂と赤米神事を中心に－」、民俗文化 21、pp.143-218

戸井田克己（2010）:「八重山民俗紀行－黒潮生まれる海域の人と風俗－」、民俗文化 22、pp.141-257

戸井田克己（2011a）:「隠岐の自然と生業－牧畑のその後を中心に－」、民俗文化 23、pp.109-171

戸井田克己（2011b）:「壱岐の焼酎」、近畿大学総合社会学部紀要 1-1、pp.3-21

戸井田克己（2012a）:「地理的な見方や考え方」、日本社会科教育学会編『新版　社会科教育事典』ぎょうせい、pp.98-99

戸井田克己（2012b）:「高校地理カリキュラムの方向性を考える」、E-journal GEO 7-1、pp.19-26

TOIDA Katsuki, YOSHIMIZU Hiroya and IWAMOTO Hiromi（2012c）: "Trends in Japan's Geography Education : Focusing on the 1980s to the present" Japanese Journal of Human Geography（「人文地理」）, 64-6, pp.45-67, p.93

戸井田克己（2014）:「聞き書き　竹島の記憶」、近畿大学総合社会学部紀要 3-2、pp.1-16

徳川宗賢（1979）:「たこ（凧）－17世紀以降の言葉－」、徳川宗賢編『日本の方言地図』（中公新書）、中央公論社、pp.166-170

徳安浩明（2011）:「19世紀における伯耆国日野川流域の鉄穴流しにともなう水害と対応」、人文地理 63-5、pp.1-21

冨所隆治（1998）:『アメリカの歴史教科書－全米基準の価値体系とは何か－』明治図書

鳥越皓之編（1994）:『試みとしての環境民俗学－琵琶湖のフィールドから－』雄山閣

長井政太郎（1982）:『飛島誌』国書刊行会

中尾佐助（1966）:『栽培植物と農耕の起源』（岩波新書）、岩波書店

永田成文（2010）:「ESDの視点を導入した地理教育の授業構成－オーストラリアNSW州中等地理を事例として－」、社会科教育研究 109、pp.28-40

中村和郎（1997）:「地理的な見方・考え方を大切にする」、地理 42-1、pp.43-47

中山修一（1991）:『地理にめざめたアメリカ－全米地理教育復興運動－』古今書院

中山修一・和田文雄・高田準一郎（2012）:「持続発展教育（ESD）としての地理教育」、E-journal GEO 7-1、pp.57-64

西ノ島町編（1995）:『隠岐　西ノ島の今昔』島根県隠岐郡西ノ島町

日本地理教育学会編（2012）:「特集　新学習指導要領と「地理」のストラテジー」、新地理 60-1、pp.1-93

日本離島センター編（1998）:『SHIMADAS』日本離島センター

野間重光・中野元編著（2003）:『しょうちゅう業界の未来戦略－アジアの中の本格焼酎－』ミネルヴァ書房

野間晴雄（2009）:『低地の歴史生態システム－日本の比較稲作社会論－』関西大学出版部

野間晴雄（2011）:「北前船を俯瞰する－点と線の残像－」、石川自治と教育655、pp.16-31

野本寛一（1987）:『生態民俗学序説』白水社

野本寛一（1996）:「隠岐島牧畑民俗素描」、民俗文化8、pp.111-150

野本寛一（2012）:『自然と共に生きる作法－水窪からの発信－』静岡新聞社

野本寛一・赤坂憲雄編（2013）:『暮らしの伝承知を探る』玉川大学出版部

萩尾俊章（2004）:『泡盛の文化誌－沖縄の酒をめぐる歴史と民俗－』ボーダーインク

波多野完治編（1965）:『ピアジェの発達心理学』国土社

早川孝太郎（1925）:『羽後飛島図誌』（『早川孝太郎全集 第9巻』、1976）、未来社

原田智仁（1990）:「文化交流圏としてのサハラ－新しい世界史学習の構想－」、社会科教育研究62、pp.63-71

原田智仁（1997）:「小中高一貫の歴史カリキュラム論－歴史的思考力の育成の視点から－」、社会科教育447、pp.50-55

東恩納寛惇（1934）:「泡盛雑考」、『東恩納寛惇全集』第3巻（1979）、第一書房所収、pp.323-350

平岡昭利（2000）:「急激な高齢化に悩む日本海の島 酒田市飛島」、平岡昭利編『東北 地図で読む百年』古今書院、pp.127-130

藤本 強（2002）:「ボカシの地域とは何か」、赤坂憲雄ほか編『いくつもの日本Ⅰ－日本を問いなおす－』岩波書店、pp.63-87

藤原建紀（2010）:「内湾の貧酸素化と青潮」、沿岸海洋研究48-1、pp.3-15

船下智宏（1995）:「魚醤油「いしり」の活用法」、石谷孝佑編『魚醤文化フォーラムin 酒田』幸書房、pp.44-51

ブラーシュ・P（1922）:『人文地理学原理』（飯塚浩二訳、岩波文庫（上・下）、1940）、岩波書店

古厩忠夫（1997）:『裏日本－近代日本を問いなおす－』（岩波新書）、岩波書店

辺見じゅん（1982）:「海からの贈り物－食の民話－」、第二アートセンター編『ふるさと日本の味 第1巻 北海道豊穣の味－道南・道東・道北－』集英社、

pp.125-128
北海道口承文芸研究会編（1989）:『北海道話　道南編』中田出版
本間又右衛門（1995）:「飛島の塩辛とタレのルーツ」、石谷孝佑編『魚醤文化フォーラム in 酒田』幸書房、pp.28-31
松下幸子（1991）:『祝いの食文化』東京美術
松山利夫（1986）:『山村の文化地理学的研究』古今書院
三国十次郎（1969）:『奥尻町史』奥尻町
三橋時雄（1969）:『隠岐牧畑の歴史的研究』ミネルヴァ書房
南種子町郷土誌編纂委員会編（1987）:『南種子町郷土誌』南種子町
宮崎正勝（1992）:「世界史教育における「文化圏」について」、社会科教育研究 66、pp.55-70
宮本常一（1930）:「石風呂」、旅と伝説 3-7
宮本常一（1960）:『忘れられた日本人』（岩波文庫、1984）、岩波書店
宮本常一（1964）:『海に生きる人びと』未来社
宮本常一（1979）:『塩の道』（講談社学術文庫、1985）、講談社
宮本倫彦著・松村勝治郎編（1934）:『島と漁民－漁村社会経済調査－』協調会
宮脇　昭（2005）:『この人この世界－日本一多くの木を植えた男－』日本放送出版協会
文部省（1979）:『高等学校学習指導要領解説　社会編』一橋出版
文部省（1999）:『高等学校学習指導要領解説　地理歴史編』実教出版
文部科学省（2008）:『中学校学習指導要領解説　社会編』日本文教出版
文部科学省（2009）:『高等学校学習指導要領』2009 年 3 月 29 日公示
文部科学省（2010）:『高等学校学習指導要領解説　地理歴史編』教育出版
屋嘉比　収（2005）:「沖縄のアイデンティティと「沖縄文化」の発見－沖縄学、日本民俗学、民芸運動の交流－」、豊見山和行・高良倉吉編『琉球・沖縄と海上の道』吉川弘文館、pp.215-230
安田喜憲（1992）:『日本の風土』朝倉書店
柳田國男（1921）:「阿遅摩佐の島」、『海南小記』（1925）所収（『柳田國男全集Ⅰ』ちくま文庫、1989）、ちくま書房
柳田國男（1930）:『蝸牛考』（岩波文庫、1980）、岩波書店
柳田國男監修（1951）:『民俗学事典』東京堂出版

柳田國男（1961）:『海上の道』（岩波文庫、1978）、岩波書店
山　泰幸・川田牧人・古川　彰編（2008）:『環境民俗学－新しいフィールド学へ－』昭和堂
山内登貴夫（1975）:『和鋼風土記』（角川選書）、角川書店
山内道雄（2007）:『離島発　生き残るための10の戦略』日本放送出版協会
山川出版社（1996）:『詳説世界史』（平成元年版学習指導要領準拠）
山川出版社（2002）:『詳説世界史』（平成11年版学習指導要領準拠）
山下脩二（1989）:「イカ漁にみる青潮文化」、地理34-5、pp.34-42
山下脩二（1997）:「イカ漁にみる青潮文化」、市川健夫編『青潮文化－日本海をめぐる新文化論－』古今書院、pp.26-39
吉田東伍（1904）:『大日本地名辞書』増補版（第3巻　中国・四国）、（冨山房、1970）
ラッツェル・F（1891）:『人類地理学』（由比濱省吾訳、2006）、古今書院
和鋼博物館編（2001）:『和鋼博物館総合案内』和鋼博物館
渡部忠世（1993）:『稲の大地－「稲の道」からみる日本の文化－』小学館

索　引

ア

アイガキ　129, 130
Iターン　142
アイヌ　99, 235, 282, 283, 284, 286, 287, 288, 289, 293
アイヌネギ　99
青潮　1, 65, 87, 113, 201, 235, 295
青潮海域　5, 72, 78, 86, 88, 113, 201, 235
青潮岳　65, 265
青潮の里　66
青潮文化　1, 5, 74, 80, 111, 121, 271, 295
青潮文化論　2, 65, 78, 85, 295
粟生島　245
アオリイカ　156
赤イカ　156
赤米　201, 203, 228
赤米神事　201, 206
赤潮　67, 297
アカバチ　117
赤羽正春　284
アキアジ　288
秋田　88, 133, 161, 241, 286
秋船　161, 162
アキヤマ（空山）　124
赤目砂鉄　194
アジア太平洋地域との連続性　299, 300
アジア大陸　77, 299

アシカ　106, 296
小豆山　124
アダン　93
アッサム　82, 295
『吾妻鏡』　122, 123
後祝い　210
姉吉地区　12
アマ（海人）　268
海女　81, 268, 269
雨乞い　222
海士町　134, 142, 148
奄美大島　80, 93, 259
余目　161, 164
荒生　262
嵐　嘉一　202
荒巻　288
新巻鮭　287
アルコール発酵　247, 249
阿連　114, 118, 119
粟島　65, 72, 122, 150, 245, 268
アワビ（鮑）　102, 104, 133, 158
粟稗山　124
泡盛　246, 250, 252, 256, 265
泡盛菌　251
餡入り団子　97

イ

ESD　307, 309

イカ　104, 153, 156, 235, 239, 245
いか飾り　104
イカ神社　104
イカ釣り三具　158
イカナゴ醤油　243
イカの塩辛　160, 162, 240, 241
イカ寄せの浜　153, 154
イカ漁　153
壱岐七蔵　263
壱岐焼酎　249, 254, 260
生きる知恵　298
生きる力　13, 61, 63, 312
いざなぎ牧場　144
石垣島　93, 98
石焼いも　270
石焼文化　268, 270
石焼料理　268, 269, 270
衣食住　2, 111, 235, 297
イシリ（イシル）　160, 239, 240, 243, 245
イシリの貝焼き　240, 242
伊豆七島　71, 91, 156
出雲国　168, 184
イタコ　283
市川健夫　2, 65, 68, 75, 77, 84, 85, 101, 292, 296
1次醪　251, 253, 259, 263
一姐両収　228
厳原　114, 119, 204, 269
一般地理　25
絲原記念館　188
絲原家　174, 187
イナウ（木幣）　283
稲作文化　82, 295, 297
稲魂　216
稲穂岬　99, 283
犬吠埼　69, 79
亥の子　120

亥の刻　210
忌竹　207
いも焼酎　252, 255, 265
鋳物鉄　180
入会慣行　134, 192
西表島　93, 96, 97
入波平酒造　251
海豚瀬　107
祝島　122
岩穴　277, 279, 280
岩穴上がり　280
岩穴焚き　277, 279
岩穴ボッタアア　280
インディカ種　225, 257

ウ

ウィスキー　247, 267
上山春平　83
魚付林　102
ウガヤフキアエズノミコト　211
浮稲　226
潮ラーメン　239
氏子総代　217, 220, 222
牛競り　145
牛突き　123
丑の刻　209, 210
臼起こし　221
内村鑑三　4
宇宙船地球号　21
うちわ　94, 95
ウニ　104
ウライ　287
裏日本　77, 78
裏村下　181, 184
雲南三郡　169
雲南省　82, 201

索 引

エ

A科目　17, 21
永代タタラ　172
栄養塩類　100
江差　101
演繹的な手法　19
沿海州　73, 78, 81, 109, 284, 292, 295, 299
塩蔵　160, 235, 245, 288

オ

オイネ（御稲）　213, 215
大鍛冶場　170, 174, 180, 194
大島　72
大テボ　116, 117
大野亀　98, 106
オオハマボウ　96
大舟　176, 177, 178
大麦　126, 150, 249, 253, 256, 259, 260
男鹿半島　72, 80, 268, 287
陸稲　203, 219, 224, 225, 226, 228
隠岐　65, 72, 104, 106, 121, 122, 124, 127, 131, 133, 142, 144, 145, 147, 150, 153, 286, 296, 305
隠岐牛　147, 148, 149
隠岐潮風ファーム　138, 147, 148, 149
沖縄県酒造協同組合　257
奥出雲　8, 168, 170, 172, 183, 189, 191, 195
奥出雲御三家　174, 187
奥出雲たたらと刀剣館　183
奥尻島　8, 72, 99, 102, 104, 283, 291
小椋木地師　186
渡島半島　101, 291
オセマチ（御畦）　213, 217, 219, 223, 224, 228, 229
オタ（御田）　211, 213, 215, 217, 219
御田植歌　217, 218
御田植の儀　217, 222
御田植舞　218, 219, 224, 228, 229
御田植祭　213, 219, 220, 222, 223
御田の森　213, 214, 215, 216, 218, 219, 229
お吊りまし　207, 210
小野宮惟喬親王　186
オブキ　209
オブキゲ　209
オホーツク海　69, 79, 107, 283
お守り申す　210
御神酒　207, 208, 219, 222, 248
表日本　77
表村下　181, 184
オヤカタ　187
親潮　65, 68, 69, 79, 88, 100, 104
オリカワ　94
温帯ジャポニカ　227, 228, 232

カ

海溝　71
『海上の道』　69
改正教育基本法　12, 13, 17, 45
外帯　194
カイチ（垣内、廻中）　127
『海南小記』　94
回遊　104, 107, 153
海洋深層水　236, 237
海洋文化論　86
カガミ　119
鏡餅　209, 230
垣　124, 128, 140, 151
学習指導要領　12, 16, 20, 23, 26, 27, 28, 31, 34, 35, 43, 46, 51, 56, 306
学習指導要領解説　17, 23, 306, 307
角餅　72
角炉　183
カゴ　119

花崗岩 194
鍛冶屋 170, 181
粕三平 292
粕取り焼酎 248, 262, 263
風待ち港 72, 133
家畜市 188, 193
華中 77, 78, 111
学校教育 2, 10, 12, 13, 312
桂の木 184, 185
家庭教育 13
金屋子神 174, 175, 184, 186
金屋子祭り 186
華南 81, 111
カヌー 271
鋼造り 170, 174, 179, 181
カネテン（玉鋼） 180
カブト釜 262
華北 78
釜 175, 176, 177, 178, 183, 191, 208
ガマオイジョー 224
カラセゼ 262
樺太（サハリン） 69, 78, 80, 81, 104, 165, 167, 284, 292
刈り穂 222, 229
川崎船 167
川砂鉄 175
川村瑞賢 133
かわりばんこ 179
環境決定論 62
環境難民 35, 38
環境変化 35, 36, 37, 38, 74
環境民俗学 5, 6, 7, 12
環境論 3, 6
乾蔵 160, 235, 289
神田 204, 206, 207, 211, 224, 228, 229
神田川 204, 227
カンツバキ（寒椿） 89

広東省 97
鉄穴流し 175, 189, 190, 194
環日本海文化論 78, 296, 311
乾留 174

キ

菊面石 215
黄麹 250, 251, 256, 262, 265, 305
象潟 92
木地師 87, 186
木次線 188, 194
基層文化 81, 84, 89, 297
北赤道海流 271
北の魚 103
北の魚つきの森 102
北前船 133, 181, 245, 286
北回りルート 226
キド 128
帰納的な情報処理 18
旧式焼酎 249
教育基本法 9, 12, 13, 17, 45, 61
教育職員免許法 25
教育の目標 11, 13, 45, 61
教科書 8, 19, 28, 33, 35, 37, 51, 56, 58
ギョウジャニンニク 99
行商 160, 161, 164, 166, 305
郷土 2, 11, 12, 13, 21, 44, 45, 58, 61, 268, 280, 290
郷土学習 46
京都学派 85
郷土スケール 22
極東風 69, 292
魚醤 2, 81, 160, 235, 236, 237, 238, 239, 243, 244, 245, 297, 305
去勢 146
木呂管 178
金華山 69, 79

禁忌　206, 207
近現代史　21, 24, 39

ク

クエン酸　251
茎永　201, 211, 213, 222, 226, 228, 230, 277
茎永小学校　214
クサヤ　243
九十九里町　99
クナヤマ（空無山）　125
クバ　93, 95
球磨川　255
球磨焼酎　254, 255, 261, 263
クマバチ　117
蔵元　248, 255, 257, 259, 263, 264
刳船　284
黒麹　250, 251, 256, 257, 263, 265, 266
黒潮　1, 65, 68, 69, 73, 78, 80, 89, 156, 194, 218, 227, 244, 246, 270, 271, 282, 296
黒潮文化論　78, 296
大炭　175
クロマツ　276

ケ

形式陶冶　45, 60
慶長の検地　122
芸備線　194
夏至　206
ゲットウ（月桃）　97, 220, 222, 280
ケッペン　93, 101, 201
鉧　170, 178, 179, 180, 181
鉧押し法　172
鉧塊　179, 180
鉧出し　179, 180
ゲルマン民族の大移動　37, 39
玄海酒造　264
剣先イカ　156

現代の諸課題　20, 21

コ

耕耘機　188, 192, 207
公共牧野　134, 139, 141, 144, 145, 147
子牛　134, 143, 145, 146, 147, 149
麹菌　250, 264
麹室　263
降神の儀　216
降雪　71, 87, 196, 197, 296
江の川　194
神戸牛　147
高麗きじ　110
「高麗」を名に冠した植物　102
交流圏　34, 36, 37, 296
五右衛門風呂　272
郡山八幡神社　254
小鍛冶　170, 181
粉鉄七里に炭三里　191
小金町　175
国際化の進展　47, 50, 51
国際地理学連合（IGU）　307, 309
穀醤　2, 235
黒正　巌　3, 6
国泉泡盛　258
黒糖　249, 254, 259, 260, 276
黒糖焼酎　255, 259
古事記　24, 169, 198
甑島　65, 93, 265
小島　72
古酒　252, 261
御神体　205, 208, 209, 210
小袖海岸　269
古代米　201, 202
国家・国土スケール　22
五島（五島列島）　89, 91, 104, 153, 156, 159

五島うどん　91
五島スルメ　156
五島つばき祭　90
後鳥羽上皇　123
コバ　93, 95
御幣　221, 283
コメガキ　128
米倉　170
米麹　242, 250, 259, 260, 263, 265, 291
米焼酎　252, 256, 262
米どころ　71, 79, 189
米の調理法（炊き方）　231
コモ船　133
コロ　179
混成酒類　248
コンブ（昆布）　100, 102, 104, 133, 158, 291
昆布干し　101
根粒菌　126

サ

西郷　122, 133
済州島　109, 149
祭壇　214, 216
斎藤　功　84, 86
斉藤三平　291
CiNii　80
境港　133, 181
酒田　70, 72, 93, 98, 133, 161, 163, 238
さかた海鮮市場　238
さきいか　156
先島諸島　96
サキシマスオウノキ　95
崎元酒造所　253
桜井家　174, 188
サケ　83, 84, 99, 102, 103, 287, 288, 289, 290, 291, 292
酒粕　99, 248, 262, 265

鮭の酒びたし　289
鮭の塩引き　289
佐々木高明　82, 83, 84
笹竹　216
サザンカ（山茶花）　89
刺身文化　289
雑灌木　141, 142
五月船　160, 161, 162, 163, 166, 305
さつまいも　249, 253, 255, 260, 279
薩摩焼酎　254, 261, 265
薩摩川内　265
薩摩藩　259
砂鉄　170, 172, 175, 176, 177, 178, 181, 184, 189, 191, 194
佐渡（佐渡島）　72, 98, 104, 107, 153, 155, 158, 286
さとうきび　259, 260
佐藤洋一郎　227
サナブリ（早苗饗）　248
早苗饗焼酎　248
サバニ　96
ザブトン型　35
サワ（沢）　283
山　陰　70, 78, 87, 186, 189, 194, 196, 287, 292, 296
山陰線　188
三角棚　264
山居倉庫　238
サンゴ石　215
三江線　194
山内　170, 173, 174, 181, 186
山内生活伝承館　171
三内丸山　84
三平皿　291
三平汁　290, 291
三圃式農法　124, 150

シ

仕上槌　180
GeNii　75
JA隠岐どうぜん　138, 139, 140, 146
塩辛　160, 162, 235, 236, 238, 239, 240, 241, 242, 243, 244, 245, 305
潮七日　272
潮風呂　272
潮待ち港　72
市花　89, 98, 99
自然環境　3, 5, 6, 20, 34, 35, 39, 62, 79, 87, 255, 302, 312
自然と人間の相互作用　2, 6, 22, 62, 304, 312
自然本位論　3
持続可能な開発　307
持続発展教育　307
私大入試　15
市町村規模の地域　51, 56, 57
実質陶冶　46
磁鉄鉱　194
地蜂　121
シベリア気団　71
島津家　256
島のラーメン　99
注連飾り　221
注連縄　207, 222, 224
地元紹介　58
下中八幡神社　223
焼酒　246
社会科化　46
社会科再編　14
社会教育　10, 13
社人　214, 217, 220, 222, 223
社人爺さん　215
シャニンの葉　220, 222, 280
社人夫婦　218
ジャバニカ種　226
ジャポニカ種　203, 225
シャモ（和人）　288
ジャワ島　226
シュエー（潮井）　215, 221, 223
酒税法　248, 249, 250, 257, 260, 262
主題追究学習　30
酒団法　250
シュロ　93
春潮　66
生涯教育　13, 308
ショウケ　208
精進潔斎　207
醸造酒　246, 247, 305
醸造酒類　248
焼酎　65, 215, 220, 221, 235, 246, 280, 297, 305
焼酎乙類　249
焼酎甲類　249
焼酎ブーム　258, 259, 261, 263
常畑　127
ショウブ　280
縄文海進　73
縄文人　83, 282
縄文文化　82
照葉樹林文化　81, 82, 84, 86, 89
照葉樹林文化論　81, 83, 295, 297, 311
蒸留　252
蒸留酒　246, 247, 253, 256, 260, 265, 305
蒸留酒類　248
蒸留塔　249
初期社会科　23
食文化複合　230
諸地域世界　34
ジョッカル　243

336 索　引

ショッツル　237, 241, 243, 245, 305
ショッツル鍋　242
白神岬　101
白潮　78, 79, 85, 111, 292, 296, 311
知床半島　107
代掻き　170, 188
白麹　250, 256, 266
白米　202, 203, 217, 219, 223, 228
think globally, act locally　22
新式焼酎　249
神饌　219, 231
薪炭材　128
神仏混淆　204, 213
新本　201
人類史　24

ス

吹送流　69
水田稲作　81, 82
水稲　82, 219, 224, 225, 228
水陸未分化の米　219, 228
菅谷たたら　170, 172, 174, 175, 179, 186
菅原道真　248
犂　170
銑押し法　172
銑鉄　172, 180, 194
スズメバチ　116, 117, 120
炭窯　174
炭小屋　170
炭坂　181, 184
炭焚き　177, 182
炭町　175
炭焼き　174
スムシ　118
スルメ　158, 160, 235
スルメイカ　104, 153, 156, 159
スルメにする　156, 160

巣分かれ　116
巣分け　116
巣をホル　119

セ

生活の知恵　11, 298, 304
生活文化　2, 22, 82, 89, 110, 150, 268, 282, 284, 297, 299, 305, 312
製麹　250, 263
清酒　246, 247, 250, 251, 256, 262, 265, 305
生態民俗学　5, 6
『生態民俗学序説』　5
青潮短歌会　66, 77
西南日本内帯　194
セイヨウミツバチ　119
世界史ナショナルスタンダード　29
世界スケール　22
世界貿易機関（WTO）　254
積雪　71, 87, 88, 89, 170, 196, 296
赤飯　202
瀬風呂　271, 272, 273, 274, 276, 280, 281
瀬風呂上がり　273, 274
瀬風呂もらい　274
尖閣諸島　300
千石船　133, 181
浅堆　71
千田　稔　33
船通山　169, 192, 194

ソ

相関論　3, 6
雑煮　72, 291
宗谷海峡　69, 79, 104, 107
草履　93, 94
ソクマタ　158
そば焼酎　252, 254, 259

タ

大学入試　15
大工　87, 254
体験学習　214, 217
大豆山　124
大山　196
大唐米　203
台風銀座　98
太平洋　65, 68, 69, 71, 77, 79, 88, 99, 104, 156, 194, 284, 287, 299
タイ米　257
台湾　81, 93, 94, 95, 96, 108, 226, 284, 300
田植え　161, 207, 210, 214, 215, 223, 227, 248, 274
田植え祝い　162
高殿　172, 173, 175, 176, 179, 181, 183, 184
炊干し法　231
多久頭魂神社　207, 228, 229, 231
焼火神社　134
竹島　106, 296, 300
タコ　154
タゴ　208
タタラ　170, 197
タタラ師　175, 184, 194
タタラ製鉄　170, 173, 174, 175, 182, 184, 189, 191, 194, 196
タタラ場　174, 184, 188, 191, 194
タタラ吹き　170, 172, 174, 176, 181, 183, 190, 191, 194, 196
タナ　129
棚田　170, 189
田部家　174, 181, 182, 188
タニ（谷）　283
種下し　210
種子島　96, 97, 122, 201, 211, 218, 226, 227, 228, 229, 270, 271, 273, 276, 277, 282, 284

たねがしま赤米館　219, 222
種鋤　177
種付け　188, 264
種子蒔き祭　222
種籾　203, 207, 210, 211, 215, 222, 223, 227
田の神　207, 216, 221, 248
田のクワ入れ　221
田畑久夫　3, 88
タブノキ　92, 98
玉シダ　216, 223
玉の浦　91
玉鋼　180, 183
玉依姫　211, 213, 218
タラ　107
タレ（魚醬）　237, 239
タロイモ　270
檀家　162, 166
ダンサン　173
単式蒸留焼酎　249
だんつけもち　121
ダンナ　187

チ

地域・空間の大きさ　21
地域調査　18, 43, 44, 57, 59, 306
チイナビキ　221
チカルカルベ　290
築炉　172, 198
千島　107
地人一体論　3
『地人論』　4
地図帳　18, 19
地図の活用　32
チタン鉄鉱　194
知夫村　134, 146, 148
知夫里島　134, 145, 148
チャ（茶）　89, 101

チャシ 288
チャンプルー 93
中央教育審議会 26
中央教育審議会答申 13
中央ルート 226
中国山地 122, 168, 170, 184, 191, 194
中国本土 1, 78, 110, 297, 301
中世ヨーロッパ 4, 24, 124
町花 89, 99
調合瓶詰め 252
調査・研究の方法 47
チョウセンイタチ 108
朝鮮通信使 121
朝鮮半島 1, 73, 77, 78, 81, 85, 89, 103, 108, 109, 110, 121, 149, 201, 203, 226, 227, 243, 261, 265, 296, 297, 299, 300
「朝鮮」を名に冠した植物 102
調味料 160, 235, 238, 240, 241, 242
長粒米 232
貯蔵熟成 252
地理化 46
地理学 5, 11, 27, 35, 43, 44, 58, 62, 308, 313
地理カリキュラム 8, 12, 13, 16, 18, 19
地理基礎 23, 24, 26
地理教育 1, 8, 9, 11, 13, 19, 21, 23, 27, 39, 43, 44, 47, 61, 63, 295, 304, 307, 308, 312
地理教育学 2, 5, 295, 311, 313
地理教育の一貫性 45
地理教育の目的 21
地理情報の活用 32
地理総合 26, 62
地理的技能 26, 32, 306
地理的条件 20, 27, 31, 35, 62
地理的な諸課題 16, 18, 306
地理的な見方や考え方（地理的見方・考え方） 16, 23, 31, 32, 33, 35, 39, 45, 47, 306
地理的表示の産地 254, 255, 258

地理履修者 14, 27
地理歴史科 14, 15, 19, 23, 24, 26, 50
地歴総合 23, 24
鎮守の森 92
珍島 109

ツ

津軽海峡 69, 79
筑波大学グループ 85
対馬 8, 65, 72, 103, 108, 109, 110, 113, 120, 122, 149, 201, 203, 227, 228, 231, 265, 268, 270, 297
対馬海峡 1, 110, 296
対馬海流（対馬暖流） 1, 65, 66, 71, 77, 78, 79, 85, 104, 111, 227, 245, 296, 311
対馬藩日記 121
対馬野生生物保護センター 108
土町 175
豆酘 201, 203, 206, 210, 227, 228
ツト 216
ツノ 156, 157
ツバキ 83, 89, 276
椿油 91
ツボ 119
ツリカワ 94
つるべ（釣瓶） 94, 95

テ

蹄鉄 170
天売島 72
出稼ぎ 87, 166, 167
テコ 179
鉄池 179
鉄蔵 181
鉄師 173, 174, 175, 182, 184, 187, 189, 191
鉄の歴史村 171
鉄砲風呂 272, 274

索　引　339

テボ　116
寺田　204, 205, 206, 207, 208, 209, 227, 228, 229
寺田様頭受けの神事　206
寺田様の餅つき　208, 209
田楽　217
天水田　219, 227, 228
天道祭祀　205
天道信仰　203
伝統と文化　11, 12, 13
天道法師　203, 227
天秤輀　178, 186

ト

東亜半月弧　82, 86, 295
頭受け神事　208, 209
東京学芸大学グループ　77
島後　122, 131, 132, 133, 148
島前　104, 131, 132, 133, 134, 143, 146, 151
島内一貫生産　149
頭仲間　206, 207, 208, 209
東南アジア　86, 89, 201, 218, 226, 227, 229, 243, 245, 256
頭主　207, 208
銅場　170, 174, 180
東北地方太平洋沖地震　12
糖蜜　253
斗瓶酒　208
徳川宗賢　159
トコ　129
年男　220
年取り魚　287, 288
ドツォ　281
海驢島　106, 107
トド塚　106
飛魚のつゆ　239
飛島　65, 72, 92, 98, 99, 107, 153, 159, 160, 161, 164, 166, 235, 236, 238, 239, 241, 243, 245, 270, 305
トビシマカンゾウ　98
飛島小学校　164
トビシマシンジョウ　161
トビシマタナゴ　161
飛島の塩辛　235, 236, 238, 241, 243, 244
土用　237
渡来民　218
トラフ　71
ドラム式製麹機　263
鳥居龍蔵　3, 303
鳥上村　187, 192
鳥上木炭銑工場　182, 183, 184
鳥上山　169, 199
TRIPS 協定　254
トルティーヤ　232
トンボ　157

ナ

内帯　194
内容知　18
内容の精選　34
直会　210, 219, 220, 224
長井政太郎　74, 165
中尾佐助　81, 82, 83, 84, 85
仲買人　146, 147
中ノ島　123, 134, 142, 146, 148
海鼠　133
ナラ林帯　83, 84
ナラ林文化　81, 83, 84, 85
ナラ林文化論　83, 84, 295, 297, 311
南京小僧　165
南京袋　165
南西諸島　156, 226, 229, 284
南東季節風（南東モンスーン）　70, 88
南島研究　300

ニ

『南島雑話』 259
新潟 68, 70, 72, 99, 104, 107, 122, 133, 150, 155, 159, 181, 245, 268, 286, 289
にぎり飯 219, 220, 223, 231
肉用牛 142, 143, 144, 148
濁酒 208, 266
西ノ島 122, 134, 139, 143, 144, 146, 153
西ノ島町 134, 140, 143, 145, 148
西回り航路 72, 133, 245
2次醪 252, 253, 259, 263
ニシン 102, 107, 167, 291
仁多町 169
仁多米 189
2段階製造法 253, 256
2段仕込み 253, 257, 263
日刀保たたら 182, 183
日本海 1, 68, 71, 72, 73, 79, 85, 87, 104, 153, 156, 163, 169, 239, 245, 286, 292
日本海航路 133
日本海文化 80
日本海ラーメン 239
日本海流 77, 296
日本国民 16, 17, 20
日本酒 246, 247, 305
日本書紀 120, 228
日本食肉格付協会 148
二本ヅノ 157
日本の伝統文化 2, 62
日本文化の合理性 299, 301, 303
ニホンミツバチ 113, 121
ニョクマム 243
人間本位論 3, 4

ネ

ネズミ藻 207, 210

熱帯雨林気候 93
熱帯ジャポニカ 227
年々畑 127, 128, 129

ノ

芒 207, 228
野シバ 142, 144, 149
野ダタラ 172, 176, 186
能登半島 72, 242
野間晴雄 7, 286
野本寛一 5, 122, 302
祝詞 187, 216
ノロ 178, 179, 180

ハ

π型 35
配合飼料 149
延縄 156
バカイカ 156
ハガネ（刃金） 180
白山丸 72
伯備線 194
白米 256
博労 188, 193
バケツ 94, 119
箸 231
橋本武子 66
ハタハタ 242
ハチドウ（蜂洞） 113, 114, 115, 116, 118, 119, 120
蜂の巣分け 116
発酵 235, 237, 240, 247, 249, 250, 251, 252, 253, 259, 263
初種 177, 183
発泡性酒類 248
初穂米 208
初水迎え 220

花酒　252, 257
初垂れ　252
バナナの葉　270, 280
浜砂鉄　175, 194
ハマナス　99
バラモン凧　159
春船　161, 162
晴れ頭　208, 209, 210
パン　232
半夏生（半夏）　193, 207, 227
番子　178
板根　96
繁殖牛　144, 149
繁殖農家　146, 149

ヒ

ピアジェ学派　29
B科目　17, 21
斐伊川　169, 181, 187
肥育牛　149
肥育農家　145, 147
ビール　147, 247
ビール瓶　237, 238
東シナ海　68, 81, 104, 265, 286
東回り航路　72
柄杓　94, 221
日立金属安来工場　183, 184, 198
一代　172, 175, 177, 178, 191
人吉盆地　255
避難港　72, 133
斐乃上温泉　187
火鋼　179
火防木　93
日風呂　272
ヒマラヤ　81, 83, 108, 281
百花蜜　119
肥料還元　125

蒜山高原　192
ビロウ　93
ヒンドゥー文化　82

フ

フィールドサーヴェイ　2, 5, 6
フィールドワーク　3, 26, 30, 43, 44, 46, 50,
　　　51, 56, 58, 59
鞴　178, 179
風選　229
ブータン　81, 281, 282
風土　34, 35, 67, 89, 191, 246, 265, 311
フェーン　88, 189
フェーン現象　70, 88
福江島　89, 91, 159
フクギ（福木）　98
福祭門　221
福島第一原子力発電所　12, 302
藤岡謙二郎　7
婦人消防団　93
福建省　97, 201
ブナ　83, 85, 88, 92, 101, 102
ブナ科植物　85, 88, 196
舟田　213, 218, 219, 228
ブナ帯　84, 85
ブナ帯文化　84, 85
ブラーシュ　3
プランクトン　68, 100
フランシスコ・ザビエル　254
ブランデー　247, 267
ブランド焼酎　254, 255, 258, 261, 263, 264
ブランド牛　148
文化圏　34, 36, 37, 78, 97, 244
文化圏学習　34
文化複合　77, 305
文献調査　43
粉食　232

糞掃除 120

ヘ

平郡島 122
別宅 163
偏西風 69, 292
べん漬け 241

ホ

ホイトウ（放踏，踏耕） 218, 229
ホイドン 214, 217, 220
方言周圏論 301
防災 18, 309
紡績女工 166
包丁鉄 181
防風林 97, 98
方法知 18
宝満神社 211, 213, 214, 215, 216, 217, 219, 220, 222, 223, 224, 228, 229, 230, 231
宝満神社赤米御田植祭 213
宝満の池 211, 213, 218
ボカシの地帯 298
牧柵 124, 128, 139, 140, 141, 142
北西季節風（北西モンスーン） 71, 87, 286
ポスターセッション 59
ホド穴 178
ポリネシア 86, 270
ポリネシア文化 271
ホロ（幌） 287
本格焼酎 249, 250, 253, 255, 258, 263
本潮 65
本荘 161, 162
ホンモノの森 92

マ

マキ 229
牧畑 122, 124, 127, 129, 131, 134, 139, 149

真砂砂鉄 194
マタギ 68, 87, 283
松坂牛 147
松前 101, 133, 291
松山利夫 85, 86
マブリ 220, 223
丸木舟 284, 286, 287
丸口箕 229
丸餅 72
マワリガキ 128
マングローブ 97

ミ

箕 229
三面川 289
見島 72
水イカ 156
水乞いの祈り 222
水スルメ 156
水鋼 179
ミソギ（禊ぎ） 216
見立て蜂 116
身近な地域 44, 45, 46, 47, 50, 51, 56, 58, 62
道草を食う 191
三橋時雄 122
蜜餅 121
南の魚 103
南回りルート 226, 227
美保関 133
耳切り 126
耳印 126
宮古 12, 88, 96
民間薬 97
民間療法 273, 280
民族移動の寒期 38
民俗学 5, 6, 313
『民俗学事典』 5

ム

ムーチー　97
麦麹　259, 262
麦焼酎　252, 254, 255, 256, 258, 259, 260, 261, 262, 263
麦山　124, 125
無形民俗文化財　204, 213, 223
蒸米　250, 251
蒸し焼き　97, 174, 175, 270, 271
村上　99, 289
村下　175, 177, 178, 181, 184
村下座　175

メ

メキシコ湾流　1
めでた節　220

モ

牧司　127, 139, 142
木炭　170, 174, 175, 176, 178, 179, 180, 183, 191, 196, 197
基牛　134, 143
元小屋　170
もらい子　164, 165, 166
森の巨人たち百選　96
森山　224
醪　248, 249, 251, 252, 257, 259
モンゴリナラ　85
モンスーンアジア　79, 83, 243, 244

ヤ

八重山　93, 98, 257
野外調査　3, 43, 44
焼尻島　72, 80
焼畑　81, 82, 88, 229
屋久島　96, 122
ヤシ科植物　94
八島　122
安来　181, 183, 184, 188, 198
ヤスキハガネ　183, 184
靖国鑪　182, 183
安田喜憲　74
柳田國男　5, 69, 94, 197, 202, 296, 301
ヤブツバキ（藪椿）　80, 89, 90, 91, 92
山子　174, 191
山言葉　283
山砂鉄　175, 194
やませ　70, 88
ヤマデ　158
山蜂　121
ヤムイモ　270
ヤリイカ　159

ユ

岩穴　277, 279, 280
岩穴上がり　280
岩穴焚き　277, 279
岩穴ボッタアァ　280
ユキツバキ（雪椿）　89
雪解け水　71
湯口　178
湯取り法　231
由良比女神社　104, 153
ユリ（ゆり）　98, 99, 102, 260

ヨ

養蜂　113, 114, 119, 120
ヨーロッパ中心史観　38
横田町　169, 182, 183, 187, 192, 196, 198
横田米　189
吉田村　169, 170, 171

与那国島　93, 94, 252, 257
与那国民俗資料館　94, 95
ヨマイリ　209
依代　184, 215

ラ

洛東江（ナクトン川）　203, 227
ラッツェル　4
ラム酒　260

リ

陸稲　203, 219, 224, 225, 226, 228
李参平（金ヶ江三平）　291
利尻島　72, 81
リトル・アイスエイジ　37
リトル・オプチマム期　36
リマン海流　69, 78, 79, 80, 85, 89, 98, 99,
　　106, 107, 111, 286, 292, 296, 297, 311
琉球泡盛　254, 256, 257, 261
琉球王国　256
粒食　232
輪圃農法　125

ル

ルイベ　289
ルツェルン宣言　308, 309

レ

歴史カリキュラム　20
歴史基礎　23, 24
歴史的慣性　143, 191, 248
歴史的思考力　20, 28, 31, 35, 39
歴史的な見方や考え方　28, 30
歴史的背景　16, 17, 20, 24, 26, 27
歴史ナショナルスタンダード　29
礼文島　72
連続式蒸留焼酎　249, 253

ロ

炉（釜）　175, 176, 178, 183, 190, 197

ワ

ワイン　247, 267
我が国と郷土を愛する　11, 13
和鋼　183
和鋼博物館　183, 198
輪島塗　133
渡部忠世　226
ワッパ汁　268, 269, 270
和蜂　113, 114, 116, 117, 118, 119, 120, 121
藁仕事　190

著　者

戸井田克己（といだ　かつき）

　1960 年　東京都に生まれる
　1984 年　筑波大学第二学群比較文化学類卒業
　1991 年　上越教育大学大学院修了（東京都教育委員会から派遣留学）
　2013 年　昭和女子大学論文博士（学術）
　現　在　近畿大学総合社会学部教授
　専　攻　地理学、民俗学、地理教育
　主　著　『日本の内なる国際化』古今書院、2005 年
　　　　　『大和を歩く』（編著、奈良地理学会編）、奈良新聞社、2000 年
　　　　　『武蔵村山市史　民俗編』（編著）、ぎょうせい、2000 年
　　　　　『新しい地理授業のすすめ方』（編著）、古今書院、1999 年
　　　　　『高校生の地理 A』（共著）、帝国書院、2015 年 3 月文部科学省検定済
　　　　　『新詳地理 B』（共著）、帝国書院、2014 年 3 月文部科学省検定済

書　名	青潮文化論の地理教育学的研究
コード	ISBN978-4-7722-2020-0 C3025
発行日	2016 年 3 月 30 日　初版第 1 刷発行
著　者	戸井田克己
	Copyright ©2016 Katsuki TOIDA
発行者	株式会社古今書院　橋本寿資
印刷所	株式会社太平印刷社
製本所	渡邉製本株式会社
発行所	古今書院
	〒 101-0062　東京都千代田区神田駿河台 2-10
電　話	03-3291-2757
ＦＡＸ	03-3233-0303
振　替	00100-8-35340
ホームページ	http://www.kokon.co.jp/

検印省略・Printed in Japan

いろんな本をご覧ください
古今書院のホームページ

http://www.kokon.co.jp/

★ 700点以上の**新刊・既刊書**の内容・目次を写真入りでくわしく紹介
★ 地球科学やGIS, 教育など**ジャンル別**のおすすめ本をリストアップ
★ 月刊『地理』最新号・バックナンバーの特集概要と目次を掲載
★ 書名・著者・目次・内容紹介などあらゆる語句に対応した**検索機能**

古 今 書 院
〒101-0062　東京都千代田区神田駿河台 2-10
TEL 03-3291-2757　FAX 03-3233-0303
☆メールでのご注文は order@kokon.co.jp へ